SV

Martina Löw
Soziologie der Städte

Suhrkamp

Bibliografische Information der Deutschen Nationalbibliothek
Die Deutsche Nationalbibliothek verzeichnet diese Publikation
in der Deutschen Nationalbibliografie;
detaillierte bibliografische Daten sind im Internet
über http://dnb.d-nb.de abrufbar.

Erste Auflage 2008
© Suhrkamp Verlag Frankfurt am Main 2008
Alle Rechte vorbehalten,
insbesondere das der Übersetzung, des öffentlichen Vortrags
sowie der Übertragung durch Rundfunk und Fernsehen,
auch einzelner Teile.
Kein Teil des Werkes darf in irgendeiner Form
(durch Fotografie, Mikrofilm oder andere Verfahren)
ohne schriftliche Genehmigung des Verlages reproduziert
oder unter Verwendung elektronischer Systeme
verarbeitet, vervielfältigt oder verbreitet werden.
Druck: Memminger MedienCentrum AG
Printed in Germany
ISBN 978-3-518-58503-0

1 2 3 4 5 6 – 13 12 11 10 09 08

»Will man von einer Stadt sprechen, so kann man ihr Sätze anprobieren. Es gibt zappelige Städte, die immer schon woanders zu sein scheinen, während man doch den Satz noch gar nicht beendet hat. Vielleicht auch Städte, die immer größer werden, während man spricht, ausufern und mit einem Sprung vom Satz noch nie gehört haben.
Ebenso indignierte Städte, denen man es nicht recht machen kann.
Und wenn es all diese nicht gibt, so muß man doch ausprobieren, wie es wäre, wenn es sie gäbe, um vielleicht einen richtigen Satz zu finden.«

Katharina Hacker, *Tel Aviv. Eine Stadterzählung*

Inhalt

Einleitung 9

I. Städte als sozialwissenschaftlicher
   Gegenstand 24
   1. In den Städten forschen 25
   2. Subsumtion der Stadt unter die Gesellschaft .. 32
   3. Die Relevanz des Lokalen 40
   4. Ansätze zur Städteforschung 49
   5. Wie sich Städte unterscheiden 54

II. Eigenlogiken der Städte 65
    1. Die Stadt als Form und Praxis 69
    2. Städtische Eigenlogik 73
    3. Habitus, Identität und Pfadabhängigkeit 87
    4. Konnex der Städte 96
    5. Materielle Ressourcen 102
    6. Zuspitzung 109

III. Globalisierung, Städtekonkurrenz und
     Eigenlogik 116
     1. Städte im Wettbewerb 118
     2. Homogenisierung – Heterogenisierung 122
     3. Global – Lokal 129

IV. Stadtbilder 140
    1. Was ist ein Stadtbild? 141
    2. Die Stadt als gebautes Bild 148
    3. Die Stadt als grafisches Bild 166
    4. Perspektiven 181

V. Berlin und München 187
   1. Berlin 188
   2. München........................... 213
   3. Der Konnex Berlin – München 220

VI. Ausblick:
    Typologien und Transformationen 231

Literaturverzeichnis 243
Namenregister 287
Städteregister 291

Einleitung

»Haben Städte eine Farbe?«, fragte das Bahnmagazin im Frühjahr 2005 einen Monat lang den Reisenden, und die Antwort war: »Ja.« New York sei gelb, London rot, Paris blau und Berlin grün. Bilder der genannten Städte belegen und konstruieren die Dominanz einer Farbe: Yellow Cabs, gelbe Zeitungsboxen, gelbes Licht am Chrysler-Gebäude, gelber Schulbus, gelbe Straßenschilder: gelbes New York. »Schauen Sie auf die Farben – und lernen Sie dadurch mehr über das Lebensgefühl einer Stadt« (*mobil* 04/2005, S. 60).[1] Darüber zu debattieren, wie sich Städte unterscheiden, ist heutzutage ein beliebtes Gesellschaftsspiel. Jedes Schweigen an einer Tafel kann damit überbrückt werden, dass man Sätze beginnt wie: »Seit ich aus Berlin weggezogen bin, vermisse ich ...«, oder: »Frankfurt ist so eine optimistische Stadt, ganz anders als ...«. Dann beginnt die Diskussion. Sie kreist im Kern um die Frage, wie Städte zu charakterisieren sind, und bestätigt, was alle wissen und was sich in der Kommunikation verfestigt: Städte unterscheiden sich fundamental.

Dabei scheint es ein eingeführtes Vergleichssystem zu geben. New York wird zu Paris, Berlin und London ins Verhältnis gesetzt, nicht zu Bombay und auch nicht zu Nürnberg. Auch für deutsche Städte existieren stereotype Deutungsweisen über gutgepflegte Konkurrenzen: »Wenn es zwei Städte in Deutschland gibt, die eine traditionelle Rivalität pflegen, dann sind das München und Berlin« (*München. Das Magazin der Landeshauptstadt.* 2007). Und die

---

[1] Vergleiche zur Bedeutung von Farben für das Branding von Städten auch Donald/Gammack 2007, S. 133 ff.

gegenwärtigen Stadtoberhäupter Christian Ude und Klaus Wowereit sehen es nicht als Zeitverschwendung an, sich zum Schlagabtausch über die Vor- und Nachteile der jeweiligen Stadt zu treffen (ebd., S. 15 ff.), wenn München 850 Jahre alt wird und – wie das Titelblatt des Magazins verkündet – sich zu diesem Anlass »neu erfindet« (vergleiche dazu ausführlich Kapitel 5 in diesem Buch).

Es existiert ein breites Alltagswissen über die Besonderheiten und Besonderungsstrategien von Städten, das vor allem in Zeitungen und Zeitschriften öffentlichkeitswirksam verhandelt wird. Fast täglich sind Sätze wie die folgenden zu lesen: »Es gibt drei Arten von Städten in Deutschland: Städte wie München, in denen viel Geld verdient, aber auch viel Geld ausgegeben wird; ein Blick auf die Cafés, die Läden und die Sportwagen auf der Maximilianstraße lässt keine Zweifel zu. Dann gibt es Städte, in denen fast überhaupt kein Geld verdient wird, aber dieses Nichts um so entschlossener auf den Kopf gehauen wird: Berlin zum Beispiel. Und es gibt Frankfurt, eine Stadt, in der enorm viel Geld verdient und fast keines ausgegeben wird« (*Merian Frankfurt*, Heft 9, 2003, S. 136). Oder: »München zu bussibussi, Hamburg zu kühl, Köln zu schwul, also: Leipzig« (*Süddeutsche Zeitung*, 17./18. März 2007, S. III). Schließlich auch: »Städte sind wie Menschen. Köln ist der joviale Saufkumpan, Berlin der unrasierte Szenedichter, Amsterdam die hennahaarige Haschischbraut« (*Spiegel Online*, 13. Juli 2007). Immerhin eine kurze Meldung ist der *Frankfurter Allgemeinen Zeitung* wert, was im *Zeitmagazin Leben* (Nr. 32, 2. August 2007, S. 7) sogar als Karte abgedruckt wird: In welcher Stadt welche Suchbegriffe bei Google besonders häufig eingegeben werden: »Begriffe wie Melancholie, Faulheit und Kultur werden in Deutschland nirgends häufiger bei Google eingegeben als in Berlin. Münchner interessieren sich demnach besonders für Karriere, Profit, Sport und Freude. Die Hamburger liegen bei Lust, Spaß, Arroganz und Hass vorn. [...] Nach den Begriffen Seitensprung und Leidenschaft wird am häufigsten von Augsburg aus gesucht. Dem Kuss spüren am häufigsten die Ulmer nach, dem Sex die Menschen in Osnabrück« (*Frankfurter Allgemeine Zeitung*, 3. August 2007, S. 7).

Neben solchen Versuchen, Städte zu charakterisieren und typischen Bürgerinnen und Bürgern bzw. typischen Handlungsmustern sowie Interessenlagen auf die Spur zu kommen, werden auch fundierte Vergleiche in den Medien sowie in Wirtschaftsrankings und -ratings angestellt: »Drei Monate lang stellt die Frankfurter Rundschau vor, wie es sich in den größten Städten des Rhein-Main-Gebiets lebt und wo deren Besonderheiten sind« (*Frankfurter Rundschau*, 17. Februar 2007). Während die *Frankfurter Rundschau* ein regionales Konkurrenznetz aufspannt, stellt die Zeitschrift *New York Magazine* eine imaginäre Geografie zwischen London und New York her und symbolisiert als Boxkampf, worum es in den Vergleichen geht: um die Frage, wer die Beste ist.

Abb. 1: New York versus London. *New York Magazine*, Titelblatt vom 24. März 2007.

Auch die Planungspraxis lebt davon, die Besonderheiten einer Stadt zu isolieren und daran angepasste Vorschläge für die Raumkonzeption zu erarbeiten. Das Wissen jedoch, welche Strategien in welchen Städten Erfolg versprechend sind, wird kaum systematisiert. Planung muss nicht nur sensibel mit den Differenzen zwischen Städten umgehen und passgerechte Lösungen für Städte konzipieren; Planungspraxis besteht auch darin, Besonderung im Sinne von Strategien zur Erreichung von Unverwechselbarkeit und Ausschöpfung eigener Potenziale zu erreichen. Die Bonner Stadtbaurätin Sigurd Trommer bringt dies im Rahmen des im Jahr 2000 vom Bundesministerium für Bildung und Forschung (BMBF) aufgelegten Forschungsprogramms »Stadt 2030« exemplarisch zu Ausdruck: »Im Organismus Stadt stecken Unmengen an Begabungen und Erfahrungen«, schreibt sie (in Trommer 2006, S. 37) und schlussfolgert kurz darauf: »Die Chancen der Stadt liegen in ihrer Begabung, ein unverwechselbares Bild zu sein« (ebd., S. 42). Sieben der einundzwanzig in dem Forschungsvorhaben »Stadt 2030« bewilligten Projekte beschäftigen sich mit »städtischer Identität« (so die gewählte Formulierung), was das Auswahlgremium zunächst überraschte: »In diesen Projekten dominierten Fragen und Probleme der Stadtkultur, der jeweiligen Stadttradition, des Selbstverständnisses einer Stadt und ihrer Bevölkerung« (Göschel 2006a, S. 15). Das Eigene der Stadt zu entfalten ist ein Projekt, das zurzeit viele Kommunen beschäftigt. »Denn«, so fasst Marianne Rodenstein zusammen, »aus Sicht des Globalisierungswettbewerbs unter konkurrierenden Städten ist nicht nur das Erreichen eines neuen Modernisierungsstandards, das Gleichziehen mit anderen konkurrierenden Städten notwendig, sondern auch das Herausstellen der Differenz, der Unterscheidbarkeit zu anderen Städten« (Rodenstein 2006, S. 14). Die *Süddeutsche Zeitung* spricht in diesem Zusammenhang sogar vom 21. Jahrhundert als einer Epoche des Städtewettbewerbs (*Süddeutsche Zeitung*, 2. Mai 2006, S. 17). Wenn die Stadtbaurätin Sigurd Trommer die Lösung der Konkurrenzsituation in der Herstellung eines unverwechselbaren Bildes sieht, dann verweist dies auf die

Bedeutung, die Bildern in diesem Prozess zukommt.[2] Der Konkurrenzkampf wird zumindest auch ikonisch geführt. Er ist eingelagert in eine Erfahrung weltweit gestiegener Abhängigkeiten, die als *Globalisierung* schlagwortartig im Bewusstsein vermutlich jeden Bürgers und jeder Bürgerin verankert sind und zu ambivalenten Strategien von Mithalten-Wollen und Abgrenzen-Müssen führten. Die Anforderungen an Mitspieler sind je nach ›Städteliga‹ unterschiedlich definiert. Für Großstädte sind sie jedoch auffällig über Kulturelemente bestimmt: Stararchitekturen, Subkulturen, Events etc. Wer hätte geglaubt, dass Frankfurt am Main seinen touristischen Wert eines Tages durch eine besondere Anerkennung der Homosexualität ausbauen möchte, wie es 2006 öffentlich diskutiert wurde, nur weil Köln, Berlin und Hamburg sich über die Selbstverständlichkeit im Umgang mit Homosexualität durch schwule Bürgermeister und ausgeprägte Subkulturen profilieren?[3] Subkultur und Sexualisierung werden Strategien im Kampf um die Anerkennung als Großstadt.

Seit Richard Floridas Veröffentlichungen (Florida 2005) weiß jeder Bürgermeister, wie man auf deren Internetseiten nachlesen kann, dass es im Wettbewerb der Städte auf die drei »Ts« ankommt: Technologie, Talent, Toleranz. Nachdem *Der Spiegel* (Nr. 34, August 2007, S. 98 ff.) unter dem Titel »Was Städte sexy macht« die Konkurrenz der Städte um die kreative Klasse dokumentierte und kommentierte, veröffentlicht im Februar 2008 die *Frankfurter Allgemeine Sonntagszeitung* die Ergebnisse einer von ihr

---

2 Siehe hierzu auch Michael Müller 2008, der von der »Unvermeidlichkeit« und Notwendigkeit der Bilder für die Stadtentwicklung spricht, weil sie Vermittlungsfunktionen übernehmen.
3 Zu den Vereinbarungen der schwarz-grünen Regierung siehe (neben vielen anderen Artikeln zur homosexuellenfreundlichen Stadt Frankfurt am Main) *Frankfurter Allgemeine Zeitung*, 8. Mai 2006, S. 48.

bei Roland Berger Strategy Consultants (warum eigentlich nicht in den Stadtforschungsinstituten der Universitäten?) in Auftrag gegebenen Studie zum Kreativitätsindex 2008, der die Wettbewerbspotenziale der vermeintlich wichtigsten deutschen Großstädte (Berlin, Hamburg, Düsseldorf, Köln, Leipzig, Frankfurt am Main, Nürnberg, Mannheim, Stuttgart, München) misst (ausführlich dazu Kapitel 5 und 6 in diesem Buch). In der anschließenden Debatte stellen die Journalisten wichtige Fragen zu den Differenzen zwischen Städten, zum Beispiel warum die Frankfurter nicht wie die Kölner ein Repertoire an Liedern über ihre Stadt entwickelt haben und auch nicht mit den heimischen Biermarken angeben, wie die Kölner dies tun. Ist es möglich, dass sich Köln als Stadt als regionale Einheit entwirft (etwa in Karnevalsliedern wie »Hey Kölle, du bes e Jeföhl«/»Hey Köln, du bist ein Gefühl«), während sich Frankfurt am Main als Knotenpunkt im globalen Strom versteht? Anders gesagt: Wie verschränken sich historisch gelagerte soziokulturelle Sedimente mit Unterscheidungs- bzw. Vernetzungspolitiken und Relevanzsetzungen in verschiedenen Skalierungen?

Städte müssen an der Unterscheidung arbeiten. Homogenisierung wird von Heterogenisierung flankiert. Der im Feld der Kulturökonomie geführte Konkurrenzkampf wird verstärkt durch die Erfahrung von und die Angst vor Schrumpfungsprozessen. Städte versuchen deshalb gezielt, Einwohner bzw. Einwohnerinnen an die Stadt zu binden oder neu zu gewinnen. Dies gelingt nur, wenn es einen Grund gibt, warum man in Frankfurt am Main und nicht in München, Berlin oder Köln lebt. Das Eigene zu betonen oder – wie München anlässlich seines Jubiläums feststellt – neu zu erfinden wird als vornehmliche Aufgabe von Städten erlebt, weswegen auch ein Forschungsprogramm wie »Stadt 2020« von sogenannten Identitätsprojekten dominiert wird.

Die wachsende Anzahl von Stadtbiografien (Mak/de Keghel 2006; Richter 2005; Clay Large 2002; Elze 2000; Hürlimann 1994; Hibbert 1987; von Bechtolsheim 1980) ist ein beredtes Beispiel für die Suche nach dem Eigenen der jeweiligen Stadt.

Aber hier ist Vorsicht geboten: Was so leicht nachvollziehbar scheint, verdeckt oft die Komplexität eines Phänomens. Man ist schnell geneigt, die Vielfalt städtischer Lebenswelten rein als Reaktion auf Globalisierungszumutungen zu interpretieren, vor deren Hintergrund dann Stadtbilder als gelungene Herausbildung einer möglichst einzigartigen Oberfläche erscheinen. Beides ist falsch. Weltweite Vernetzung mag die Produktion von Besonderungsstrategien beschleunigen und verstärken, aber Globalisierung erklärt, wie ich zeigen werde, die Differenzen nicht. Nichts spricht zum Beispiel dafür, dass sich die Konkurrenzen zwischen Düsseldorf und Köln, die bereits Georg Forster 1791 in seiner literarischen Rheinreise beschreibt, in dem letzten Jahrhundert noch verstärkt hätten (vergleiche Briesen 1997). Umgekehrt stellt sich sogar die Frage, welche Städte aufgrund welcher strukturellen Bedingungen zu dieser oder jenen Strategie zur lokalen Gestaltung globaler Vernetzung tendieren.

Das vorliegende Buch setzt an dem Befund an, dass die Stadtforschung von der Aufmerksamkeit für Stadtdifferenzen bislang relativ unbeeindruckt bleibt. Es gibt Konzepte in der Geschichtswissenschaft, Städte nach Regierungs- und Gründungstypen zu unterscheiden, von denen man aber nicht genau weiß, inwieweit sie heute noch strukturell prägend für städtisches Leben sind. Die lokale Politikforschung vermag die Widerstandspotenziale von Städten gegen globale Homogenisierung aufzuzeigen und demonstriert auf diese Weise, dass Städte unterschiedliche Wege verfolgen; aber sie verbleibt disziplinär bei politischen Akteuren und Institutionen und denkt über Städtedifferenz in erster Linie als Reflex auf Globalisierungszumutungen nach. Die Stadtethnologie hat mit der Hannerz'schen Forderung, nicht länger nur »anthropology *in* the city«, sondern auch »anthropology *of* the city« (Hannerz 1980) zu betreiben, zwar eine »nicht mehr zu überblickenden Fülle von Fallstudien« hervorgebracht, wie die Ethnologin Bettina Bommer kritisch vermerkt (vergleiche auch Low 1999), jedoch durch die Tatsache, dass die Stadtethnologie »nach wie vor arm an übergreifender theoretischer Konzeption« ist (Bommer 1991, S.16), kaum zu Systematisierungen geführt. Die Stadtsoziologie, aus deren Perspektive dieses Buch geschrieben ist, wie auch die Stadtgeografie haben die zum Teil zu Recht als methodisch problematisch angesehenen Gemeindestudien früherer Zeiten kaum weiter ausgebaut.

Wenn das Erkenntnisinteresse auf verallgemeinerbare Aussagen zielt, dann ist fraglich, so das Hauptargument gegen eine Ortsstudie, ob in einer Gemeinde gewonnene Erkenntnisse auf die Gesellschaft verallgemeinerbar sind. Das leuchtet ein, gerade weil man eine Differenz seitens der Gemeinden vermuten muss. Die Frage ist deshalb umgekehrt zu stellen: Warum richtet sich kein Erkenntnisinteresse auf die Stadt als spezifischen Gegenstand? Warum wird so wenig Aufmerksamkeit auf das Phänomen gerichtet, dass manche Städte trotz vergleichbarer sozialstruktureller Ausgangsbedingungen den Herausforderungen des sozialen Wandels leichter und erfolgreicher begegnen als andere? Warum systematisiert niemand das Wissen, das Planer und Planerinnen über die Art und Weisen, wie Städte unterschiedlich »ticken«, haben und längst anwenden? Warum bemühen sich Wissenschaftlerinnen kaum darum, zunächst einmal Thesen darüber zu formulieren, aus welchen Strukturelementen sich jenes »Ticken« zusammensetzt und wie sich diese Elemente begrifflich fassen lassen?

Um es deutlich zu sagen: Selbstverständlich hat es immer wieder Städtevergleiche unter spezifischen Fragestellungen gegeben, die allerdings kaum oder nur disziplinär (historisch, geologisch, politikwissenschaftlich) erklären, warum es zu diesen Differenzen kommt. Man versteht in diesen Studien nicht, was vereinzelt in der Fachliteratur als »Charakter einer Stadt« bezeichnet wird (Göschel 2006b, S. 265; John/Cole 2000, S. 261; Molotch/Freudenburg/Paulsen 2000; Schiffauer 1997, S. 92) oder auch als »Stadtpersönlichkeit« (siehe zum Beispiel Prigge 1988, S. 221) aufgerufen wird, nämlich welche Strukturlogik eine Stadt durchzieht und kollektiv im praktischen Bewusstsein immer wieder reproduziert oder nur in Facetten novelliert wird.

Es gibt vereinzelte lockere Verweise auf Unterschiede zwischen Städten auch in der Fachliteratur, die jedoch – ähnlich wie die Feuilletons – Alltagswissen verarbeiten und nicht auf systematischer empirischer Erhebung basieren, so zum Beispiel Michel de Certeaus kluge Beobachtung: »Im Gegensatz zu Rom hat New York niemals die Kunst des Alterns und des spielerischen Umgangs mit Vergangenheiten erlernt. Seine Gegenwart wird von Stunde zu Stunde erfunden, indem das Vorhandene verworfen und das Zukünftige herausgefordert wird« (de Certeau 1988, S. 179). Man weiß über den Charakter einzelner Städte sehr viel (in Deutschland über Wolfsburg durch die von Ulfert Herlyn kontinuierlich mit Kollegen und Kolleginnen durchgeführten Gemeindestudien; in Großbritannien über London insbesondere durch die herausragenden Arbeiten von King 1991 und Eade 1996), aber dies hat bislang weder dazu geführt, dass sukzessive wenigstens die Großstädte einer Strukturanalyse unterzogen wurden, noch weiß man aus einer qualitativen Beziehungs- und Vergleichsstudie, in Abgrenzung zu welchen Städten sich das Eigene der jeweiligen Stadt entwickelt.

Dabei lassen sich vereinzelt durchaus wissenschaftliche Belege dafür finden, dass Städte sich trotz aller Homogenisierungsannahmen systematisch unterscheiden bzw. dass das, was wir »die Gesellschaft« nennen, sich je nach Stadt in sehr unterschiedlichen Praktiken finden lässt. Man weiß, dass sich Armut, Homosexualität oder Kindheit (um nahezu beliebig soziale Phänomene zu benennen) anders anfühlen, je nachdem, in welcher Stadt man sie erlebt. Lebenschancen hängen also von Städten ab. Wovon man keine Kenntnis hat, ist, wie dieses Anderssein soziologisch zu fassen ist.

Dieses Buch verfolgt das Ziel, durch konzeptuelle Überlegungen zu neuen Forschungsperspektiven, vergleichenden Stadtforschungsprojekten sowie zur systematischen Integration lokaler Differenzen und Potenziale in politische Strategien anzuregen. Sowohl in der planerisch-politischen Praxis als auch in der Wissenschaft sind Differenzen zwischen Städten bislang eher irritierende Nebenschauplätze, die systematisch nur schwer einzuordnen sind. Ich möchte mit diesem Buch die These begründen, dass sich Entwicklungen von Städten nur dann effektiv beeinflussen lassen, wenn die »Eigenlogik« einer Stadt verstanden wird (zum Begriff ausführlich Kapitel 2 in diesem Buch, siehe auch Berking/Löw 2008). Man kann in den wirtschaftlichen Sektor investieren, man kann Kultur ausbauen, man kann Politiker austauschen, man kann neue Planungskonzepte realisieren, aber welche Ideen in einer Stadt generiert, welche realisiert und welche Projekte schließlich akzeptiert werden, ist Ausdruck eines praktischen Sinns für eine Stadt.

In einem mit Helmuth Berking gemeinsam herausgegebenen Sonderband der Zeitschrift *Soziale Welt* (2005) haben wir versucht zu zeigen, dass im Namen von Postmoderne und Postkolonialismus der Universalitätsanspruch kultureller Wissensbestände in Frage gestellt wurde und aller Globalisierungsrhetorik zum Trotz die lokale Spezifik in den Blick rückte. Mit dem Verankern eines Denkens in Pluralitäten statt in universellen Leitsätzen rückt auch die Differenz zwischen Städten in den Fokus.

Ich kann aufgrund der mir zur Verfügung stehenden Datenlage keine charakterisierende Landkarte für deutsche Städte zeichnen und schon gar nicht im Weltmaßstab Familienähnlichkeiten zwischen Städten aufzeigen. Aber ich werde erklären, warum die Stadtsoziologie über Jahrzehnte hinweg die Stadt nicht zu ihrem Gegenstand gemacht hat, und ich werde zeigen, welche Studien die Eigenlogik von Städten bereits nachzeichnen können (Kapitel 1). Ich werde die Spannungsfelder erkunden, in denen eine Soziologie der Städte ihren theoretischen Reichtum entfalten kann. Daran anschließend finden die Leser eine praxeologisch inspirierte Grundlegung der Soziologie der Städte, welche um die Begriffe Eigenlogik, Doxa und Habitus gewebt ist (Kapitel 2). Mit Eigenlogik sind die verborgenen Strukturen der Städte als vor Ort eingespielte, zumeist stillschweigend wirksame Prozesse der Sinnkonstitution gemeint.

Darauf aufbauend werde ich mich mit den in dieser Einleitung bereits kurz skizzierten Plausibilisierungen einer Soziologie der Städte vertiefend beschäftigen: mit der Globalisierung und den unverwechselbaren Stadtbildern (und dabei auch die heftig diskutierte Thematik der Rekonstruktion von Gebäuden und Stadtteilen streifen). Kapitel 3 kritisiert die Annahme, dass zu beobachtende Phänomene städtischer Eigenlogik mit Prozessen der Globalisierung, das heißt als Gegenreaktion zu Homogenisierungszumutungen, bereits erklärt seien. Heterogenisierung und Homogenisierung werden als Dynamiken eingeführt, die in keinem systematischen Zusammenhang mit der Globalisierung stehen, sondern Prozesse sind, die für die Städte jeweils im Vergleich zu untersuchen sind. Da gerade Stadtbilder zur Arena für Kämpfe um Identität, Einzigartigkeit und Konkurrenzfähigkeit werden, wird den ikonischen Strategien besondere Aufmerksamkeit gewidmet werden. Es wird sich zeigen (in Kapitel 4), dass Bildhaftigkeit und globale Vernetzung für den Charakter von Städten eher Fragen aufwerfen, als dass sie schnelle Antworten bereitstellen. Ein unverwechselbares Stadtbild platziert zu haben bedeutet nicht notwendig, Heterogenität zu fördern. Oft lebt die Praxis der Bildgestaltung selbst in hohem Maß von Homogenisierung. Die Spezifik des Stadtbildes will der Homogenisierung modernen Bauens und globaler Vereinheitlichung subversiv begegnen. Die Stadt wird vereinheitlicht, um Differenzen zu anderen Städten deutlich zum Ausdruck zu bringen. Die Forderung nach mehr Bildqualitäten in modernen Städten richtet sich gegen das gleiche Erscheinungsbild und sucht das Besondere. Diese Bildpolitik ist, wie zu demonstrieren sein wird, die Folge städtischer Eigenlogik, nicht deren Beleg.

In Kapitel 5 präsentiere ich ein Fallbeispiel. Anhand der Konkurrenz zwischen München und Berlin diskutiere ich Strategien des *City Branding*s, der Bildpolitik sowie der Alltagspraxis, um ihren historischen Wurzeln, ihrer Konnexbildung und schließlich Ansätzen eigenlogischer Strukturen auf die Spur zu kommen. Das Buch schließt mit einem Blick auf Ratings, Rankings und Typenbildungen sowie einem Plädoyer für Forschung als Grundlagenbildung, jedoch auch als fundierte Unterstützung für Stadtentwicklung.

Es geht mir in dem vorliegenden Buch um nicht weniger und um nicht mehr, als dafür zu plädieren:
– darüber zu streiten, wie das, was »Charakter«, »Habitus«, »Eigenlogik«, »lokale Gefühlsstruktur« etc. genannt wird, konzeptionell gefasst werden kann;

- eine (qualitative) Stadtforschung auszuarbeiten, die charakterisierend und/oder typologisierend Grundstrukturen von Städten erforscht und in den Vergleich stellt;
- nicht dem substanzlogischen Denken zu verfallen und Städte nur aus sich heraus, historisch gewachsenen Pfaden folgend, zu charakterisieren, sondern Städte auch aus dem System von Vergleichen und Bezügen verstehen zu wollen.

Die Eigenlogik von Städten zu denken ist ein weitreichendes Forschungsprogramm, das nur in vielen verschiedenen Einzel- und Verbundprojekten gelingen kann. Vieles steht noch aus. Zwar gibt es durch vorliegende Studien deutliche Belege für eigenlogische Strukturen (Taylor u. a. 1996; Abu-Lughod 1999; John/Cole 2000; Lindner/Moser 2006; Berking u. a. 2007 etc.), doch es existieren ohne Zweifel methodisch und thematisch viele noch nicht erprobte Wege, die Eigenlogik von Städten zu denken, einzugrenzen, zu spezifizieren und schließlich immer exakter auf den Begriff zu bringen. Was bislang völlig fehlt, sind Schritte hin zu einer praxeologisch fundierten Typologie. Heute weiß man für einige fast zufällig gewählte Vergleichsstädte deren eigenlogische Verfasstheit zu charakterisieren, aber Aussagen über Ähnlichkeiten zwischen den Formen der Verfasstheit oder ähnliche Prinzipien – gerade auch jenseits der nationalstaatlichen Verfasstheit – der Verdichtung und Heterogenisierung können bis jetzt nicht bestimmt werden. Solche Studien werden erst Stück für Stück entstehen.

Die Idee zu diesem Buch und dem mit ihm verfolgten Projekt entstammt dem Darmstädter Forschungsschwerpunkt »Stadtforschung«. Sie basiert auf gemeinsamen Debatten und Forschungsbemühungen mit Helmuth Berking, Franz Bockrath, Petra Gehring, Julika Griem, Hubert

Heinelt, Peter Noller und anderen. Gerade in der interdisziplinären Auseinandersetzung wurde die Notwendigkeit deutlich, im Gerüst der Sozialforschung mit dem Stadtwissen unterschiedlicher Disziplinen über die Basisstrukturen von Städten nachzudenken. Ohne den hartnäckigen Druck von Eva Gilmer vom Suhrkamp Verlag wäre das Buch nicht so schnell fertig geworden. Ihrem und Jutta Güldenpfennigs Lektorat verdankt das Buch viel an Leserfreundlichkeit. Richard Händel hat unermüdlich Stadtartikel in Frauenzeitschriften recherchiert. Eva Kemler hat sich um Literatursuche und -verzeichnis gekümmert. Ihnen allen danke ich aufrichtig.

Spätestens seit Pierre Bourdieus Arbeit *Die feinen Unterschiede* (1982) weiß man, dass es eben nicht zufällig oder individuell ist, ob Menschen der Meinung sind, dass sich ein Sonnenuntergang oder doch eher ein Autounfall als Motiv für ein schönes Foto eignet. Selbst bei einem so komplexen Wesen wie dem Menschen lassen sich milieuspezifische Formen des Handelns und Bewertens finden sowie auf diese Weise Klassen konstruieren. Die Produktion von sozialem Sinn wird nachvollziehbarer, wenn Menschen analytisch zu Geschlechtern, Ethnien und Milieus gruppiert werden und mittels der Klassifikationen – insbesondere unter Berücksichtigung der Überlagerungen und Überschneidungen zwischen sozialen Kategorien – nach Gemeinsamkeiten und Unterschieden geforscht wird. Die Biografieforschung hat zudem ausgefeilte Verfahren erarbeitet, um vom Einzelfall zum Typus zu gelangen. Typenbildende Verfahren dienen der »Beschreibung sozialer Realität durch Strukturierung und Informationsreduktion« (Kelle/Kluge 1999, S.9). Typenbildung dient dazu, die Breite und Vielfalt zu erfassen und gleichzeitig das Charakteristische einzelner Formationen herauszuarbeiten. Erklärende typologische Biografieforschung versucht nicht nur Fälle zu Typen zu gruppieren, sondern auch das Muster von Ähnlichkeiten und Differenzausprägungen zu verstehen.

Wenn es zur Interpretation sozialer Wirklichkeit sinnvoll möglich und wissenschaftlich produktiv ist, Menschen nach biografischen Erzählstrukturen und nach milieudifferenzierenden Handlungs- und Präferenzanalysen zu Gruppen zusammenzufassen, warum sollte das für Städte nicht auch möglich sein? Immer wieder hört und liest man, jede Stadt sei einzigartig und Städte seien viel zu unterschiedlich, um sie zu Gruppen zusammenfügen zu können (vergleiche zum Beispiel Hassemer 2008, S. 337 ff. zur Unvergleichbarkeit der Stadt). Auch wird die Position vertreten, Städte seien zu komplex, um Gegenstand wissenschaftlicher Untersuchung zu werden (zum Beispiel Häußermann/Kemper 2005). Man könne Prozesse in Städten analysieren, aber nicht Städte selbst. Ich behaupte: Wenn Menschen nicht zu komplex sind, um »latente Sinnstrukturen« (Oevermann u. a. 1979) ihrer Äußerungen zu analysieren, und nicht zu vielfältig sind, um gruppenspezifische Muster zu isolieren, dann gibt es keinen Grund, das Projekt einer Soziologie der Städte nicht zu wagen.

I.
Städte als sozialwissenschaftlicher Gegenstand

»Er fühlte sich bereits als ihren Bruder in Schweigen und Schwermut; dieses schmerzensreiche Brügge war seine Schwester, soror dolorosa. Oh, wie gut hatte er getan, in den Tagen seiner großen Trauer hierherzuziehen! O stumme Verwandtschaft! Gegenseitiges Sichdurchdringen von Seele und Dingen! Wir dringen in sie ein wie sie in uns.
Vor allem die Städte haben eine Persönlichkeit, einen eigenen Geist, einen fest ausgeprägten Charakter, welcher der Freude, der jungen Liebe, dem Verzicht, dem Witwerstand entspricht. Jede Stadt ist ein Seelenzustand, und kaum hat man sie betreten, so teilt sich dieser Zustand mit und geht in uns über; er ist wie ein Fluidum, das sich einimpft und das man mit der Luft in sich aufsaugt.«

Georges Rodenbach, *Das tote Brügge*

»Kann ›die Stadt‹ überhaupt Gegenstand wissenschaftlicher Bemühungen in der Soziologie sein? Oder sind es vielmehr Lebensweisen bzw. Lebensformen *in* der Stadt, mit denen sich die Stadtsoziologie beschäftigt? Es ist ziemlich problematisch geworden, von einem vorgegebenen Gegenstand ›Stadt‹ auszugehen«, stellen Hartmut Häußermann und Jan Kemper (2005, S. 25) einen über Jahrzehnte geltenden Commonsense der Stadtforschung zusammenfassend fest. In der Stadtsoziologie hat sich seit den späten 1970er Jahren eine wirkungsmächtige Tradition durchgesetzt, der zufolge Städte als Laboratorien zur Analyse gesellschaftlicher Praxis betrachtet werden. Die (Groß-)Stadt wird, wie Susanne Frank zusammenfasst, »gemeinhin als ›Spiegel‹ oder ›Bühne‹ der Gesellschaft bzw. als ›Laboratorium der (Post)Moderne‹« (Frank 2007, S. 548) gedacht. Die Absage an das Objekt Stadt zugunsten von Gesellschaft geht mit einer expliziten Abstraktion von den Besonderheiten der Städte einher. Im Folgenden sollen die Überlegungen rekonstruiert werden, die zu einer solchen Weichenstellung in der Soziologie geführt haben, in der die Stadt zum Mikrokosmos der Makrostruktur gerinnt. Es werden die Argumente für eine empirisch im Kern an den Lebensformen in der Stadt, aber nicht an der Stadt selbst als Gegenstand interessierte Stadtsoziologie kritisch geprüft und Überlegungen zu einem möglichen Perspektiv- und Erkenntnisgewinn durch eine ergänzende Hinwendung zum Gegenstand »Stadt« formuliert.

1. In den Städten forschen

Die Weigerung, Stadt als Gegenstand zu konstituieren, ja, die zuweilen explizite Ablehnung dieses Ansinnens, geht in der deutschen Soziologie unter anderem auf die Arbeiten von Hartmut Häußermann und Walter Siebel (zum Beispiel 1978), später auf Peter Saunders (1987) und – ambivalenter – auch auf Jürgen Friedrichs (1977) und Thomas Krämer-Badoni (1991) zurück. Wichtigste Bezugspunkte, insbesondere der erstgenannten Autoren, sind bis Ende der 1980er Jahre vor allem materialistische Arbeiten, insbesondere Henri Lefèbvres *La Révolution urbaine* (1970, dt. 1972), Manuel Castells' *La question urbaine* (1972, dt. 1977) und David Harveys *Social Justice and the City* (1973) (vergleiche zur *new urban sociology*: Häußermann/Kemper 2005, Berking/Löw 2005 und Schäfers 1989; vergleiche zu den gleichen Bezugspunkten und Intentionen in der Politikwissenschaft auch Wollmann 1991).

1978 formulieren Hartmut Häußermann und Walter Siebel unter dem Eindruck einer »vom Informationsbedarf der Verwaltung geprägten Stadtplanungssoziologie« (Häußermann/Siebel 1978, S. 484) Thesen zur Soziologie der

Stadt. Im Zuge des Wiederaufbaus hatte die Soziologie der Stadt (von Hermann Korte 1974 auch als »Soziologie des Städtebaus« eingeführt) den Wohnungs- und Städtebau beratend und erkundend begleitet (zu dieser Phase siehe auch Herlyn 1989). Die »ältere Soziologie der Stadt«, so schreiben Häußermann/Siebel (1978, S. 484), »nahm Stadt entweder als eigenständigen Gegenstand der Sozialwissenschaft; hierfür steht die Gemeindesoziologie, soweit sie Gemeinde als ortsgebundenes und ortstypisches Geflecht sozialer Beziehungen (Nachbarschaft), als Fokus lokaler Integration und damit als einen sozialen Tatbestand unterstellt vergleichbar der Familie. Oder Gemeinde wurde als verkleinertes Abbild der Gesamtgesellschaft Gegenstand sozialwissenschaftlicher Analyse« (ebd.). Häußermann und Siebel wollten eine neue Form der Stadtsoziologie durchsetzen, welche Stadtentwicklung in ihrer Funktionslogik für die kapitalistische Entwicklung und insbesondere für Klassenfragen analysiert: »Kurz, die Frage lautet nicht: was heißt städtisches Leben im Vergleich zum Leben auf dem Lande, sondern: was bedeutet Stadtentwicklung für die Entwicklung des Klassenverhältnisses?« (ebd., 1978, S. 496).

Explizit nicht nur gegen die praxisrelevante, planungsnahe Soziologie, sondern auch gegen die auf die Analyse lokaler Strukturen spezialisierte Gemeindesoziologie plädieren Häußermann/Siebel dafür, die theoretische und empirische Aufmerksamkeit auf die Beschreibung der Reproduktionsbedingungen der Gesellschaft zu richten. Ihre Argumente für den Wandel des stadtsoziologischen Erkenntnisinteresses sind neben dem expliziten Wunsch nach Politisierung der Forschung vor allem die Urbanisierung der Gesellschaft und die Verquickung von Verwaltungsraum und sozialem Prozess. Mit der Urbanisierung der Gesellschaft, so argumentieren sie, könne die Stadtsoziologie nicht mehr die Stadt als abgrenzbaren sozialen Tatbestand aufrufen. Der Gegensatz von Stadt und Land habe sich zu einem »Mehr-Oder-Weniger vom Selben« (ebd., S. 486) aufgelöst. Im Unterschied zur antiken Stadt, so führt Walter Siebel (1987) weiter aus, sei die Stadt keine selbständige Einheit mehr, sondern in das nationale Rechtssystem, die Politik von Bund und Ländern, in international verflochtene Märkte und in die zentrale staatliche Sozialpolitik eingebunden. Da man die städtische von der ländlichen Produktions- und Lebensweise nicht mehr systematisch unterscheiden könne, sei »die Untersuchung der Stadt in Wirklichkeit die Untersuchung der ›modernen‹ (= industriellen) Gesellschaft, die Stadt also nur der Ort, an dem die Gesellschaft in ihrer Struktur und ihren Konflikten erscheint« (ebd., S. 11).

Auch Hartmut Häußermann argumentiert in einem Aufsatz, in dem er die Potenziale von Gemeindestudien explizit würdigt, dass eine regional differenzierende Sozialforschung mit der Urbanisierung der Gesellschaft, das heißt mit der Homogenisierung gesellschaftlicher Realität, ihren Sinn verliert (in Häußermann 1994, S. 236); er sieht neue Chancen für Gemeindestudien, wenn sie sich auf die Beschreibung regionaler »Stile« konzentrieren und sich den spezifischen »Begabungen« von Regionen, kurz den Analysen regionaler Kultur widmen (ebd., S. 243; Anführungsstriche auch im Original). Gemeindestudien bleiben aber auch hier nur Ergänzung; sie bilden – in der Architektur der Thesenbildung – nicht die Zentren gesellschaftlicher Strukturbildung.

Das zweite Argument in den frühen Bemühungen, einen Perspektivenwechsel von Stadt auf Gesellschaft zu vollziehen, richtet sich gegen eine »kausale Bedeutung räumlicher Faktoren für gesellschaftliche Phänomene« (Häußermann/Siebel 1978, S. 486). Solange man Stadt als einen Gegenstand der Forschung entwerfe, akzeptiere man räumliche (gemeint sind territoriale) Kategorien als Ausgangspunkt für die soziologische Analyse, das heißt, man erkläre gesellschaftliche Phänomene mit nichtgesellschaftlichen Werkzeugen. Die Konsequenz sei, dass in Konfliktsituationen und Krisenerscheinungen die Schuld bei den Städten zu liegen scheine und die Verantwortung der Gesamtgesellschaft verschleiert werde.

Dieses Argument einer geografisch-soziologischen Gegenstandsverwirrung wird kurz darauf von Peter Saunders (1987) ausgebaut, wobei sowohl die Übersetzung aus dem Englischen ins Deutsche als auch das Vorwort von Walter Siebel die gesteigerte Aufmerksamkeit für die Argumentation in Deutschland dokumentiert. Saunders' Projekt, eine nichträumliche Stadtsoziologie zu begründen, setzt an dem Faktum an, dass es historisch nicht gelungen ist, eine zufriedenstellende Definition von Stadt zu entwickeln. Die gescheiterten Versuche, eine stoffliche Einheit zu finden, die Saunders identifiziert, beziehen sich sowohl auf die Unmöglichkeit, das Stadtspezifische (in der Abgrenzung zum Landspezifischen) zu bestimmen, als auch auf die Unmöglichkeit einer globalen Definition von Stadt: »Die Stadt kann ein gültiges Objekt der Analyse für den Historiker und für den Polit-Ökonomen darstellen, ihre Bedeutsamkeit für den Soziologen ist begrenzt« (Saunders 1987, S. 241).

Die Problematik, Stadt von Land oder von Gesellschaft unterscheiden zu können, offenbare dabei eine systematisch problematische Gegenstandskonstitution: die Unterstellung der stofflichen Einheit »Raum« als Grundlage der Stadt. Indem Saunders gleichermaßen territoriale Bindungen und die Frage nach der Spezifik jeder einzelnen Stadt aus der Soziologie der Stadt verabschiedet, kann auch er zu dem Ergebnis kommen, dass die Stadt kein Gegenstand sozialwissenschaftlicher Untersuchung sei. Aufgabe der Stadtsoziologie sei es vielmehr, die Verbindung zwischen »der gesellschaftlichen Konsumtion, der politischen Konkurrenz und der Kommunalverwaltung im Kontext der Spannungsverhältnisse zwischen dem Profitprinzip des Privatsektors und den sozialen Bedürfnissen, zwischen der strategischen Planung und der demokratischen Verantwortung sowie zwischen der zentralisierten Leitung und der lokalen Autonomie« (Saunders 1987, S. 251) zu untersuchen.

Thomas Krämer-Badoni greift unter dem vielsagenden Titel *Die Stadt als sozialwissenschaftlicher Gegenstand* die Auseinandersetzung von Peter Saunders mit der Stadtsoziologie erneut auf und schlägt – wie es Häußermann und Kemper (in Häußermann/Kemper 2005) erneut tun werden – angesichts der Geschichte des Scheiterns einer soziologischen Bestimmung von Stadt vor, das forschende Augenmerk auf das Geschehen *in* den Städten zu richten: »Die Gesellschaftsanalyse vermag den Rahmen der Variationen von Lebensbedingungen abzustecken. Die Soziologie der Stadt dagegen vermag uns die konkreten Lebensverhältnisse und ihre spezifischen Bedingungen vor Augen zu führen« (Krämer-Badoni 1991, S. 28).

Diese Problemdefinition der unzureichenden Abgrenzung von Gesellschafts- und Stadtanalyse teilt und markiert Jürgen Friedrichs bereits 1977: »Da die Stadt buchstäblich der Ort ist, in dem Gesellschaftsanalyse betrieben wird, so könnte man hieraus den Schluß ziehen, ›Stadt‹ sei kein soziologisch abgrenzbarer Objektbereich. Es sei vielmehr ein Anwendungsbereich von allgemeinen Erklärungen (= generellen Theorien) für Sachverhalte, die sich u. a. in der Stadt nachweisen lassen« (Friedrichs 1977, S. 17). Für Friedrichs sind die Überlagerungen zwischen Gesellschaftsanalyse und Stadtforschung, die aus seiner Sicht überflüssigen Definitionsversuche sowie eine unzureichende Begrifflichkeit die Ursachen für eine weitreichende Theorielosigkeit. Er plädiert deshalb für einen Perspektivenwechsel hin zu einer Theorie über die Zusammenhänge sozialer und räumlicher Organisation: »An die Stelle einer ›Stadtsoziologie‹ tritt die Analyse raumbezogenen Verhaltens. [...] ›Stadt‹ und ›Großstadt‹ sind nur Teilbereiche einer solchen Analyse« (Friedrichs 1977, S. 19).

Ich fasse zusammen: In der Soziologie hat sich eine wirkungsmächtige Tradition herausgebildet, die das Interesse am Phänomen »Stadt« auf die Lebensverhältnisse in Städten und auf die Bedeutung von Städten für die Gesellschaftsentwicklung konzentriert. Flankiert wird eine solche subsumtionslogische Herangehensweise (vergleiche ausführlich Berking/Löw 2005) durch Vorschläge, nicht länger die Analyse von Städten gegenüber anderen räumlichen Organisationsformen (bzw. Siedlungsformen) zu privilegieren.

Mit drei zentralen Argumenten wurde das Hauptaugenmerk auf die Stadt als Feld für Gesellschaftsanalyse begründet:

1. Die Urbanisierung der Gesellschaft nivelliere die Stadt-Land-Unterschiede und verhindere somit eine eigenständige Gegenstandskonstitution.
2. Städte seien zu unterschiedlich, um mit einem Begriff benannt zu werden.
3. Ein administrativ festgelegter Raum sei keine soziologische Kategorie.

Ich möchte betonen: Es hat immer Gemeindestudien gegeben, die die Stadtsoziologie ergänzt haben (insbesondere Herlyn u. a. 1967, 1982, 2000), aber eigenlogische Strukturen einer Stadt aus ortsbezogenen Praktiken zu erklären gehörte bislang nicht zum Repertoire der Stadtsoziologie. Lokales ist zwar nicht geleugnet, jedoch nur nachrangig behandelt worden (kritisch dazu auch Mackensen 2000). Die Bedeutung des Lokalen hat in der empirischen Arbeit vor allem in Politikforschung Berücksichtigung gefunden, aber sie ist nie basaler Ausgangspunkt systematischer Theoriebildung geworden. Gesellschaftswissenschaftlich bietet sich deshalb an, in Zukunft stärker auch über eigensinnige Entwicklungen von Städten und deren Rahmenbedingungen zu forschen und eigenlogische städtische Vergesellschaftung theoretisch auszubauen.

Die Stadtsoziologie kann auf gute Städte-Vergleichsstudien aufbauen (siehe etwa Rodenstein 2000; Matthiesen/Bürkner 2004; Friedrichs/van Kempen 2004; Glick-Schiller u. a. 2006), aber eine systematische charakterisierende und typologische Stadtforschung hat sich noch nicht entwickelt. Es fehlt das Wissen über die Positionierung der verschiedenen Städte in einem relationalen Feld, welches die Erfahrung mit Städten sowie die Zuschreibung von (Un-)Attraktivität an sie ebenso prägt wie das Handeln aller Akteure und demzufolge den Strom von Waren, Informationen oder Menschengruppen kanalisiert. Auch das von Max Weber (1980/1920) begonnene Projekt einer Typologie der Städte (Konsumentenstadt, Produzentenstadt etc., ebd., S. 729 ff.) wurde nicht weiterverfolgt.

Wenn nun heute wieder über die Stadt als Gegenstand nachgedacht wird (in dem Sinne, dass Städte als eigenlogische Gebilde in ihrer Reproduktionsgesetzlichkeit zum Untersuchungsgegenstand gemacht werden und nicht mehr nur die Verhältnisse in der Stadt interessieren), so deshalb, weil die historisch geformten Pfade der Stadtsoziologie zwar produktiv, aber doch nicht ausreichend vielfältig sind. Es ist so, als stünde die Soziologie der Stadt auf einem Bein: Sie kann viel über die Stadt als Laboratorium der Gesellschaft sagen, aber wenig über die Stadt als distinktes Wissensobjekt (ausführlich Berking/Löw 2005).

Diese Entwicklung bleibt nicht folgenlos, weil das geringe Interesse an Lokalisierung einseitige Interpretationen von Globalisierung nahelegt und die makrosoziologische Perspektivierung eine Fokussierung auf Krisenkonfigurationen in Städten unterstützt (ich komme darauf zurück). Soziologisch ausgefeilt ist das Wissen über Segregation und Gentrifizierung, über soziale Milieus in Städten und ihre divergierenden Lebensbedingungen. Unterbelichtet sind die Differenzen in Bezug auf die Lebensbedingungen, welche Strukturlogik sich in welchen Städten reproduziert, wie Strukturlogiken in den Städten der Welt gebaut sind, welche vergesellschaftenden Einflüsse Städte auf ihre Bewohner und Bewohnerinnen ausüben und wie sich über diese Prozesse soziale Ungleichheit herstellt.

2. Subsumtion der Stadt unter die Gesellschaft

Bevor diese Wissenslücken gefüllt werden können, gilt es, die angeführten Argumente gegen die Konstruktion eines Gegenstands »Stadt« kritisch zu prüfen. Das folgenschwerste Argument stützt sich auf die Urbanisierung der gesamten Gesellschaft. Die Behauptung ist, dass Vergesellschaftung heute nach im Prinzip identischen, das heißt homogenen Regeln verläuft. Aus der Tatsache, dass es – anders als etwa in der Antike oder im Mittelalter – keine grundsätzlich unterschiedlichen »Produktions-, Reproduktions- und Herrschaftsformen« (Häußermann/Siebel 1978, S. 486) mehr gibt, wird geschlussfolgert, dass Disparitäten zwischen Städten und zwischen Stadt und Land nicht länger für die Gegenstandskonstitution relevant sind.

Neuere Untersuchungen zeigen nun, dass zumindest in Westdeutschland die Präferenzen für Kulturformen deutlich zwischen Stadt und Land variieren. Menschen mit »volkstümlichen« Kulturpräferenzen und geringem Aktionsradius wohnen überproportional häufig auf dem Land. Eindeutig an »Hochkultur« interessierte Menschen wählen als Wohnstandort oft die Stadtrandlage bzw. suburbane Gebiete, während die aktionsorientierten, an Spannungs- und Hochkultur orientierten Personengruppen eine innerstädtische Wohnlage bevorzugen (vergleiche Schneider/Spellerberg 1999, S. 192 ff.). Auch die Werteforschung zeigt, dass auf dem Dorf Orientierungen an Familie und Religion stärker sind, in der Großstadt dagegen Bekannte und Freunde, Freizeit, aber auch Politik wichtige Bezugspunkte bilden (Strubelt 1998, S. 663; siehe auch Pickel 2000). Auch egozentrierte Netzwerkanalysen weisen nach, dass mit sinkender Einwohnerzahl die Anzahl der Verwandten im Netzwerk ansteigt (Pappi/Melbeck 1988, S. 236 f.). Gunnar Otte und Nina Baur schlussfolgern deshalb: »Sieht man von der widersprüchlichen Situation in Ostdeutschland ab, wird als übergreifendes Muster erkennbar, dass die Lebensführung in ländlich-kleinstädtischen Räumen eher an volkstümlicher Kultur, religiösen Traditionen und häuslichen Aktivitäten in familiär-verwandtschaftlicher Umgebung ausgerichtet ist. In Großstädten werden stärker außerhäusliche Aktivitäten kultiviert, die auf die reichhaltigere kulturelle und gastronomische Infrastruktur gerichtet sind und denen eine Symbolik prestigeträchtiger Repräsentation und verfeinerter Distinktion anhaftet« (Otte/Baur 2008, S. 98).

Mit anderen Worten: Der Versuch, die Stadt gesellschaftstheoretisch zu bestimmen, führte in der Stadtsoziologie (mit Wirkung in vielen benachbarten Disziplinen) zu einer Homogenisierung der Disparitäten. Nicht nur Differenzen zwischen Städten wurden in »der Stadt« zusammengeschmolzen, sondern es wurden auch Unterschiede zwischen Stadt und Land nivelliert, um den abstrahierenden Blick zu begründen.

Will man nun perspektivisch den Differenzen mehr Raum geben, ohne die Verallgemeinerbarkeit zu verspielen, so muss man die Bestimmung der Stadt aus einer binären Opposition zum Land als eine theoriestrategische Operation sehen, die die Vielfalt räumlicher Figurationen (Dorf, Land, Suburbia, Region) ignoriert (vergleiche Schäfers 1989). Allein die Differenz Stadt–Land einzubeziehen hieße, eine soziologisch allzu vertraute Unterscheidung erneut zu belasten. Die Stadt wurde mit der Industrialisierung zum Wissensobjekt der Sozialwissenschaften bzw. die Erfahrungen mit der industrialisierten Stadt wurden zum Ausgangspunkt für die Disziplinengründung. Für Karl Marx (1972/1890, S. 371), um nur ein Beispiel zu nennen, ist die Scheidung von Stadt und Land die Grundlage der Arbeitsteilung auf der Basis des Warentauschs (ausführlich Berking/Löw 2005, S. 9). So konstituiert sich der Gegenstand »Stadt« in den Anfängen der Soziologie durch die idealtypische Unterscheidung eines nichtmodernisierten, nichtindustrialisierten Gegenübers (exemplarisch Simmel 1995/1908). In die Bestimmung der Stadt aus ihrer Unterscheidung von einem grundsätzlich anders gebauten Gegenüber fließt auch die Trennung von Kultur und Natur oder von Urbanität und Barbarei ein (vergleiche Schroer 2005, S. 329 ff.). Sie ermöglicht die Konstruktion eines Gegenstands, welcher durch eine innere Einheit gekennzeichnet ist, gleiche Strukturmerkmale aufweist und Zentrum der soziologischen Forschung ist. Binäre Konstruktionen sind durch die Setzung einer Ausgangsunterscheidung produktiv, aber sie homogenisieren die Materialfülle. So wie das Verhältnis von Stadt und Land komplizierter gebaut ist, als die Diagnose der Urbanisierung vermuten lässt, so sind die Differenzen zwischen Städten keine Randphänomene, denen man sich dann widmet, wenn allgemeine Erklärungen nicht greifen. Differenzen können vielmehr den herausfordernden Ausgangspunkt des Nachdenkens über städtische Entwicklungen bilden. Stadtsoziologische Perspektiven der »Subsumtion der Städte unter die Gesellschaftsfrage« versus »Städte als Gesellschaftsfrage« – oder, wie es in angloamerikanischen Debatten neuerdings diskutiert wird, von *Place-in-society-* und *Society-in-place-*Ansätzen (siehe Lobao/Hooks/Tickamyer 2007) – bilden keine sich ausschließenden, sondern zwei mögliche Herangehensweisen. Dies demonstrieren zumindest jüngere Entwicklungen in der Ethnologie und der Geschichtswissenschaft. Weder die jüngere Stadtgeschichte (vergleiche Schott 1999) noch die Stadtethnologie (siehe Lindner 2005 a und b) sind der Soziologie auf dem Weg der Subsumtionslogik gefolgt.

Insbesondere in neuen Publikationen (exemplarisch Häußermann/Kemper 2005, S. 25) wird gerne die wissenschaftliche Operation, Stadt als soziologischen Gegenstand zu fassen, mit dem Argument verworfen, Städte von einer Größe von 2000 Einwohnern in Brandenburg und Millionenstädte in Nord- und Südamerika, Afrika und Asien hätten wohl kaum etwas gemeinsam. Der administrativ abgegrenzte Raum, der als Stadt bezeichnet werde, so die Autoren, fasse so Unterschiedliches zusammen, dass die Stadt selbst nicht Objekt der Forschung sein könne. Das Argument ist auf den ersten Blick erstaunlich, weil es nur im Feld der Stadtsoziologie angeführt wird. Wie ist das, so drängt sich spontan die Frage auf, mit der Familie? Sollte man dann nicht aufhören, Familien zu untersuchen, da der Begriff in Asien, Afrika und in Brandenburg so Unterschiedliches bezeichnet? Auch die Religionssoziologie könnte ihre Arbeit einstellen. Was ist mit Biografie, Kultur, Körper, Geschlecht, Wissen, um nur einige Sektionen der Deutschen Gesellschaft für Soziologie aufzurufen? Bezeichnen deren Kernbegriffe nicht interkulturell sehr unterschiedliche Gebilde? Sicherlich! Was also nimmt die wissenschaftliche Gemeinschaft an der Stadt wahr, das sie dazu veranlasst, ihr den Status eines wissenschaftlichen Gegenstands abzusprechen?

Mit der Kritik an westlichen Allgemeinheitsansprüchen (siehe King 1996, 2000, 2003 oder auch Gilroy 1991 sowie Hosagrahar 2005) wächst nicht nur die Sensibilisierung für Differenzen, sondern auch das Bewusstsein für die lokale Prägung von Wissen (zusammenfassend Berking 1998, 2006). Simmel (1995/1908) schien es noch erlaubt, über das Wesen des Großstädters auf Grundlage seiner Beobachtungen der Berliner Bevölkerung zu schreiben, aber am Beispiel von Mumbai die habituelle Grundstruktur von Großstadtmenschen glaubhaft verallgemeinern zu können scheint offenbar unmöglich zu sein. Die Tatsache, dass Häußermann/Kemper ihren Rückblick auf dreißig Jahre stadtsoziologische Geschichte mit dem Verweis beginnen, dass die Gemeinsamkeiten zwischen brandenburgischen Landstädten und Millionenstädten in Afrika gering seien, bedeutet nicht notwendig, dass Städte nicht Gegenstand wissenschaftlicher Forschung sein können, sondern lässt sich vielmehr so interpretieren, dass die lokalen Kontexte stadtsoziologischen Wissens systematisch erhoben und reflektiert werden müssen (vergleiche zum Einfluss der Stadt auf Theoriefiguren Crang/Thrift 2000). Häußermann/ Kemper deuten diese Interventionen als Verlustgeschichte: »Anders als bei den Klassikern der Soziologie konzipiert, wird die (Wieder)Entdeckung von *Heterogenität*, *Differenz* und *Pluralität* sozialer Prozesse und räumlicher Gestaltung im Kontext der Stadt nicht mehr rückgebunden an *sie bestimmende Prinzipien* oder regelhafte Kausalzusammenhänge, also die Art und Weise der *Zergliederung* selbst zum Thema gemacht, sondern an ihre Stelle scheint ein Verständnis von städtischen Prozessen zu treten, das ›Stadt‹ nicht mehr als Ausdruck bzw. Repräsentation, als

Begriff für eine Sache nimmt, sondern umgekehrt als Zeichen begreift, dem in Definitionsprozessen wissenschaftlicher und kultureller Sinnproduktion immer wieder neue Substanz verliehen wird« (Häußermann/Kemper 2005, S. 48; Hervorhebungen M.L.). Differenz wird bei den beiden Autoren als »Zergliederung« gedacht, welche durch übergeordnete, sie bestimmende Prinzipien ausgelöst wird. Konzeptionell bleiben Städte der Unterfall der Gesellschaft. Die Möglichkeit, dass Städte die Orte sind, an denen Gesellschaft entsteht, wird außer Acht gelassen.

Das dritte, scheinbar raumtheoretische Argument von Saunders und anderen bedarf seit dem *spatial turn* keiner langen Erörterung mehr. Der *spatial turn* beruht auf der Erkenntnis, dass gesellschaftlicher Wandel ohne eine kategoriale Neukonzeption der räumlichen Komponente des sozialen Lebens nicht hinreichend erklärt werden kann (vergleiche Schlögel 2003, S. 60 ff.; zusammenfassend Döring/Thielmann 2008). Dies bedeutet die Überwindung des Historismus, der Dominanz des Zeitlichen in geschichtlichen Erzählungen wie im philosophischen Denken (Foucault 1991; Schlögel 2003). Immer stärker setzt sich die Auffassung durch, dass »›Sein und Zeit‹ nicht die ganze Dimension der menschlichen Existenz erfaßt« (ebd., S. 9) und dass Raum nicht bloßer Behälter oder apriorische Naturgegebenheit ist, sondern als Bedingung und Resultat sozialer Prozesse gedacht und erforscht werden muss (vergleiche exemplarisch Berking 1998; Bourdieu 1991a und b; Läpple 1991; Löw 2001a). Die naheliegende und heute weitgehend akzeptierte Kritik betrifft die alltagssprachliche Verwendung der Kategorie »Raum«, im in den frühen stadtsoziologischen Arbeiten vorgetragenen Argument, »Raum« sei keine soziologische Kategorie. So wird auch die Raumthese in neueren stadtsoziologischen Publikationen nicht mehr aufgeführt, sondern durch den

Verweis auf die internationale Differenz zwischen Städten ersetzt. Soziologisch bemerkenswert ist dabei der Akt des Verschiebens der Aufmerksamkeit selbst. Vergleicht man die Stadt mit sozialen Institutionen wie Familie, Biografie oder Religion, die nicht in den Verdacht geraten, aus Gründen globaler Vergleichbarkeit nicht Gegenstand soziologischer Analyse werden zu können, so drängt sich der Verdacht auf, dass es der Existenz administrativ festgelegter und benennbarer Grenzen von Städten zu verdanken ist, dass das Problem der Vergleichbarkeit aufgerufen wird. Schließlich wird die für problematisch erachtete Operation über Größenverhältnisse (Kleinstädte versus Millionenstädte) bestimmt. Durch die makrostrukturtheoretische Vorentscheidung, die den stadtsoziologischen Blick auf Reproduktionslogiken und Konsumtionsfragen richtet, konnte in den Hintergrund der Aufmerksamkeit rücken, was schon René König im ersten Sonderheft der *Kölner Zeitschrift für Soziologie und Sozialpsychologie* (1956) betont: »Im Vordergrund steht die Gemeinde als soziale Wirklichkeit, und das ist zweifellos etwas völlig anderes als die Verwaltungseinheit Gemeinde« (König 1956, S. 2, vergleiche dazu auch Korte 1974). Dass dies kein Plädoyer dafür sein kann, alles mit allem zu vergleichen, versteht sich von selbst. König markiert vielmehr die Einsicht, dass Städte nicht nur Ort, sondern auch Gegenstand der Forschung sind, weil sie – jenseits unterschiedlich großer territorialer Einheiten – praktisch erfahrbare Sinnzusammenhänge darstellen.

Es existiert in den Planungswissenschaften, in der Geschichtswissenschaft, in der lokalen Politikforschung, vor allem aber im alltäglichen nichtwissenschaftlichen Diskurs ein vielfältiges Wissen über die Differenzen zwischen Köln, München, Berlin, Hamburg und Frankfurt am Main oder über die Unterscheidung von Köln, Düsseldorf, Duisburg und Dortmund; auch Bensheim und Heppenheim werden verglichen, nur die Soziologie hat keinen theoretischen Ort für die Berücksichtigung der Differenzen gefunden. Ljubljana in Slowenien wird im Kontrast zu ihrer Nachbarstadt Triest in Italien beurteilt, während New York gegen das ferne London antritt. Von soziologischem Interesse ist nun, wie das Netzwerk, in das Köln und die anderen wie Spieler eingereiht werden, konstruiert ist. Ferner: Welche historischen, sozialen, ökonomischen, politischen, städtebaulichen etc. Bedingungen haben das soziale Gebilde »Köln« in einer solchen Weise hervorgebracht, dass es als begrenztes soziales Gebilde handlungsrelevant wird? Warum sind Städte, die sozialstrukturell vergleichbar sind, ökonomisch so unterschiedlich erfolgreich? Welche imaginären Geografien, die vielfältige ökonomische, politische und soziale Konsequenzen nach sich ziehen, werden zwischen Städten aufgespannt? Welche Städte werden aus welchen Gründen aus den Vergleichen und Bezugssystemen ausgeschlossen?

Weder die Tatsache, dass Städte auch Verwaltungsgrenzen haben, noch gesellschaftliche Entwicklungen wie Multizentralität und institutionalisierte Vernetzung in Agglomerationsräumen oder die Einbindung der Städte in internationale Märkte und staatliche Versorgungssysteme führen zur Irrelevanz distinkter Stadtlogiken. Vielmehr gilt umgekehrt: Je weniger die Stadt allein von einem historischen Zentrum aus gedacht werden kann (dazu Läpple 2005) oder politisch, ökonomisch oder gar militärisch eine selbständige Einheit bildet, desto stärker stellt sich die Frage, wie stadtpolitische Originalitätskonstruktionen und relationale Verknüpfung mit anderen Städten funktionieren (vergleiche Friedrichs 1988).[4]

4 Friedrichs 1988 weist darüber hinaus darauf hin, dass die Zunahme regionaler Disparität zur Zunahme von Vergleichsstudien führt, jedoch unter Ausschluss der Soziologie.

Um es deutlich zu sagen: Es gibt keinen Grund, warum man die Stadtentwicklung nicht mehr in ihrer Funktion und/oder Bedeutung für die Gesellschaftsentwicklung untersuchen sollte. Ebenso ist es für viele Forschungsfragen und Probleme sinnvoll, soziale Prozesse in Städten zu analysieren; aber beide Forschungstraditionen entlasten nicht von der Neugier, einen theoretischen Ort für Differenzen zwischen Städten denken zu können. Dieses Ansinnen bedeutet explizit nicht, das Korpus des Wissens über Städte nur durch endlose einzelne Stadtportraits erweitern zu wollen. Im Zentrum des Interesses einer Soziologie der Städte stehen vielmehr die strukturellen Differenzen und Gemeinsamkeiten zwischen Städten sowie die Strategien und Kräfte der Besonderung.

3. Die Relevanz des Lokalen

Man kann, darauf habe ich schon hingewiesen, der Kritik, die Stadtsoziologie habe das Interesse am Objekt »Stadt« aufgegeben, mit dem Verweis begegnen, es habe immer Forschungen und Überlegungen zur Dimension des Lokalen gegeben. Richtig ist: In seriöser Forschung gibt es keine absoluten Anfänge. Die Bedeutung des Lokalen in der sozialwissenschaftlichen Theoriebildung ist ein langer Prozess von Annäherungen, Verwerfungen und Verschiebungen. In den 1950er und 1960er Jahren wird die Bedeutung des Lokalen über die Gemeindestudie im Rückgriff auf die Chicagoer Tradition (Park u. a. 1984/1925) thematisiert. Richard Wohl und Anselm Strauss beobachten bereits 1958, dass Städten häufig Eigenschaften zugeschrieben werden, die darauf zielen, den besonderen Charakter einer Stadt zu erfassen. Städte erscheinen dann dynamisch oder progressiv, kosmopolitisch oder sentimental. Wohl/Strauss

3. Die Relevanz des Lokalen

deuten diese Zuschreibungen mit Bezug auf Robert Park so, dass Städte sich im Bewusstsein (*state of mind*) formen. Anselm Strauss formuliert daraufhin im Jahr 1967 als Forderung an die Stadtsoziologie, Städte in ihrer Differenz über die *icons* zu interpretieren, also über Wahrzeichen bzw. bedeutende symbolische Repräsentationen, da sie einen spezifischen Stil der Stadt, die Sehnsüchte der Bewohnerinnen und Bewohner, die Darstellung der Stadt nach außen sowie die Planungsstrategien verkörpern (siehe vor allem Strauss 1967, S. 86; aber auch Strauss u.a. 1961). Wie Lyn Lofland (1991) feststellt, ist dieser von der qualitativen Analyse des Symbolischen geprägte Blick von Strauss auf die Wirklichkeit der Städte ohne Einfluss auf die Theoriebildung und empirische Forschung geblieben.

In Deutschland gewinnt eher die Park'sche Gemeindestudie, insbesondere in ihrer Weiterentwicklung durch den Chicagoer Forscher Nels Anderson, der als Leiter des damaligen UNESCO-Instituts in Köln die »Darmstadt-Studie« (vergleiche Anderson 1956, von Ferber 1956) durchführte, für einige Jahrzehnte an Bedeutung. Eine Reihe weiterer Gemeindestudien, darunter eine Dorfstudie von René König (1956), die Euskirchen-Studie von Renate Mayntz (1958), Helmuth Croons und Kurt Utermanns Untersuchung über die Ruhrgebietsstadt Datteln (1958), die Studie von Rainer Mackensen und Karl Hahn über Dortmund (1958), Martin Irle über Stuttgart (1960) sowie Martin Schwonke und Ulfert Herlyn über Wolfsburg (1967) (ausführlich zu den Studien Herlyn 1989 und Häußermann 1994), versuchen exemplarisch, an *einer* Gemeinde gesellschaftliche Prozesse zu untersuchen. Schon früh kritisiert Adorno (1983/1956) dieses Vorgehen, indem er die Frage aufwirft, wie repräsentativ eine Gemeinde für die Gesellschaft sein kann (ausführlich Neckel 1997; Löw 2001b). Je besser die statistischen

Verfahren und die technologischen Möglichkeiten der Datenverarbeitung werden, desto genauer lassen sich an Repräsentativität orientierte Aussagen durch die Erhebung und Bearbeitung von Massendaten gewinnen und als desto nachrangiger wird die Bedeutung lokaler Kontexte eingeschätzt. Die wissenschaftliche Aufmerksamkeit wird nicht auf die methodische Weiterentwicklung der Gemeinde-Einzelfallstudie gelegt – vergleichbar der Biografieforschung mit ihrer typisierenden Rekonstruktion von Handlungs- oder Deutungsmustern –, sondern auf eine strukturlogische Herangehensweise. Die Analyse ortstypischer sozialer Beziehungen, die in den Gemeindestudien durchschimmert (vergleiche Pfeil 1955), vor allem aber die lokalexplorative Herangehensweise überwintern in Nischen. Denn, so fasst Ulfert Herlyn die Stadtsoziologie der 1950er Jahre zusammen: »Die mehr oder weniger deutliche Absicht, die betreffenden Gemeinden in ihrer gesellschaftlichen Totalität zu untersuchen, vermischt sich in kaum zu entwirrender Weise mit dem Interesse, zu gemeindeübergreifenden Aussagen zu kommen« (Herlyn 1989, S. 360). Er schlägt daher einen Strategiewechsel vor, »jene Forschungen nicht unter Stadtsoziologie zu rubrizieren, die lediglich in Städten stattfinden, sondern ganz andere raumneuterale soziale Tatsachen [zu] verfolgen« (ebd., S. 379).

Zwei Stränge lassen sich herausfiltern, in denen die Dimension des Lokalen auch nach den späten 1970er Jahren noch Relevanz im Kontext der Stadtsoziologie gewinnt: die Siedlungssoziologie und die lokale Politikforschung. Während sich die erste von der Stadt wegbewegt und auf das Siedeln als Handeln konzentriert, interessiert sich die zweite vor allem für jenen widerständigen Rest, den das »Lokale« einer völligen Strukturierung durch nationale oder globale Ströme entgegenzusetzen vermag.

3. Die Relevanz des Lokalen

In ihrer Konzeption einer Siedlungssoziologie betonen Bernd Hamm und Peter Atteslander, dass der Siedlungsbegriff »alle Erscheinungen menschlichen Verhaltens auf lokaler Basis umfassen« (Hamm/Atteslander 1974, S. 11) könne. Sie verfolgen den Weg, der in der Gemeindeforschung (etwa in Königs Studie zum Dorf) bereits angelegt ist: die *Abwendung von der Stadt* als privilegiertem Untersuchungsort hin zu einer Soziologie aller räumlich-sozialen Vergesellschaftungsformen. Nicht Desinteresse an lokalen Figurationen soll die Forschung leiten, betonen sie in Abgrenzung zur postfordistischen Wende in der Stadtsoziologie, sondern »Stadt« werde als mögliche Siedlungsform neben anderen begriffen: »Nicht das Dorf oder die Stadt, sondern die Besiedelung eines gesamten Raumes und das Sozialverhalten der innewohnenden Menschen ist Gegenstand der Siedlungssoziologie« (ebd., S. 14). Bernd Hamm kritisiert folglich das Bestreben, die Stadt als soziologischen Gegenstand zu verwerfen, indem er schreibt: »Solange lokale Macht- und Entscheidungsprozesse, politische Mitwirkungsrechte, symbolische Ortsbezogenheiten und Identifikation, solange auch Vereine, Steuerungssysteme, Finanzausgleich und soziale Dienste an solchen politisch-administrativen Grenzen sich orientieren [...], solange kann man die Gemeinde nicht aus den Tatbeständen hinausdefinieren, die für soziologische Fragestellungen bedeutsam sind« (Hamm 1980, S. 266). Hamms Argument lautet, dass es trotz aller Auflösungstendenzen von Stadt-Land-Differenzen und damit einer eindeutigen Abgrenzung des städtischen Lebens und der städtischen Gestalt von anderen Siedlungsformen eine deutende bzw. handelnde Bezugnahme auf die Stadt gibt, welche Praktiken in fast allen Lebensbereichen strukturiert. Hamm und seinen Mitdenkern verdankt die Soziologie den frühen Vorschlag, Raum aus dem Verhalten zu begründen und Siedeln als lokales Handeln zu denken. Die Differenz zwischen den Städten sowie auch eine Weiterentwicklung der Gegenstandsbestimmung »Stadt« liegt auch bei Hamm und seinen Mitautoren außerhalb des Erkenntnisinteresses (vergleiche dazu auch Dangschat 1996).

Unterminiert wird die Subsumtion der Stadt unter die Logik des Kapitalismus durch die Erkenntnis, dass die Realisierung von Politikinhalten entscheidend von spezifischen örtlichen Bedingungen abhängt, insbesondere von lokalen Akteurskonstellationen, ihren Konflikt- und Konsensbildungsformen, ihren Interaktionsstilen sowie von ihrer »Rahmung« durch eine spezifische lokale Kultur. So wird im Kontext der lokalen Politikforschung (vergleiche Heinelt/Mayer 1993) mit Rückgriff auf frühe Ansätze eines akteurszentrierten Institutionalismus bei Elster (1979) und Windhoff-Héritier (1991) der Beweis geführt, dass und wie die Widerspenstigkeit von Akteuren in einzelnen europäischen Städten gegen allgemeine gesellschaftliche Entwicklungstrends – *driving forces* – möglich ist. Ebenso werden Muster gegenteiliger Entwicklungen präsentiert, die auf endogene lokalpolitische Faktoren und nicht auf strukturell gegebene Beschränkungen städtischer Politik zurückzuführen sind. Die lokale Politikforschung kann die Eigenlogik städtischer Prozesse in Bezug auf die strategischen Handlungsmöglichkeiten (oder die Widerstandspotenziale) lokaler Kontexte gut nachweisen (zusammenfassend Zimmermann 2008). Die Richtung des Fragens zielt jedoch auf das Verhältnis von Struktur und Widerstand, manchmal auch auf die Rolle der Stadt bei schwindender staatlicher Steuerung (vergleiche Wollmann 1991; Blanke 1991; Mayer 1991), setzt aber selten die als das Lokale skalierbare Größeneinheit forschungsstrategisch gleichberechtigt neben die nationale oder globale. Erforscht wird beispielhaft das Entstehen und Reproduzieren städtischer Eigenlogiken, vor allem im Kontext von *Urban-governance*-Prozessen, eine multidisziplinäre Kartierung eigenlogischer Verfasstheit in ihren Verweisungszusammenhängen und Typenbildung steht jedoch nicht im Zentrum der Forschung. Weitgehend bleibt die Stadt so der (widerständige) Teilbereich der Gesellschaft, nicht der Ort eigenständiger Vergesellschaftung. So schließt Gabriela Christmann den Literaturüberblick zum Themenfeld »Identität der Stadt« mit den Worten ab: »Mit der Frage hingegen, welche Bedeutung die Stadt für den Stadtbürger haben kann, in welcher Form er ihr Sinn zuschreibt und inwiefern er sich ggf. mit ihr identifiziert, hat man sich in der Stadtsoziologie äußerst selten beschäftigt« (Christmann 2004, S. 7).

Die Analyse des *Lokalen* mit der Frage nach dem *Widerständigen* zu verknüpfen (das heißt, als auf formende Prozesse reagierenden Kontext zu entwerfen) hat theoretische Tradition (vergleiche die Analysen von Christian Reutlinger 2008). Schon Hartmut Häußermann und Walter Siebel betonen, dass in der »neuen« Stadtsoziologie neben Ideologiekritik und Zustandsbeschreibung auch die lokale Ebene Berücksichtigung finden müsse. Hier zeige sich der Einfluss staatlicher Politik auf die gesamte Lebenssituation und damit immer auch ein »antistaatliches, zumindest antizentralistisches, damit auch spezifisch antiautoritäres Moment« (Häußermann/Siebel 1978, S. 499). Mit Blick vornehmlich auf kommunale Selbstverwaltungen halten sie die Chancen, dem strukturell-ökonomischen Zwang zu entkommen, zwar für gering, verorten aber ein mögliches Widerstandspotenzial im Feld des Lokalen.

Eine solche Einschreibung in die lokalen Dimensionen sozialer Wirklichkeit kehrt in der Debatte um Globalisierung in potenzierter Form wieder. Exemplarisch dafür sind Arbeiten, welche unter Stichworten wie *governance*, *urban policy* und *community control* das Örtliche als Ressource für zivilgesellschaftliches Handeln entdecken (vergleiche u. a. Entrikin 1997) oder aber Ausbeutungs- und Opferzuweisung im Schema von global–lokal auf der Seite des Lokalen denken. Markant ist hierbei Manuel Castells Ausspruch: »Capital is global. As a rule labor is local« (Castells 1996, S. 475). Da nur im Lokalen Widerstand denkbar scheint, wird das Lokale als Dimension sozialer Wirklichkeit aufgerufen, die sich kritisch zu Homogenisierung und Globalisierung verhalten kann, ohne die theoretischen Werkzeuge der dominant strukturtheoretischen Herangehensweise der Stadtsoziologie deshalb neu zu durchdenken; vielmehr folgt die Argumentation der Logik, dass sich keine Strukturgewalt vollständig durchsetzen kann.

Deutlich eingewoben in die Vorstellung, man könne in der Stadt vor allem die konkreten Lebensbedingungen analysieren (und dabei auch Widerstand finden), ist die Konstruktion, die Stadt verhalte sich zur Gesellschaft wie ein Mikrountersuchungsfeld (Verdeutlichung konkreter Lebensverhältnisse und ihrer spezifischen Bedingungen, vergleiche etwa Krämer-Badoni 1991) zur Makrostruktur. Die konzeptionellen Probleme einer einfachen Mikro-Makro-Unterscheidung sind nicht neu. Karin Knorr Cetina (1981) identifiziert vier Sinnhorizonte, die in die Unterscheidung eingelagert sind: Individuum versus Kollektiv, Handlung versus Struktur, einfach versus komplex sowie machtlos versus mächtig. Bettina Heintz (2004) zeigt, dass diese Unterscheidung – als eine in Realitätsebenen gefasste – oft eine Denkweise etabliert, die Mikro für die Ebene des Individuellen, Informellen, »Kleinen«, Makro dagegen für die des Überindividuellen, Organisierten, »Großen« reserviert. Genau dies geschieht häufig in der Stadtforschung. Städte werden im Sinne einer Mikrodimension als das Kleinere und weniger Komplexe im Verhältnis zur Gesellschaft gedacht. Als Laboratorien der Gesellschaft soll man in ihnen Phänomene wie Armut, Ausgrenzung, Diskriminierung en détail studieren können. Konsequent der Logik folgend, Städte als Mikrodimensionen der Wirklichkeit zu denken, wird dann zuweilen auch nach den Widerstandspotenzialen gegenüber nationalen oder globalen Homogenisierungstendenzen gefragt (kritisch hierzu Massey 2006). Der Stadt wird damit automatisch der Status des Schwächeren, Machtloseren und deshalb potenziell Widerständigen zugeschrieben.

Die Widersprüche einer solchen Argumentation diskutierend plädiert Heintz über den Begriff der Emergenz für eine Betrachtungsweise, der zufolge »Makrogebilde Eigenschaften aufweisen, die nicht auf die Mikroebene zurückführbar sind« (Heintz 2004, S. 5), das heißt, dass nicht alle Phänomene aus der individuellen Ebene ableitbar sind. Gesellschaft, so ja bereits die Durkheim'sche Erkenntnis, ist »nicht bloß eine Summe von Individuen« (Durkheim 1984/1895, S. 187), sondern aus den Beziehungen zwischen den Individuen entsteht etwas Eigenes. Dies lässt sich am Beispiel der sozialen Integration illustrieren. Sie gelingt erfolgreicher, wenn zahlreiche Paare über ethnische Grenzen hinweg heiraten, dennoch heiraten die Paare nicht, um soziale Integration zu erzeugen (vergleiche Heintz 2004, S. 26). Soziale Integration ist, mit anderen Worten, zwar eine Folge multiethnischer Eheschließungen, lässt sich jedoch nicht auf das individuelle Handeln zurückführen, sondern entsteht aus dem Zusammenspiel sehr unterschiedlicher Beziehungsformationen. Diese Wirkungskomplexe gelten nicht nur für »Gesellschaft«, sondern auch für Institutionen wie die Familie oder Formen wie die Stadt. Da die Stadt als Makrodimension im Verhältnis zum Individuum und als Mikrodimension im Verhältnis zur Gesellschaft entworfen werden kann, ist die Lösung, Stadt als einfaches

Laboratorium zu entwerfen, unbefriedigend. Städte sind – im Sinne von Bettina Heintz – emergente Gebilde mit eigenen Qualitäten, die sich nicht linear aus dem Handeln ableiten lassen, die aber auch nicht nur das lebensweltliche Material für Sozialstrukturanalysen bereitstellen. Aussagen über soziale Phänomene in Städten sind nicht einfach Spezifizierungen gesamtgesellschaftlicher, sondern in vielen Fällen Feststellungen spezifischer Problemlagen.

An Israel lässt sich die Ausdifferenzierung von Städten und damit die Spezifik der Stadtkonstitution gut zeigen, da die begrenzte Anzahl großer Städte die Differenzen besonders deutlich hervortreten lässt. Tel Aviv verkörpert das moderne Israel, eine westliche Metropole, während das nur eine Autostunde entfernte Jerusalem die »heilige Stadt« ist. Tel Aviv verdankt seine Strand-, Freizeit- und Schwulenkultur gerade der Verankerung religiöser Kultur im als das Andere konstituierten Jerusalem (vergleiche Fenster 2003). Eine Wissenschaftlerin, die in Tel Aviv arbeitet, muss sich im säkularen Milieu für ihren Wohnort Jerusalem rechtfertigen, umgekehrt wohnen viele Mitarbeiter der Universität von Jerusalem selbstverständlich in Tel Aviv. Die Städte entwickeln sich »eigenlogisch« (zum Begriff vergleiche unten, Kapitel 2) und in der Abgrenzung voneinander aufeinander bezogen. Ergebnisse, die in einer Stadt als Resultat von Sozialforschungsprojekten gewonnen werden, sind demnach nicht ohne Weiteres auf andere Städte übertragbar. Anders als es alle Konzeptionen zu Stadt bisher nahezulegen scheinen, hat die Stadt in der Unterscheidung von Mikro- und Makroebene keinen eindeutigen Ort. Die Lösung, Stadt nur als Laboratorium zu denken und damit die Gegenstandsbestimmung methodologisch anzulegen, bleibt theoretisch unbefriedigend, weil sie die Verhältnisbestimmung einseitig in Richtung Makroebene auflöst und die Mikro-Makro-Bestimmung theoretisch unterkomplex einsetzt. Gerd Held fasst das Problem der Subsumtion der Stadt unter die Gesellschaft wie folgt zusammen: »Ein solcher gesellschaftlicher Stadtbegriff hebt im ersten Schritt bedeutungsvoll eine Urbanität hervor, die aber im zweiten Schritt sogleich wieder von der Gesellschaft subsumiert wird. Unter dieser Perspektive wird Stadtforschung letztlich doch immer auf die Erforschung der Akteure und Netzwerke hinauslaufen, die der Stadt als ihrem Substrat Bestimmung und Dynamik verleihen« (Held 2008, S. 1). Eine neue Perspektive zur Bestimmung der Stadt, die dennoch alle Fragerichtungen öffnet, seien sie auf Gesellschaft oder auf Stadt abzielend, bietet sich an, wenn die Stadt wieder über den Raum bestimmt, dieser heute jedoch nicht mehr territorial, sondern relational gedacht wird (ausführlich zum Form- bzw. Ortsbegriff Kapitel 2 bzw. 3 unten).

4. Ansätze zur Städteforschung

Eine Soziologie der Städte, eine Soziologie also, die anstrebt, Städte nicht nur als Arenen der Gesellschaftsentwicklung und als Gefüge, in denen sich soziales Handeln ereignet, zu betrachten, sondern die Differenzen zwischen Städten sowie die wechselseitige Verwiesenheit in der Abgrenzung konzeptuell einzubinden, existiert nur facettenhaft, allerdings mit einflussreichen Kernannahmen (siehe Taylor u. a. 1996, S. XII; Lee 1997; Lindner 2003; Lindner/Moser 2006; Berking/Löw 2005; Matthiesen 2007, 2008). Sie findet ihren Ausgangspunkt vor dem Hintergrund raumtheoretischer Annahmen. Doreen Massey (Massey 1999, S. 28; siehe auch 1993) weist darauf hin, dass »Raum« wie kein anderer Begriff die Sphäre der Juxtaposition und Koexistenz zum Ausdruck bringt. Als Organisationsform des Nebeneinanders sind Räume der Inbegriff für Gleichzeitigkeiten. Wenn Raum das Resultat einer Verknüpfungsleistung und einer Platzierungspraxis ist (ausführlich Löw 2001a), dann handelt es sich auch um eine Kategorie, durch die pointiert wird, dass ortsspezifische Objekte und Objektgruppen zu Räumen zusammengefügt werden. Räumliche Vorstellungen ordnen nicht das Nacheinander (wie die Zeit), sondern bauen Gefüge zwischen gleichzeitig existierenden Abläufen. Damit zwingt das Raumdenken in ein Denken von Differenz.

Dementsprechend ist es kein Zufall, dass die Frage nach der Stadt als distinktem Gegenstand zunächst im Umfeld raumtheoretischer Arbeiten neu gestellt wird. Ash Amin und Nigel Thrift betonen in ihrer Schrift *Cities. Reimagining the Urban*: »Urbane Ballungsräume und die Verstädterung des sozialen Lebens untergraben nicht die Idee von Städten als distinkten räumlichen Formationen und Vorstellungen« (Amin/Thrift 2002, S. 2; Übers. M. L.). Nach Amin und Thrift ist es im Besonderen auch die Benennungspraxis, die Namensgebung, die im performativen Akt städtische Individualität produziert. Sie sprechen deshalb auch vom »Lebenslauf« einer Stadt (ebd., S. 4).

Einen frühen Versuch, die Besonderheiten der Städte wissenschaftlich in den Griff zu bekommen, unternimmt Henri Lefèbvre (1996, S. 100 ff.). Er schlägt vor, die Stadt als ein *Œuvre*, als ein Gesamtwerk zu betrachten. Mit dem Begriff des Œuvres eröffnet er das Assoziationsfeld zur Kunst und umgeht eine einfache materielle Bestimmung der Stadt als Produkt. Ein Œuvre im Lefèbvre'schen Sinne ist ein gewachsenes Werk, also eine Objektsammlung mit Geschichte. Entgegen der zeitgenössischen Übereinkunft im Mainstream der Sozialwissenschaften, die Stadt könne nicht Gegenstand der Forschung sein, formuliert Lefèbvre: »Die Stadt war und bleibt *Objekt*, nicht im Sinne eines fügsamen, partikularen, instrumentellen Objekts, so wie ein

4. Ansätze zur Städteforschung

Stift oder ein Blatt Papier. Ihre Sachlichkeit bzw. Objekthaftigkeit ist eher wie die der *Sprache*, welche Individuen und Gruppen erlernen, bevor sie beginnen sie zu verändern, oder wie die einer konkreten *Sprache* (die Arbeit einer Gesellschaft, angewandt von sozialen Gruppen)« (Lefèbvre 1996, S. 102; Hervorhebungen im Original, Übers. M.L.). Es ergibt für Lefèbvre, den großen Theoretiker der Räume, Netzwerke und Multizentralitäten, keinen Sinn, der Stadt den Objekt- und damit den Gegenstandsstatus abzusprechen, nur weil das Objekt komplex ist. Komplex ist auch die Sprache, die Handeln wie Denken strukturiert und gleichzeitig ermöglicht sowie sich im Handeln selbst verändert; und dennoch würde man nicht bestreiten, dass es sinnvoll ist, Sprachen in ihrer Unterschiedlichkeit zu untersuchen. Lefèbvre vergleicht die Stadt unter anderem mit dem Buch. Das Buch kann nur verstanden werden, wenn man gleichzeitig den Inhalt und die mentalen wie sozialen Formen und Strukturen berücksichtigt, in denen das Buch gelesen wird: »Die Stadt schreibt sich ein und weist zu, sie zeigt, befiehlt und legt fest. Was? Das genau gilt es herauszufinden« (ebd., 1996, S. 102; Übers. M.L.). Städte sind Resultate vergangenen Handelns. Sie bezeichnen, ordnen und verlangen, und doch müssen Städte – so Lefèbvre – performativ realisiert/gelebt werden (so wie Sprachen gesprochen und Bücher gelesen werden müssen, um zu existieren). Die Aufgabe der Wissenschaften ist es demzufolge, nicht nur gesellschaftliche Strukturen im städtischen Labor zu isolieren, sondern auch die Spezifizität der Städte zu analysieren.

Martyn Lee verfolgt einen durchaus ähnlichen Gedanken, wenn er vorschlägt, das Bourdieu'sche Habituskonzept auf Städte anzuwenden: »Ich möchte Bourdieus Begriff des Habitus in der Annahme weiterentwickeln, dass Städte einen Habitus haben: Das ist im Sinne einer vergleichsweise stabilen Disposition gemeint, durch die in spezifischer Weise auf aktuelle soziale, ökonomische, politische oder auch körperliche Umstände reagiert wird, welche andere Städte mit einer anderen Habitusformation völlig anders beantwortet hätten« (Lee 1997, S. 127; Übers. M.L.). Lee argumentiert, dass Städte einen distinkten kulturellen Charakter haben, der nicht unabhängig von Bewohnergruppen und dem historischen Zeitpunkt zu beschreiben ist, aber doch als Bündel relativ autonomer und andauernder Dispositionen zu begreifen ist. Das Gefüge dauerhafter kultureller Dispositionen einer Stadt produziere gleichförmige Antworten auf gesellschaftliche Herausforderungen, die sich von Strategien, welche in anderen Städten gefunden werden, unterscheiden. Räume entwickeln, so Lee, wenn sie institutionalisiert sind, eine kulturelle Eigendynamik. Dies bedeute nicht, einem Raumdeterminismus das Wort zu reden, sondern betone das Situiertsein in einer historisch konfigurierten Zone, welche sich durch eine eigene Logik und Dynamik auszeichnet: »Es ist unerlässlich, die Geschichte eines Ortes als ein Gefüge zum Teil widersprüchlicher sozialer Prozesse zu sehen, durch das komplexe, aber oft relativ kohärente, spezifische kulturelle Orientierungen geschmiedet werden« (ebd., S. 132; Übers. M.L.).

Auch Rolf Lindner arbeitet mit dem Habitusbegriff, um die Spezifik von Städten begrifflich zu fassen. Er setzt bei der bereits 1980 formulierten Klage von Ulf Hannerz an, die Ethnologie habe bislang in Städten geforscht und dabei vernachlässigt, die Stadt selbst zum Fokus der Analyse zu machen (vergleiche dazu auch Redfield/Robbins 1984). »Wir verbinden«, schreibt Lindner, »mit einzelnen Städten Vorstellungen, die diese in unseren Augen aus der Masse anderer Städte hervorheben« (Lindner 2005a, S. 62). Im »Ruf einer Stadt« kristallisiere sich ihr kultureller Charakter bzw. ihr Stil. »Von einem Habitus der Stadt zu sprechen heißt also zu behaupten, dass auch Städten aufgrund ›biographischer‹ Verfestigung bestimmte Entwicklungslinien näher liegen, andere ferner stehen; in der Idee der ›Pfadabhängigkeit‹ ist dieser Gedanke, praxeologisch verkürzt, bereits enthalten« (ebd., S. 64).

Der Habitusbegriff Bourdieu'scher Prägung ermöglicht es Lindner zufolge, die singuläre Beschaffenheit, einen bzw. ihren spezifischen Charakter, zu benennen, und zwar als ein Erzeugungsprinzip von Lebensstilen und deren Repräsentationen in Relation zu anderen Städten (siehe Lindner 2003).[5] Daran anknüpfend schlägt Ulf Matthiesen (in Matthiesen 2005, 2007) einen *knowledge turn* des städtischen (bzw. städtisch-regionalen) Habitus vor. Städte und Regionen, so sein Argument, handhaben die Integration von Wissen unterschiedlich. Sowohl auf der Ebene der Ökonomie als auch in Politik, Stadtkultur und Sozialem wird Wissen auf unterschiedliche Weise sowie auch unterschiedliches Wissen zum Bezugspunkt für Handeln. Diese Differenz versucht Matthiesen analytisch mit der Kategorie »Habitus of City Region« (2005, S. 11) zu fassen. Wissensformen, so seine Herangehensweise, sind integriert in eine spezifische Gestalt, »durch die wir eine bestimmte Stadt identifizieren und Unterschiede benennen können (z. B. zwischen Bern und Berlin, London und Paris, Kopenhagen, Turin, Jena, Erlangen, Flensburg, Potsdam, Frankfurt/Oder). Das beinhaltet selbstverständlich auch Image-, Branding- und Medienkomponenten sowie fallspezifische Unterschiede in der Kette der Wertschöpfung« (ebd., S. 11; Übers. M.L.). Der Habitus einer Stadt bzw. einer städtischen Region (vergleiche zur Region auch Matthiesen 2003), so die Erweiterung von Matthiesen,

---

5 Vergleiche auch Dangschat 1998, S. 218, der vom »Habitus des Ortes« spricht, um die Prägung der Akteure durch die soziale bzw. politische Kultur eines Ortes zu fassen.

setzt sich nicht unwesentlich durch den Zugriff auf gesellschaftliche Wissensbestände und Imageproduktionen zusammen. Bevor ich im Folgenden (siehe Kapitel 2 unten) auf die Kritik am und die Anschlussstellen zum Habitus der Stadt genauer eingehe, sollen weitere Beispiele für die Analyse spezifischer städtischer Strukturen erläutert und auf diese Weise das Vorhaben plausibilisiert werden.

5. Wie sich Städte unterscheiden

Vergleichende Stadtforschung gibt es schon lange. Gideon Sjøberg weist in einem von Peter Atteslander und Bernd Hamm herausgegebenen Materialienband unter der Überschrift »Die Gemeinde als Erkenntnisobjekt« darauf hin, dass seit dem 16. Jahrhundert eine vergleichende interkulturelle Stadtforschung existiert. »Es wird mehr und mehr erkannt, daß Städte in anderen Gesellschaften, historische oder moderne, sich von Städten in den USA in vielen Aspekten ihrer sozialen und ökologischen Organisation unterscheiden« (Sjøberg 1974, S. 55). Selten jedoch ist der Frage nachgegangen worden, warum sich Städte unter gleichen Bedingungen unterschiedlich entwickeln, und wenn doch, dann wird dies in der Regel Akteuren und deren Netzwerken zugeschrieben. Exemplarisch kann auf eine aktuelle Vergleichsstudie von Birgit Glock über Leipzig und Duisburg verwiesen werden. Leipzig, so kann Glock zeigen, ist es gelungen, im Umgang mit Schrumpfungsprozessen neue städtische Politiken zu formulieren und zu institutionalisieren, Duisburg hingegen nicht. Leipzig reagierte mit Imagekampagnen wie »Leipzig kommt«, »Leipziger Freiheit« und »Neue Gründerzeit« auf anhaltende Arbeitsplatz- und Einwohnerverluste. Glock führt die Kompetenz, zeitnah politische Strategien zu entwickeln, auf ein »offenes Beziehungsgeflecht zwischen den lokalen Akteuren« zurück (Glock 2005, S. 86). Während in Duisburg eine historisch gewachsene, regional eingebettete Koalition aus Verwaltung, SPD und IHK beharrlich politische Deutungen und Handlungsmuster wiederhole, habe der Elitenwechsel nach der Wiedervereinigung in Leipzig ein Netzwerk an Akteuren entstehen lassen, das dezentral und komplex organisiert sei und auf diese Weise flexibler reagieren könne. Glocks Analyse zufolge besteht dies vor allem aus politischen Parteien und der Wohnungswirtschaft. Schnelle Reaktionen auf den Schrumpfungsprozess werden aus dieser Koalitionsbildung heraus möglich. Das Ergebnis überzeugt, lässt aber auch die Frage aufkommen, ob damit die Differenz schon erschöpfend erklärt ist (vergleiche zu Glock auch Rodenstein 2008).

Silke Steets (Steets 2007) untersucht ebenfalls Leipzig, fragt jedoch nach den Strategien kultureller Milieus. Sie zeigt, wie in Leipzig häufig aus dem Westen zugereiste junge Kulturschaffende Raum zu ihrem Medium werden lassen, um politisch zu agieren. Als ein Beispiel (neben der architektonischen Auseinandersetzung mit der ostdeutschen Moderne) erläutert sie die Konstitution *öffentlicher Wohnzimmer*. Die Aktivisten veranstalten Wohnpartys, gestalten Räume als öffentliche Wohnzimmer und beschreiben in Interviews attraktive Orte als »Wohnzimmer«. Steets zeigt, dass diese Wohnzimmer als jene Orte gefasst werden, die nutzungsoffen, aber sozial exklusiv sind. Hier trifft man die »richtigen« Leute. Sie identifiziert diese zum Teil illegalen Plätze als Hybriden, die die Kennzeichen des Öffentlichen tragen, aber als intime familiäre Orte inszeniert werden.

Steets kommt zu der überraschenden Erkenntnis, dass diese Wohnzimmerorte eine räumlich-kulturelle Praxis weiterführen, wie sie für subkulturelle Kontexte der DDR typisch waren. Eine vorreflexive, für Leipzig typische Praxis schreibe sich in den Aktionen der neuen Kulturschaffenden fort. Auch die von Steets analysierten jungen Kreativen setzen in Leipzig am Schrumpfungsprozess an. Sie nutzen den Leerstand, um ihre Wohnzimmer einzurichten. Sie reagieren flexibel auf den städtischen Umgebungsraum. Nun könnte man der von den Debatten der lokalen Politikwissenschaft inspirierten Studie Glocks folgen und sagen, dass die kreative Klasse, beeinflusst von der institutionellen Politik der Stadt, genau in der perforierten Stadt ihr Tätigkeitsfeld findet. Doch ist das wahrscheinlich? Man könnte mit der gleichen Logik behaupten, dass ein kreatives, kulturelles Milieu in Leipzig ein Umfeld erzeugte, das jene schnellen Reaktionen ermöglichte. Schon das Label »Gründerzeit« bezieht seine Plausibilität nicht nur aus den Stadtteilen mit Altbaubestand, sondern markiert auch die Potenz ökonomischer Neugründungen. Diese sind in prekären wirtschaftlichen Regionen gerade im kulturellen Sektor zu erwarten (vergleiche McRobbie 1999 oder die offizielle Sachsen-Werbung: »In Leipzig kann man gut einkaufen. Das hat sich auch unter internationalen Galeristen herumgesprochen«, *KulturSpiegel* 9/2007). Das Wohnzimmerbeispiel verweist darauf, dass Praktiken und Bedeutungszuschreibungen lokal tradiert werden. Aus dem Westen Zugereiste greifen ausgerechnet jene Handlungsmuster für ihre politischen Aktionen auf, die schon zu DDR-Zeiten in Leipzig typisch waren, und zwar ohne dass es den politischen Akteuren bewusst ist. Das heißt, die kulturellen Dispositionen prägen das kollektive Handeln schleichend. Leipzig ist eine »Revoluzzerstadt« (Steets 2007, S. 120) und kann auf eine lange Geschichte von Aufständen und Umbrüchen zurückblicken. Von welcher anderen Stadt gibt es einen eigenen »Protestatlas« (Krehl/Steets/Wenzel 2005)?

Insofern erscheint es naheliegend, dass politische Strategien nicht nur auf Akteursnetzwerke, sondern auch und vor allem auf Strukturen des Ortes zurückzuführen sind, in die sich Handlungen einbetten. Zuweilen wird dies in der Politikforschung durch Kategorien wie »kulturelle Rahmung« (z. B. Ramsay 1996) oder »character of the city« (John/Cole 2000, S. 261) aufgefangen. Das Wissen darum, dass Prozesse auf dem Gebiet der Stadtspezifik nicht nur aus den Entscheidungen und Handlungsmustern in Netzwerken, durch politische Institutionen, Verwaltungen und sozioökonomische Strukturen erklärbar sind (ausführlich für die Politikwissenschaft diskutiert in Zimmermann 2008), führt dazu, dass eine Interdependenz zwischen nationalstaatlichen Institutionen, politischen Handlungsfeldern und städtischer Eigenart angenommen wird. Allerdings bleibt diese Spezifik als »Tradition« relativ unbestimmt. Wenn als relativ gesichert anzunehmen ist, dass trotz vergleichbarer Netzwerke Unterschiede zu beobachten sind (so das Ergebnis von John/Cole 2000), dann ist dieser »Stadtcharakter« bzw. diese »Stadtkultur« etwas, über das es sich lohnt mehr zu wissen (vergleiche zu der Studie von John/Cole auch Kapitel 3 unten).

Das britische Forscherteam Ian Taylor, Karen Evans und Penny Fraser veröffentlichte 1996 eine vergleichende Studie über Manchester und Sheffield. Fokus der Untersuchung sind die unterschiedlichen Entwicklungspfade der beiden Städte in Bezug auf Alltagspraktiken. Dahinter steht, wie sie schreiben, die von Doreen Massey beeinflusste Überzeugung, »dass es immer noch sinnvoll ist, selbst in diesen globalisierten Zeiten, lokale kulturelle Differenzen zwischen Städten wahrzunehmen [...] und ihre soziologische Signifikanz und ihre anhaltende kulturelle Herkunft und Wirkung anzuerkennen« (Taylor u. a. 1996, S. XII; Übers. M.L.).

Über den Vergleich lokaler Praktiken der beiden nordenglischen Industriestädte werden die verschiedenen Wege, dem Schicksal des postindustriellen Verfalls zu begegnen, nachgezeichnet. Dass Manchester die Herausforderung durch eine »Kultur des Wandels« bewältigt und über die Restrukturierung von Arbeitsplätzen sowie durch Großprojekte wie die Commonwealth Games neue Perspektiven findet, während Sheffield im nostalgischen Gefühl verlorener industrieller Größe verharrt, führen die Autorinnen und Autoren – anders als Glock, die auf politische Netzwerke fokussiert – auf den gewachsenen Kanon routinierter und habitualisierter Praktiken zurück (vergleiche dazu auch Lindner 2005 a, S. 64). Mit dem Instrument der Fokusgruppe befragte das Team sehr unterschiedliche soziale Gruppen. Dahinter steht die Idee, dass sich im Zusammenwirken der Gruppen eine Struktur herausbildet, welche gewisse Zukunftsoptionen für Städte eröffnet, hingegen andere verschließt. Die Forscher versuchen, die Textur des Alltagslebens zu rekonstruieren, indem sie mit Gruppen von eher jungen, gut ausgebildeten Dienstleistern sowie von Arbeitslosen, von Kindern und Jugendlichen wie auch von alten Menschen, von ethnischen Minderheiten sowie von Schwulen und Lesben sprechen. Schwerpunkte der Studie sind die Organisation des öffentlichen Nahverkehrs und das Einkaufen. In beiden Fällen interessiert sowohl die stadtplanerische Ausgestaltung im Vergleich (Erreichbarkeit, Quantität, Lage) als auch die Erfahrungen der sozialen Gruppen in diesen zentralen Bereichen des Lebens. Die Ausgangsannahme lautet: Unter der Voraussetzung, dass es eine Struktur gibt, die die Stadt wie ein Rückgrat durchzieht, ist davon auszugehen, dass diese Struktur in allen sozialen Gruppen aufzuspüren und in der Organisation des öffentlichen Lebens zu analysieren ist.

Tatsächlich sind die Ergebnisse der Studie markant. Beide Städte haben viele Gemeinsamkeiten. Sie verstehen sich als »nördlich« (»Northerness«, Taylor u. a. 1996, S. 73) im Sinne einer distinktiven Selbstbeschreibung. Beide haben den langsamen Prozess des Niedergangs der industriellen Fertigung mit dem rapiden Abbau von Arbeitsplätzen erlebt. In beiden Städten ist die Erinnerung an die Zerstörungen durch die deutsche Luftwaffe im Zweiten Weltkrieg und an die Ängste während der Bombardierung noch wach. Diese Erinnerungspraxis lässt es unmöglich erscheinen, die eigene Geschichte als kontinuierlichen Weg zu Wohlstand und Erfolg zu denken. In Großbritannien sind die Lebensbedingungen der nordenglischen Arbeiterklasse, ihr Leiden unter dem Niedergang der Industrie und ihre Versuche, das Leben neu in den Griff zu bekommen, Gegenstand zahlreicher Fernsehserien und somit in Manchester und Sheffield gleichermaßen eingeübte Erzählpraxis. Trotzdem ist es Manchester, das aufgrund seiner hohen Kriminalitätsrate phasenweise schon als »Gunchester« galt, erfolgreich gelungen, in den Bereichen Informatik, Sport und Kultur neue Wachstumsbranchen zu etablieren, so dass die Stadt 2003 von der Europäischen Union den Preis für den besten Strukturwandel einer europäischen Großstadt erhielt. Die Frage von Ian Taylor, Karen Evans und Penny Fraser lautet weniger, wie sich die unterschiedliche Erfolgskultur erklären lässt, sondern worin sich die Differenz artikuliert. Das überraschende Ergebnis ist, dass die Potenz einer Stadt in den Details deutlich wird. Nach der Deregulierung des öffentlichen Nahverkehrs und in der Konzeption der neuen Einkaufszentren weisen beide Städte Mängel zum Beispiel in Bezug auf die Zugänglichkeit der Gebäude und Plätze für Rollstuhlfahrer und Kinderwagen auf, aber Manchester hat wenigstens ein großes Einkaufszentrum, das in den Fokusgruppen für seine Barrierefreiheit und Serviceleistungen, etwa für im Parkhaus bereitstehende Rollstühle, gelobt wird.

Es macht insgesamt gesehen einen Unterschied, ob Teilhabe in einem großen Areal möglich ist oder ob man vom Einkauf ausgeschlossen wird, ob der Eindruck erweckt wird, dass die städtische Umstrukturierung Minderheitenbelange berücksichtigt oder nicht. »Die Art und Weise, wie Einkaufen in den verschiedenen städtischen Räumen möglich gemacht wird, ist ein Schlüsselelement für die Konstruktion eines persönlichen Sinns für die Stadt« (ebd., S. 160; Übers. M.L.). Auch der Umgang mit Bettlern und Bettlerinnen unterscheidet sich in Manchester und Sheffield. In Manchester ist Betteln und damit Armut nicht versteckt, das Zusammentreffen von Arm und Reich in der Innenstadt gehört zum Alltag. In Sheffield weiß man zwar um die Armut, aber man begegnet ihr kaum. Manchester gilt darüber hinaus heute als Mekka der Schwulen und Lesben. Es existiert ein »Gay Village«, das heißt ein eigener Raum mit einer Reihe von Bars und Restaurants, die an die homosexuelle Gemeinschaft adressiert sind. An dieser Stelle ist es Manchester gelungen, mit dem Zentrum von England, sprich London, in Konkurrenz zu treten. Die Szene in Manchester gilt als attraktiv und vielfältig, aber gleichzeitig als freundlicher und persönlicher als in London und zieht auf diese Weise viele junge Männer und Frauen an (und zwar nicht nur Schwule und Lesben, denn eine lebendige Gay-Szene gilt als Zeichen für ein tolerantes Umfeld und zieht damit sehr unterschiedliche Gruppen an).

In Sheffield liegt die nichtweiße Population unter dem nationalen Durchschnitt, in Manchester ist sie mit 12,6 Prozent zum Zeitpunkt der Studie mehr als doppelt so hoch. Nun kann und muss man auf der einen Seite zwar sagen, dass Rassismus und Angst vor Rassismus prägende Diskursstränge und Alltagserfahrungen insbesondere in Manchester sind; auf der anderen Seite gestattet es aber gerade die dortige Anwesenheit der unterschiedlichen Bevölkerungsgruppen, die eigene Stadt als Metropole, als kosmopolitisch, als international und nicht zuletzt als »Hauptstadt des Nordens« (ebd., S. 205) zu erfahren.

Offenbar sind die Gespräche mit Seniorinnen und Senioren ein besonders effektiver Gradmesser für die Logik einer Stadt. In beiden Städten ist Nostalgie ein Thema in diesen Gruppen, aber in Sheffield sehr viel ausgeprägter. Man trauert nicht um Menschen oder um Orte, sondern um historische Perioden. Die Stadt der Stahl- und Besteckindustrie wird heraufbeschworen, und das, obwohl die Mehrheit der Diskutanten keine persönliche Beziehung zu diesen Industriezweigen hat (ebd., S. 247). Sheffield wird als eine Stadt erfahren, die früher ein besserer Platz zum Leben war. In Manchester ist die Einschätzung deutlich widersprüchlicher: Für die älteren Menschen existieren mehr Netzwerke und soziale Angebote, die die Vergangenheit überlagern und die Gegenwart in einem positiveren Licht erscheinen lassen.

In den Fokusgruppen mit Jugendlichen ist die differente Konstruktion der Städte ebenso offensichtlich. Manchester wird als Stadt des Umbruchs und als einzigartig bzw. charakteristisch erfahren; Sheffield dagegen wird in erster Linie über die Vergangenheit und die Trauer über das verlorene Potenzial erlebt. Manchester wird wahrgenommen als eine junge Stadt im Norden, Sheffield als eine Durchschnittsstadt. In Sheffield dominiert das Wissen um Verlust, in Manchester das Gefühl, (individuelle) Lösungen finden zu können.

Taylor und Evans sowie Fraser greifen auf den von Raymond Williams (1965; 1977, dort besonders Seite 132 ff.) entwickelten Begriff der *structures of feeling* zurück, um die unterschiedlichen Strukturlogiken der Städte auf den Begriff zu bringen. *Structures of feeling* meint bei Williams den verfestigten kulturellen Charakter einer sozialen Formation, der über Routinen und für selbstverständlich erachtete soziale Praktiken zum Ausdruck komme. Williams bringt das Set an relationalen, verwobenen und spannungsreichen Erfahrungen auf den Begriff des Gefühls bzw. des Fühlens, um Bedeutungen und Werte als gelebt und gefühlt zu begreifen. Die Strukturen des Fühlens bezeichnen die »charakteristischen Elemente von Impuls, Zwang und Tonart, alle Affektelemente des Bewusstseins und der Beziehungen« (Williams 1977, S. 132; Übers. M.L.). Die Struktur des Fühlens ist kein Gegenbegriff zur Struktur des Denkens, zur Ideologie oder zur Weltsicht, sondern betont, dass Gedanken gefühlt und Gefühle gedacht werden. Williams sucht die distinkte Qualität sozialer Erfahrungen und Beziehungen, welche historisch in spezifischer Form gewachsen und sinngebend für künftige Generationen sind: »Practical consciousness of a present kind, in a living and interrelating continuity« (ebd., S. 132). Diese Struktur des Fühlens bezeichnen Taylor et al. als *local structures of feeling*, um spezifische latente soziale Strukturen von Städten begrifflich zu fassen, die praktisch unbewusst reproduziert werden, also mittels eines auch körperlich-emotionalen Wissens, das Handelnde im Alltag nutzen, ohne bewusst darüber nachzudenken (vergleiche zum praktischen Bewusstsein Giddens 1988).

Im Unterschied zu anderen Studien, die über isolierte Themenfelder den Vergleich zwischen Städten suchen, also etwa über politische Netzwerke, über Entstehungsgeschichte etc., erhärtet sich durch die Studie von Taylor et al. die Annahme, dass Städte nach eigenlogischen Strukturen funktionieren. Das heißt, es existieren Grundzüge in einer Stadt, die alle Lebensbereiche durchziehen. Diese müssen nicht einmalig sein, im Gegenteil: Es ist wahrscheinlich, dass es mehrere Städte gibt, die sich in ähnlicher Strukturlogik wie Sheffield oder Manchester entwickeln. Die

Studie von Taylor, Evans und Fraser kann aber als Vorbild genommen werden, um Strukturen zu isolieren, die später in eine Typenbildung oder zumindest in die Suche nach Familienähnlichkeiten zwischen Städten münden können.

In einer komparativen Studie über die Hafenstädte Bremerhaven und Rostock sind Helmuth Berking, Jochen Schwenk und Studierende der TU Darmstadt (Berking/Schwenk u. a. 2007) den Intentionen der Manchester-Sheffield-Studie gefolgt. Auch sie fragen, warum es trotz zahlreicher sozialstruktureller Ähnlichkeiten, inklusive der Prägung des Stadtlebens durch den Überseehafen, nur Rostock erfolgreich gelingt, Stolz und Optimismus mit ökonomischer Tatkraft zu verbinden. »Über so viel Optimismus und Verdrängung der wirtschaftlichen Misere ist der Bremerhavener Arbeiter sprachlos, denn seine wirtschaftliche Lage ist ähnlich und er schätzt sie dramatisch ein. Insgeheim zweifelt er am Erfolg seiner Projekte, denn etwas Handfestes wie Werftarbeit mit konkretem, greifbarem Ergebnis ist es nicht. Das Leben mit TouristInnen ist für ihn ein zweischneidiges Schwert« (Berking/Schwenk u. a. 2007, S. 180). Das Kernergebnis der Studie von Taylor, Evans und Fraser sowie die Grundidee jener Arbeiten, die den Habitus einer Stadt zu bestimmen suchen, kann auch von Berking und Schwenk u. a. bestätigt werden: Historisch gewachsene Unterschiede lassen sich zu Charakterbildern verdichten, die Zukunftsoptionen vorstrukturieren. Im Bild des Bremerhavener Arbeiters (der vom Rostocker Kaufmann unterschieden wird) kulminiert für die Autoren die kulturelle Disposition der untersuchten Stadt. Würde man die Etablierung und Veränderung städtischer Politiken nur aus den Netzwerken politischer Akteure erklären, würde man übersehen, dass sich diese Netzwerke ganz wesentlich als Effekte städtischer Eigenlogik herstellen. Wenn sich der Wunsch, alles möge so bleiben, wie es war, in den Erzählungen der alten Bürger und in den Debatten der Jugend, in den Kantinen der Krankenhäuser wie in denen der Bordelle artikuliert, dann verweist das auf eine kulturelle Disposition, die nicht nur zur Bestimmung von Nostalgie im Gegensatz zu Gestaltungswillen taugt. Es sind lokalspezifische Strukturierungen, die den Charakter der Städte, ihre Atmosphären, aber auch ihre Handlungs- und Problemlösungskapazitäten bestimmen und damit Lebenswege von Menschen vorstrukturieren.

II.
Eigenlogiken der Städte

»The city is, rather, a state of mind, a body of customs and traditions, and of the organized attitudes and sentiments that inhere in these customs and are transmitted with this tradition. The city is not, in other words, merely a physical mechanism and an artificial construction. It is involved in the vital processes of the people who compose it.«

Robert Park, *The City*

In dem vorangestellten Kapitel ist hoffentlich deutlich geworden, dass nicht nur in den Feuilletons der Zeitungen und Zeitschriften, in der Immobilien- und Tourismusindustrie sowie in den Planungsverbänden die Differenz zwischen Städten ein wichtiges Thema und eine zentrale Handlungsorientierung ist, sondern dass auch die Soziologie bereits über einen Wissensfundus verfügt, der die wissenschaftliche Analyse der Eigenlogik der Stadt plausibilisiert. Bevor ich in den folgenden Kapiteln Städte als lokale Vergesellschaftungseinheiten quer bzw. ergänzend zu Nationalstaaten und globalen Strömen betrachte und für eine Analyseweise plädiere, welche Differenzen nicht nur auf Imagekampagnen reduziert oder Lokales bloß als widerständigen Rest einer homogenisierten Welt begreift, soll in diesem Kapitel zunächst Eigenlogik als Konzept deutlicher umrissen werden. Dies bedeutet auch, den Blick auf die Struktur zu richten, die in der Eigenlogik steckt.

Es sind gerade die vergleichenden Stadtstudien, die belegen, dass sich auf der Ebene der Städte jenseits der vereinheitlichenden Logik des Nationalstaats spezifische Muster politischen Handelns (*urban governance*) in Akteursnetzwerken und Institutionen etablieren. Die lokale Politikforschung kann zeigen, dass Sinnkonstitution in Städten nicht einfach auf der Umsetzung formaler Regelsysteme nationaler oder globaler Reichweite, sondern auch auf lokalen Aushandlungsprozessen basiert. Im Begriff »character of the city« (John/Cole 2000, S. 261), aber auch in Umschreibungen wie »kulturelle Rahmung« (zum Beispiel Ramsay 1996) werden diese Befunde – allerdings noch recht vage – gefasst. Karsten Zimmermann (2008) spricht daher auch vom »Charakter der Stadt« als politikwissenschaftlicher Residualkategorie.

Im Unterschied zu der noch stark auf Akteure und Entscheidungen fokussierenden Politikforschung deuten Untersuchungen soziologischer (Taylor u. a. 1996; Berking u. a. 2007) und kulturanthropologischer (Abu-Lughod 1999; Lindner/Moser 2006) Provenienz darauf hin, dass es Strukturen in einer Stadt gibt, die als tradierter und tradierbarer relationaler Sinnzusammenhang das Handeln der Individuen und Gruppen beeinflussen. Es zeigen sich im historischen Verlauf wiederkehrende typische Handlungsmuster in einer Stadt trotz wechselnder Akteursgruppen (Lindner/Moser 2006; sehr plastisch auch Rodenstein 2008), unterschiedliche Entwicklungswege von Städten trotz vergleichbarer Ausgangsbedingungen (Taylor u. a. 1996) und sich gravierend unterscheidende Umsetzungen und Praxisformen in Bezug auf nationale Herausforderungen (Abu-Lughod 1999; dazu auch Berking/Löw 2005).

Mit diesen Befunden lässt sich eine Soziologie begründen, die Städte (im Plural) in den Fokus nimmt und nicht nur »die Stadt« vereinheitlichend als Untersuchungsfeld für gesellschaftliche Problemlagen denkt. Sie muss drei Aufgaben bewältigen:

1. Jene das Handeln beeinflussenden Strukturen konzeptuell fassen;
2. verschiedene Strukturlogiken von Städten isolieren;

3. Städte unter Ähnlichkeitsgesichtspunkten zusammenfassen oder sogar Typen von Städten identifizieren.

Ein solches Projekt einer Soziologie der Städte kann nur in breit angelegter empirischer Forschung gelingen und muss den eng gesteckten Rahmen europäischer und nordamerikanischer Städte verlassen, wenn sich die theoretische Neugier auf den Gegenstand »Stadt« und nicht auf regionale Erscheinungsformen richtet. Im Einzelfall, so zum Beispiel in den Städten Afrikas, kann sich die Eigenlogik der Städte sogar leichter nachweisen lassen, weil sich dort die Territoriallogik des Nationalstaats nie wirklich durchsetzen ließ. So schreibt zum Beispiel Trutz von Trotha: »Sie [die koloniale und postkoloniale Herrschaft] beginnt mit der Territorialverwaltung. Sie war bestimmt vom Anspruch des Staates auf ein Staatsgebiet, aber sie erreichte bestenfalls die städtischen Zentren und die Verbindungslinien« (von Trotha 2000, S. 257). Aufgrund des schwachen raumlogischen Konkurrenten »Territorium« bei gleichzeitiger rasanter Urbanisierung (siehe ausführlich Janowicz 2007) zeigen sich in afrikanischen Städten eigenlogische Differenzen deutlicher als zum Beispiel in Europa (hierzu Janowicz 2008). Wahrscheinlich ist deshalb, dass die Nachrangigkeit von Differenzen zwischen Städten innerhalb eines nationalstaatlichen Territoriums in den Arbeiten vieler europäischer und nordamerikanischer Stadtforscher und Stadtforscherinnen in den starken nationalstaatlichen Fokussierungen ihre Ursache findet, da der Blick auf die Eigenlogik der Städte in anderen Regionen der Welt sehr viel einfacher zu plausibilisieren ist.

Ziel einer Soziologie der Städte muss also sein, in charakterisierenden und typologisch arbeitenden Stadtstudien die Strukturdimensionen des Städtischen sukzessive zu extrahieren und aus der Empirie in die Theoriebildung gleiten zu lassen. Bislang ist es jedoch so, dass Stadtstudien in dieser Form aufgrund der im ersten Kapitel dargestellten Vorbehalte selten beantragt und noch seltener bewilligt werden. Die tiefsitzende Vorannahme, die Stadt könne und brauche kein Gegenstand der Forschung zu sein, sowie die Komplexität einer qualitativen Stadtstudie verhindern bislang das Erstarken dieses Forschungszweigs.

Im Folgenden wird es deshalb darum gehen, eine Soziologie der Städte in ihren theoretischen und methodischen Eckpunkten zu bestimmen, welche in der Zukunft die empirische Forschung leiten soll, aber nicht determinieren kann. Die konzeptuellen Grundlagen sollen und werden sich in der Konfrontation mit dem empirischen Material verändern, dennoch können die nachstehenden Ausführungen zusammengenommen als Ausgangspunkt einer Soziologie der Städte gelesen werden.

Eine Soziologie, die Städte in ihrer eigen- und beziehungslogischen Entwicklung zum Gegenstand der Forschung macht, die ferner im Sinne der Kontextabhängigkeit (dies gilt es zumindest zu überprüfen) die Auswirkungen der jeweiligen Stadt auf Wahrnehmen, Denken, und Handeln ihrer Bewohner untersucht, muss eine Perspektive auf die Stadt bereitstellen, welche die jahrhundertealte Gegenstandskonstitution aus der Abgrenzung zum Land überwindet. Denn nur in dieser binären Konstruktion trudelt die Stadt mit dem Land in die Sinnkrise. Eine Soziologie der Städte muss ferner eine Alternative zu jener anderen Konstruktion anbieten, in der die Stadt als das Lokale dem Nationalen bzw. Globalen nachgeordnet wird und deshalb als Stadt immer zum Laboratorium für die großen, strukturellen (und, wenn wir ehrlich sind, als »wichtiger« erachteten) Fragen wird.

1. Die Stadt als Form und Praxis

Städte zum Gegenstand der Forschung zu machen bedeutet im ersten Schritt, den begrifflichen Rahmen ihrer Vergleichbarkeit abzustecken. Armin Nassehi und Helmuth Berking kommen mit völlig verschiedenen theoretischen Mitteln zu dem gleichen Ergebnis, nämlich Städte als »Formen räumlicher Verdichtung« (Nassehi 2002, S. 221) bzw. die Stadt als »räumliche Vergesellschaftungsform« (Berking 2008, S. 4) zu begreifen. Beide Autoren fassen Stadt erstens räumlich und zweitens über Dichte als Qualität: »In gesellschaftlichen Räumen verdichten sich also gesellschaftliche Strukturen, Differenzierungen und Routinen an einem Ort« (Nassehi 2002, S. 212). Der Kerngedanke ist, dass Verdichtung stadttypisch ist und die Form der Stadt inhaltlich bestimmt. Folglich können die Qualitäten der Verdichtung, das heißt ihre Mischungslogik, von Stadt zu Stadt unterschiedlich sein. In diesem Sinne ist Verdichtung auch stadtspezifisch. Helmuth Berking formuliert es folgendermaßen: »Denn Größe und Dichte sind zuallererst räumliche Marker, genauer: räumliche Organisationsprinzipien, die in ihrem Zusammenspiel mit Heterogenität ein gewisses Proportionengefüge aufweisen. Erst eine bestimmte (und bestimmbare?) Proportionalität zwischen allen drei Größen *macht* Großstadt – und das immer und überall. In dieser Lesart ist *Stadt* nicht nur Kontext, Hintergrund, Feld, Medium, sondern zuallererst *Form*, räumliche Form, oder präziser, ein sehr spezifisches räumliches Strukturprinzip« (Berking 2008, S. 4; kursiv im Original).

Städte werden von Armin Nassehi und Helmuth Berking mit dem Formbegriff als aufgespannte Räume gedacht. Nassehi denkt die Stadt von der Grenze aus und betont die Inklusionsleistung der Stadt, die aus der kognitiven (weil als Gesamtraum nicht erfahrbaren) Syntheseleistung entsteht (ähnlich auch Held 2005, vergleiche Kapitel 3 unten). Berking denkt die »Kongruenz räumlicher Formen und habitueller Dispositionen« praxeologisch (Berking 2008, S. 10). Spitzt man diese Gedanken zu, so kommt man zu dem Schluss, dass die Stadt, weil sie als spezifische Vergesellschaftungsform verstanden werden kann, auch als eigene Sinnprovinz denkbar ist, deren Logik sich qualitativ über Verdichtung und, folgt man Georg Simmel (1984/1903), über Heterogenität bestimmt. Begreift man also in diesem Sinne *Grenzziehung und Verdichtung raumsoziologisch als konstitutiv für die Form »Stadt«*, dann sind Städte als Ergebnis einer Konstruktions- und Benennungspraxis sozial und materiell konstitutive Einheiten und damit klar abgegrenzte Gebilde.

Ein solcher Stadtbegriff ignoriert nicht den Prozess der Regionenbildung, sondern denkt die Stadt von der Konstruktion eines Zusammenhangs her. Durch weit verzweigte Verkehrssysteme, logistische Netzwerke (vergleiche zum Beispiel Fürst/Kujath 2004; Graham/Marvin 2001) sowie Multizentralität und suburbane Bebauungsformen (siehe Läpple 2005) wirken die Städte an ihren Rändern uneindeutig (Sieverts 1997). Zeitgleich existiert jedoch eine Praxis, die es erlaubt (oder gar erzwingt), Städte als eigenlogische Gebilde zu erfahren: Nicht dasjenige erscheint als Stadt, was verwaltungsrechtlich als Stadt gefasst wird, sondern jenes Formgefüge, welches alltagsrelevant als städtische Einheit erlebt wird. Die vielfältigen Abgrenzungskämpfe etwa zwischen Frankfurt am Main, Offenbach, Mainz, Wiesbaden, Darmstadt usw. führen vor Augen, dass die Orte trotz Pendlerströmen, S-Bahn- und Autobahnverbindungen, Einkaufszentren und Outletstores auf der grünen Wiese, trotz gemeinsamen Imagekampagnen und wirtschaftlicher Kooperation noch als eigenständige Gefüge kognitiv erzeugt und praktisch erfahren werden.

1. Die Stadt als Form und Praxis

Auch der Versuch, das niederländische Randstad, welches die Territorien von Amsterdam, Rotterdam und Den Haag umfasst, als Form zu etablieren, ist gescheitert, da die Konvention, drei einzelne Städte wahrzunehmen, stärker wirkt (Sudjic 1992, S. 296). Es gibt keinen empirischen Hinweis darauf, dass Pendeln, Verkehrsnetzwerke, außerstädtische Einkaufszentren, suburbane Gebiete etc. die Erfahrung, in oder außerhalb einer Stadt zu leben oder sich in dieser und nicht in jener Stadt aufzuhalten, grundlegend beeinflussen. Die Werbung eines Industriegebiets verweist regelmäßig auf die Nähe zu einer Stadt, die S-Bahn-Fahrt in die nächste Stadt wird markiert durch zonierte Fahrpreise, und der Autobahnring verdeutlicht das Innerhalb, während die Autobahn die Raumwechsel körperlich erfahrbar macht. Dennoch ist auch der umgekehrte Fall denkbar, dass ein Gefüge als Stadt soziale Wirkungen entfaltet, das sich weit über die Verwaltungsgrenzen hinaus erstreckt. In vielen Fällen ist die Konstruktion der Form »Stadt« gegenüber Uneindeutigkeiten tolerant.

In das Sinnsystem der modernen Gesellschaft sind also sowohl die Stadt als erfahrbare Einheit als auch die daraus abgeleitete Differenzbildung zu anderen Städten eingelagert. Städte werden als *eigen* und als *anders* erfahren. Geht man davon aus, dass Menschen sich in räumlichen Arrangements bewegen, die auf nichtterritorial gebundenen Syntheseleistungen und Platzierungen basieren (zu Räumen vergleiche Löw 2001a), so irritiert nicht das Handeln in Vernetzungsstrukturen, sondern herausfordernd ist die Frage, was Menschen dazu bringt, die Städte als unterscheidbare Einheiten zu unterstellen.

Dirk Baecker gibt darauf eine mögliche Antwort. Er argumentiert, dass sich die Bewachung der Stadt, die sich bis zum Mittelalter in ihrer Ummauerung ausdrückte, tief ins kollektive Gedächtnis eingeschrieben hat, mit der Folge der kognitiven, emotionalen und ästhetischen Konstruktion eines Innen und Außen (und damit eines abgegrenzten Gebildes »Stadt«): »Denn bewachen kann ich nur, wenn ich weiß, wie ich das zu Bewachende von dem Angreifenden unterscheiden kann. Deswegen ist die Stadt auf uns kaum noch nachvollziehbare Weise tief in unserem Gemütshaushalt verankert« (Baecker 2002, S. 13). Die Stadt ist deshalb, so Baecker, ein emotional hochgradig besetzter eigener Ort. Verbindet man diesen Gedanken mit den Beobachtungen von Gerd Held zur modernen Raumkonstitution (in Held 2005, vergleiche auch unten, Kapitel 3), so liegt die Annahme nahe, dass insbesondere in Europa die Begrenzungs- und Ausschlussstruktur von der Stadt auf den modernen Nationalstaat übertragen wurde. In der modernen Stadt ist offenbar etwas gelungen, was eigentlich unmöglich scheint: Wenn die Stadtmauern von einst heute in Geschwindigkeitsbegrenzungen, Parkleitsysteme und Autobahnringe verwandelt werden, wenn Wachstum immer noch die Hoffnung der Städte ist, dann ist Einschluss gleichzeitig die Markierung einer Innen-Außen-Konstruktion *und* die Behauptung von der Offenheit der Grenzen. Im gesellschaftlichen Sinnsystem ist die Stadt als erfahrbare Einheit und die daraus abgeleitete Differenzbildung zu anderen Städten eingelagert, ohne dass gleichzeitig die den Einheits- und Eigenheitskonstruktionen innewohnenden Ausschlusslogiken etabliert werden (Gehring 2007). Dies bedeutet keineswegs, dass es nicht soziale Exklusion bzw. Ausgrenzung, Isolierung, Diskriminierung etc. gibt, sondern das Argument ist raumsoziologisch zu verstehen. Einschluss meint prinzipielle Zugänglichkeit der modernen Städte sowie die Etablierung von lokal spezifischen Sinnzusammenhängen.

Für die Frage also, wie jene Wirkungsweise der spezifischen Stadt bis in das Handeln ihrer Bewohner und Bewohnerinnen hinein zu ermessen ist, sind die Grenzen der Stadt im Detail *empirisch* zu bestimmen, prinzipiell aber vorauszusetzen. Ausgehend von der Annahme, dass Städte eigene Strukturen entwickeln, die ich im Folgenden als eigenlogisch beschreiben möchte, kann man für den Stadtbegriff schlussfolgern, dass die Grenzen der Stadt dort zu ziehen sind, wo die über Einheit konstruierte Fassung an Effektivität verliert. Ob sich eine Struktur durch Greater London oder London, ob sie sich durch das Ruhrgebiet oder doch nur durch Duisburg oder nur durch Essen webt, ist bereits Teil der zu untersuchenden Sinnkonstitution.

2. Städtische Eigenlogik

Diese Strukturen einer spezifischen Stadt gilt es nun genauer zu begreifen. In habe an anderer Stelle (Löw 2001a, S. 158 ff.) dargelegt, dass ich in Anlehnung an Anthony Giddens Struktur als Regeln und Ressourcen begreife, die rekursiv in Institutionen eingelagert sind. Regeln beziehen sich dabei auf die Konstitution von Sinn oder auf die Sanktionierung von Handeln. Sie implizieren Verfahrensweisen von Aushandlungsprozessen in sozialen Beziehungen bis hin zur Kodifizierung. Ressourcen sind »Medien, durch die Macht als ein Routineelement der Realisierung von Verhalten in der gesellschaftlichen Reproduktion ausgeübt wird« (Giddens 1988, S. 67). Es ist zwischen allokativen, das heißt materiellen, und autoritativen, das heißt symbolischen, auf Personen bezogene Ressourcen zu unterscheiden. Strukturen (im Plural!) sind isolierbare Mengen dieser Regeln und Ressourcen. Strukturen weisen im Unterschied zur gesellschaftlichen Struktur (im Singular!) eine Abhängigkeit von Ort und Zeitpunkt auf. Konzeptionell ist davon auszugehen, dass Ressourcen und Regeln (und in diesem Sinne Strukturen) ortsspezifisch Gültigkeit haben. Anders formuliert: Die Sinnstrukturiertheit einer Stadt basiert auf regelgeleitetem, routinisiertem und in materiellen wie autoritativen Ressourcen abgesichertem Handeln (vergleiche zum Verhältnis von Sinn und Regel auch Habermas 1971).

Handeln und Strukturen sind aufeinander bezogen, was Giddens im Begriff der »Dualität von Struktur und Handeln«, oder kürzer als »Dualität der Struktur«, ausdrückt. Mit der Dualität von Struktur und Handeln wird betont, dass »Regeln und Ressourcen, die in die Produktion und Reproduktion sozialen Handelns einbezogen sind, gleichzeitig die Mittel der Systemreproduktion darstellen« (Giddens 1988, S. 70; vergleiche auch Wacquant 1996, S. 24, der ebenfalls das »Doppelleben« der Strukturen in Bourdieus Theoriebildung zusammenfasst).

Die von Helmuth Berking betonte »Kongruenz räumlicher Formen und habitueller Dispositionen« (Berking 2008, S. 10) setzt an diesem Grundgedanken an, dass Strukturen (in diesem Fall räumliche Strukturen) in der körperlich handelnden Praxis ihren Ausdruck und ihre Realisierung finden. Berking verweist darauf, dass nicht nur irgendwelche Regeln habitualisiert werden, sondern dass konzeptionell von stadtspezifischen Strukturen auszugehen ist, welche sich im Handeln ausdrücken. Ganz ähnlich argumentiert auch Franz Bockrath. Mit Bezug auf Pierre Bourdieu plädiert er für eine soziologische Strategie, welche »soziale Handlungen in ihrem praktischen und körperbezogenen Sinn und nicht als konkrete Verwirklichung allgemeiner Erklärungen und theoretischer Schemata zu erfassen« imstande ist (Bockrath 2008, S. 3). Wenn Handlungen nicht auf die Logik der Willensentscheidung, sondern auf ihre praktische Logik befragt werden, rücken räumliche und zeitliche Bedingungen des Handelns in den Blick. Begreift man Gesten, Gewohnheiten, Handlungen

2. Städtische Eigenlogik

oder Urteile als Ausdruck eines praktischen Sinns, dann entwickeln und entfalten sich ebendiese Gesten, Gewohnheiten, Handlungen und Urteile auch in Abhängigkeit vom Vergesellschaftungskontext der Stadt. Lars Meier (in Meier 2008) hat dieses »Einpassen« für deutsche Finanzdienstleister und Finanzdienstleisterinnen in London und Singapur empirisch belegt.

Auf der *Ebene der Individuen* ist es die Kategorie des Habitus, die das »praktische Verstehen« (Bourdieu 1993, S. 127 u. a.) als ein feldspezifisches Wahrnehmungs-, Bewertungs- und Handlungschema (Bourdieu/Wacquant 1996, S. 160; Krais/Gebauer 2002, S. 37) begreift, das Franz Bockrath auch als stadtspezifisches Schema denkt: »Dieses Verständnis einer wechselseitigen Abhängigkeit der sozialen Anordnungen – wie etwa der materiellen, institutionellen und symbolischen Ressourcen einer Stadt – sowie der sozialen Praktiken und Aneignungsformen wird deutlich, wenn man die in den Dingen objektivierte Geschichte als Habitat und die in den Akteuren verkörperte Geschichte als Habitus begreift. Beide existieren gleichzeitig« (Bockrath 2008, S. 5).

Auf der *Ebene der Stadt* kann, folgt man der Argumentation von Berking (erneut mit Bezug auf Bourdieu), die Kontextabhängigkeit des Wahrnehmungs-, Bewertungs- und Handlungsschemas als Doxa gefasst werden: »In der sozialphänomenologischen Theorietradition bezeichnet *Doxa* jene auf Fraglosigkeit und Vertrautheit basierende *natürliche* Einstellung zu Welt, die mich praktisch mit den Prinzipien des Handelns, Urteilens und Bewertens versorgt […]. Doxisch oder selbst-evident ist daher auch die Erfahrung von Räumen und Orten« (Berking 2008, S. 10). Er schlussfolgert deshalb: »Jede große Stadt, so die These, evoziert die ihr eigene ›natürliche Einstellung‹ zur Welt« (ebd., S. 12; kursiv im Original).

Mit dem Begriffspaar *städtische Doxa* als über Regeln und Ressourcen strukturell verankerte Sinnprovinz, deren Logik auf Verdichtung und Heterogenisierung basiert, und *Habitus*, als körperlich-praktischer Sinn für diesen Ort und, als (auch) ortsspezifisches Bewertungs-, Wahrnehmungs- und Handlungsschema, kann der begriffliche Rahmen gesteckt werden, in dem sich *Prozesse eigenlogischer städtischer Vergesellschaftung erfassen* lassen. Mit dem Habitusbegriff wird demnach genau jene Region der Doxa operationalisiert, welche sich auf die Wahrnehmung von Ortsqualitäten bezieht bzw. die Qualitäten einer Stadt in das Fleisch des Körpers einschreibt (der schnellere oder langsamere Gang in dieser oder jener Stadt, unterschiedliche Praktiken des Sich-Zeigens beim Sonntagnachmittagsspaziergang oder beim frühabendlichen Flanieren etc.). Die Doxa dagegen bezeichnet die Strukturen eines städtischen Sinnkontextes, der sich in Regeln und Ressourcen vor Ort artikuliert und somit im Sprechen sich ebenso realisiert wie in Architektur, Technologien, Stadtplanung, Vereinen etc. Das Begriffspaar Doxa/Habitus setzt strukturierte Sozialität voraus und konzentriert die Aufmerksamkeit auf die Strukturen des spezifischen Ortes.

Der Ausdruck »Eigenlogik der Städte« bzw. »städtische Eigenlogik« zur Erfassung dieses Zusammenhangs hat den Charakter eines Arbeitsbegriffs (zur Eigenlogik siehe auch Berking/Löw 2008; Berking 2008; Gehring 2008; Bockrath 2008; Zimmermann 2008; Janowicz 2008). Gemeint ist nicht, dass hinter den dynamischen städtischen Prozessen eine Logik im Sinne einer rationalen Gesetzmäßigkeit steckt, sondern Eigenlogik erfasst praxeologisch die verborgenen Strukturen der Städte als vor Ort eingespielte, zumeist stillschweigend wirksame präreflexive Prozesse der Sinnkonstitution (Doxa) und ihrer körperlich-kognitiven Einschreibung (Habitus). Unter Sinnkonstitution ist

2. Städtische Eigenlogik

nicht die subjektive Wahrnehmungsfähigkeit und Haltung jedes Einzelnen, sondern eine nicht auf die individuellen Handlungen rückführbare Realität gemeint, die deshalb als eigenlogisch wirkende zu beschreiben ist. Der Begriff »Eigenlogik« spielt ferner auf jene Brechung an, dass etwas Allgemeines (Logik) wie Urbanisierung, Verdichtung und Heterogenisierung ortsspezifisch eigensinnige Verbindungen und Kompositionen entwickelt. Insofern ist Eigenlogik auch als Logik des Ortes (oder als Ortslogik) zu verstehen. Sie ist weder eine individuelle und deshalb nicht zu verallgemeinernde Wahrnehmungsqualität noch bloßes Resultat kapitalistischer Strukturen. Vielmehr existiert eine routinisierte und habitualisierte Praxis (verstanden als strukturierte und strukturierende Handlungen), die ortsspezifisch im Rückgriff auf historische Ereignisse, materielle Substanz, technologische Produkte, kulturelle Praktiken sowie ökonomische oder politische Figurationen (und deren Zusammenspiel) abläuft.

Die Eigenlogik einer Stadt als unhinterfragte Gewissheit über diese Stadt findet sich in unterschiedlichen Ausdrucksgestalten und kann insofern anhand verschiedener Themenfelder rekonstruiert werden, zum Beispiel in den Redeweisen von Besuchern und Bewohnern, in grafischen Bildern dieser Stadt, in Schriftquellen über sie (vom Roman bis zur Reisereportage), in Bauwerken und in der Stadtplanung, in Ereignissen wie Stadtfesten oder Paraden, in Gegenständen der materiellen Kultur dieser Stadt. Die Eigenlogik einer Stadt, so die Basisannahme, webt sich in die für die Lebenspraxis konstitutiven Gegenstände hinein, in den menschlichen Körper (Habitus), in die Materialität der Wohnungen, Straßen, Zentrumsbildung, in die kulturelle Praxis, in die Redeweisen, in die emotionale Besetzung einer Stadt, in die politische Praxis, die wirtschaftliche Potenz, in die Marketingstrategien und so weiter. Die Eigenlogik der Stadt bezeichnet ein *Ensemble zusammenhängender Wissensbestände und Ausdrucksformen*, wodurch sich Städte zu *spezifischen Sinnprovinzen* verdichten. Sie wird in regelgeleitetem, routinisiertem und über Ressourcen stabilisiertem Handeln stets aktualisiert. Völlig verkürzt wäre es, Eigenlogik nur auf ein Merkmal zu reduzieren. Bei manchen Städten kann der innere Zusammenhang auch ein widersprüchlicher sein (die Strukturiertheit des Handelns durch eine Teilung, im Fall von Berlin, oder durch komplexe im Widerstreit liegende agrarische und urbane Sinnbildungen, wie in Accra). Als Arbeitshypothese könnte man formulieren, dass jene Probleme der Unplanbarkeit von Städten, die Rem Koolhaas, Bruce Mau und das Office for Metropolitan Architecture (in Koolhas/OMA/Mau 1995) so eindringlich beschreiben, eine Ursache in einer hoch konflikthaften eigenlogischen Verfasstheit finden, die das Scheitern gemessen an den eigenen Zielen immer schon reproduziert (siehe dazu das Berlin-Fallbeispiel in Kapitel 5 unten).

»Warum«, fragt Karsten Zimmermann in diesem Kontext zu Recht, »ist eine Stadt in der Lage, ein Problem besser, früher oder umfassender zu adressieren als eine andere? Welche Kommune eröffnet häufiger Möglichkeiten der direktdemokratischen Einflussnahme durch die Bürger und warum? Weitreichender als der abweichende Umgang mit identischen Problemen ist die Frage, warum bestimmte Problemstellungen in manchen Städten gar nicht erst als Problem wahrgenommen, sondern ignoriert oder in Routineaufgaben umgedeutet werden. Diese Fragen werden gerade dann spannend, wenn etwa hinsichtlich der institutionellen Rahmenbedingungen und finanziellen Möglichkeiten gleiche Bedingungen herrschen« (Zimmermann 2008, S. 2; vergleiche zu unterschiedlichen Praktiken vergleichbarer Kommunen auch Schridde 1997). Die

Gesetze zur Professionalisierung der Prostitution werden zum Beispiel in Duisburg anders ausgelegt als in München. Nicht nur der Karneval wird in Köln anders gefeiert als in Berlin, sondern auch US-amerikanische Exportschlager wie die Schwulen- und Lesbenparade »Christopher-Street-Day« (CSD) wird in Berlin geteilt veranstaltet, wie es für die Stadt typisch ist (am Berliner Kurfürstendamm gerät er zur Konsumdemonstration, im Berliner Kreuzberg zur politischen Kundgebung; vergleiche zur Teilung der Stadt unten, Kapitel 5), in Frankfurt am Main setzt die Trauer um Aids-Tote deutliche Akzente, und in Köln herrscht ein zweites Mal Karneval.

Eigenlogik der Städte bzw. die städtische Eigenlogik ist demnach eine Kategorie, mit der sowohl die eigensinnige Entwicklung einer Stadt als auch deren daraus resultierende kreative Kraft zur Strukturierung von Praxis in den Blick rückt. Eigenlogik der Städte/städtische Eigenlogik hebt die dauerhaften Dispositionen hervor, die an die Sozialität und Materialität von Städten gebunden sind. Eigenlogik ist jener Mechanismus, der, wie Karsten Zimmermann es für die politische Praxis zusammenfasst, den Geschehensabläufen eine lokalspezifische Formung gibt. Sie ist ein Schema neben anderen (Logik des Nationalstaats, Logik globaler Formen etc.) außerhalb der bewussten Kontrollierbarkeit durch Einzelne, das sich in die Praxis der Individuen einschreibt und Handeln in spezifischer Weise ermöglicht. Städtische Eigenlogik ist insofern nicht als kognitiver Akt beschreibbar. Sie etabliert sich auf der Basis praktischen Wissens in Routinen der Zuordnung, in eingeübter Praxis des Sich-hier-Wohlfühlens und Sich-dort-Fremdfühlens. In körperlicher Anspannung und Entspannung, in der Irritation oder Freude über die materielle Substanz, in der spezifischen Gestaltung von Räumen, in der variierenden Nutzung von Technologien etc. wird Eigenlogik somit als Verdichtung von Abläufen und Materialisierungen realisiert und reproduziert sich in historisch gewachsenen Strukturen, auch im institutionalisierten Vergleich. Forschungsstrategisch bedeutet dies, dass jedes der oben genannten Felder von der Straßenführung bis zum Straßenfest die Möglichkeit bietet, die Eigenlogik einer Stadt an ihm zu analysieren. Um das Eigene zu sehen, bedarf es jedoch des Vergleichs. Eigenlogik tritt dann in Erscheinung, wenn eine Logik der Reproduktion des Eigenen in den verschiedenen Handlungsfeldern der untersuchten Stadt und eine Differenz zu anderen Städten zu beobachten ist. Auf diesen Punkt werde ich noch eingehen.

Städte, so kann man schlussfolgern, sind als Orte spezifisch und werden spezifisch gemacht. Städte sind in ihrer Eigenschaft als Orte notwendig mit der »überlieferten, erinnerten, erfahrenen, geplanten oder phantasierten Verortung konkreten Handelns (und deshalb Erinnerns) verbunden« (Rehberg 2006, S. 46; ausführlich Kapitel 3 unten). Über die je spezifischen Praktiken entstehen lokale Pfade, Erzählungen und Strategien, das Eigene zu erfahren, herzustellen und zu reproduzieren. Von Pierre Bourdieu (1997, S. 159 ff.) als »Orteffekte« thematisiert, existieren Deutungsmuster, Praktiken und Machtfigurationen, die an *diesen* Orten höhere Plausibilität aufweisen als an *jenen* Orten. Damit sollen keine raumdeterministischen Verhaltenszwänge behauptet werden, sondern die These lautet, dass Orte als sozial konstruierte Phänomene Eigenlogiken entwickeln, welche sich auf die Erfahrungsmuster derer, die in ihnen leben, auswirken – ein Gedanke, der in sehr unterschiedlichen theoretischen Konzepten bereits formuliert, aber nicht systematisch weiterverfolgt wurde. Die Logik, welche von Orten ausgeht und auf das Handeln einwirkt, beschäftigt viele Theoretiker und Theoretikerinnen, angefangen beim japanischen Philosophen Kitaro Nishi-

2. Städtische Eigenlogik

da, der (in Nishida 1999/1926) die Annahme entwickelt, dass individuelles Bewusstsein wie auch Beziehung über den Ort vermittelt ist, über die materialistischen Arbeiten Pierre Bourdieus (zum Beispiel in Bourdieu 1997), der in der Logik des Ortes die Reproduktion sozialer Ungleichheit sieht, bis hin zur sozialplanerischen Konzeption der *social logic of space* (Hillier/Hanson 1984; Hillier 2005), mit deren Hilfe in Gebäuden und Städten untersucht wird, wie Bewegungsabläufe durch räumliche Konfigurationen gelenkt werden (können).

Die Frage jedoch, wie Wahrnehmungs- und Handlungsmuster durch Bebauungsformen und Architekturen, durch geologische und klimatische Differenzen oder durch materialisierte soziale Figurationen beeinflusst werden, ist noch lange nicht final beantwortet. Prägt eine norddeutsche Backsteinsiedlung die – selbstverständlich durch kulturelle Deutungsmuster hervorgegangene – Wahrnehmung des städtischen Lebens in anderer Weise als Berliner Mietskasernen, fränkische Fachwerkhäuser oder sächsische Plattenbausiedlungen? Ändert sich das Empfinden einer Stadt, wenn der Blick auf den Bildschirm des Geldautomaten der Leipziger Sparkasse dem Kunden die Option eröffnet, Beträge ab 10 Euro abzuheben, in Frankfurt oder München jedoch die Mindestsumme 50 Euro beträgt?

Nun wird man einwenden, insbesondere wenn Bourdieus Arbeiten Bezugspunkt der Argumentation darstellen, dass Stadterfahrung sich milieuspezifisch ausdifferenziert, dass es *das* Empfinden, *die* Wahrnehmung, *die* Deutung nicht geben kann. Ohne dies in Frage stellen zu können oder zu wollen, soll hier dennoch die Hypothese gewagt werden, dass sich unterschiedliche Entwicklungen von Städten trotz strukturell vergleichbarer Bedingungen nur dann deuten lassen, wenn man davon ausgeht, dass milieuspezifische (oder geschlechtsspezifische) Praxisformen gleichzeitig die Prägung durch eine städtische Struktur durchzieht. Um ein Beispiel zu geben: Taxifahrer unterscheiden sich als soziales Milieu von Hochschullehrern, und doch scheint es evident, dass Taxifahrer in Berlin andere Verhaltensmuster herausbilden als Taxifahrer in Stuttgart. Bei Hochschullehrern mag der Einfluss durch die häufigen Reisetätigkeiten abgeschwächt sein, trotzdem wäre auch hier die Analyse städtischer Kulturen aufschlussreich. Meine Annahme, gestützt etwa durch die Analysen von Ian Taylor, Karen Evans und Penny Fraser (1996, vergleiche ausführlich oben, Kapitel 1) besteht darin, dass quer zu den Milieus die Taxifahrer, Hochschullehrer, Tänzer und Priester etc. einer Stadt gemeinsame Praxisformen ausprägen.

Eine rekonstruierbare Deutungseinheit »Stadt« zu unterstellen bedeutet daher auch nicht, dass widerständige oder subkulturelle Logiken und Praktiken ausgeschlossen werden. Vielmehr muss davon ausgegangen werden, dass die Eigenlogik einer Stadt einerseits so dominant ist, dass sie selbst in die Subkulturen hineinwirkt (die Studentenbewegung in Berlin unterschied sich in signifikanter Weise von der in Frankfurt am Main oder Freiburg, vergleiche Schiffauer 1997, S. 120; Kraushaar 1998; Hager 1967), andererseits aber die Arten der praktischen Bezugnahme auf die städtische Eigenlogik sich milieu-, geschlechts-, alters- und ethnisch-spezifisch ausdifferenzieren können.

Eine heterogene gesellschaftliche Praxis stellt eine Vielzahl von milieu- und feldspezifischen Ressourcen zur Sinnproduktion bereit. Soziale Orientierung entsteht jedoch, so argumentiert Zygmunt Bauman (1973), in der Etablierung von Deutungsmacht. Sinnzuschreibung ist nicht nur ein Prozess der Entfaltung von Interpretationsmöglichkeiten, sondern auch der Begrenzung von als relevant erachteten Sinnmöglichkeiten. Was über eine Stadt erzählt werden kann, was in ihr gefühlt wird, wie in ihr gehandelt wird,

2. Städtische Eigenlogik

hängt davon ab, welche Deutungsmuster als plausibel etabliert werden. Wenn Menschen regelmäßig einer sozialen Herausforderung in gleicher Weise begegnen, also routiniert reagieren, entstehen institutionalisierte und habitualisierte Praxisformen, deren Relevanz ortsspezifisch sein kann.

Peter Berger und Thomas Luckmann (1970) erklären die regelmäßige Wiederholung von Deutungen und darauf bezogene Handlungen über *Tradition* und *Legitimation*. Gelingt es, Interpretationen der Eigenarten von Städten (beispielsweise dass Frankfurt am Main arbeitsam und dynamisch ist, wohingegen Stuttgart arbeitsam und bieder erscheint, auch hierzu Lindner 2003) von den historisch einzigartigen Kontexten zu lösen und sie von Generation zu Generation zu vermitteln, dann etablieren sich diese als dominante Interpretationsmuster. Legitimiert werden Deutungen im Rückgriff auf einen höheren Sinn oder im Namen der Rationalität, bisweilen auch durch pragmatische Relevanz (etwa die Sparsamkeit der Stuttgarter oder die Amerikanisierung von Frankfurt). Meine Basisannahme ist, dass solche Interpretationsmuster doxisch werden können. Unhinterfragt fließen sie in die Alltagskonstitution ein und bilden einen wesentlichen Aspekt der eigenlogischen Struktur der Stadt. Sie werden zur symbolischen Ressource.

Die Eigenlogik der Städte ist deshalb nicht wie eine Imagekampagne auf individuelle Handlungsakte rückführbar. Weder der Bürgermeisterin noch dem Werbefachmann oder den Direktoren der Banken gelingt es, den Erfahrungsraum einer Stadt allein zu bestimmen. In routinisierter und institutionalisierter Praxis können Verdichtung und Grenzziehung, allgemeiner ausgedrückt: Eigenheits- und Einheitskonstruktionen, als ortsspezifische und damit sich unterscheidende Sinnproduktion gefasst werden, an der sehr unterschiedliche gesellschaftliche Gruppen mitwirken (angefangen bei den Profis des Stadtmarketings und der

Architektur/Planung über die Touristen bis hin zu den lokalen Experten wie Taxifahrer oder Polizisten). Dabei ist jede Gruppe in ihren Handlungen sowohl als Mitproduzent städtischer Eigenlogik als auch als Produkt stadtspezifischen Sinns zu begreifen.

Ein gelungenes City-Branding kann die Eigenlogik der Stadt aufgreifen und auf diese Weise verstärken. Unter City-Branding wird ein konzertierter Vorgang verstanden, attraktive und Unterscheidung produzierende Merkmale einer Stadt in eine strategische Ausrichtung zu bringen. Dies geschieht über gezielte Marketingstrategien ebenso wie über Filme, Bücher, Gemälde oder Ereignisse (Keller 2003; Donald/Gammack 2007). Vom Branding einer Stadt spricht man dann, wenn eine Stadt als Persönlichkeit erfahren wird und Bewohner und Besucher deshalb eine Beziehung zu ihr aufbauen. Wenn spezifische Merkmale sich als typisch in die Wahrnehmung der jeweiligen Stadt »eingebrannt« haben, dann wird die Stadt unterscheidbar und identifizierbar. Dies hat zur Konsequenz, dass nur Städte als Persönlichkeiten wahrgenommen werden, welche lesbar erscheinen. Sie dürfen weder undurchsichtig chaotisch noch ununterscheidbar gleich wirken.

Das Branding ist die Durchsetzung einiger dominanter Lesarten einer Stadt, welche Besuchern wie auch Einheimischen den Eindruck vermitteln, dass man die Stadt kennen kann. Stephanie H. Donald und John G. Gammack (2007) weisen in ihren Analysen des Brandings von Sydney, Hongkong und Shanghai im Vergleich nach, dass bauliche Strukturen (welche die Form eines gebauten Bildes einnehmen können), grafische Bilder (vor allem in Kinofilmen) und Erzählungen (von Romanen bis zu Alltagsgesprächen) zu Brandingprozessen beitragen. In Europa sind es vor allem Städte wie Berlin, London, Paris und Rom, die über die Erzählungen in Filmen und Büchern erfahren werden (vergleiche Shiel 2001; Marcus 2007). Aber nicht nur Europäer wachsen mit den London-Darstellungen von Charles Dickens, Jane Austen und Virginia Woolf auf. Solche Bilder und Erzählungen tragen dazu bei, Spezifika von Städten wie in einem Brennzeichen (oder Markenzeichen) zu verdichten. Die jeweilige Stadt erscheint als über wenige Basiserzählungen lesbar. Mancher Kinofilm wirkt dann wie ein Glücksfall für die Werbestrategen einer Stadt, zum Beispiel Richard Linklaters Liebesfilm *Before Sunrise*, der nachweislich mit seiner romantischen Wien-Perspektive den Wien-Tourismus deutlich angekurbelt hat (Donald/Gammack 2007, S. 53; siehe auch Kunz/Schäfers 2007).

Eine gute Marketingexpertin weiß die Narrative über eine Stadt aufzugreifen und zu Slogans zu verdichten, aber auch viele Filmemacher oder Schriftsteller verfügen über diese Kompetenz. Im Unterschied zum Image ist das Branding daher weiter gefasst und vor allem eindeutig nur auf positive Besetzungen (einschließlich der Hassliebe) konzentriert (siehe Trueman/Klemm/Giroud 2004). Im Unterschied zum Product-Branding geht man beim City-Branding davon aus, dass es durch Marketing deutlich weniger steuerbar ist. Deshalb betonen Donald und Gammack (2007), aber auch Gilmore und Dumont (2003), dass City-Brandings nur dann existieren, wenn sie in Alltagsroutinen lebendig bleiben: »Die Pfade, Kreuzungen und Wahrzeichen einer Stadt – einschließlich der Sprechweisen und Akzente, die wir im Fall von Sydney bemerkt haben, oder der sprachlichen Ausgrenzungen, die im Shanghai-Dialekt und Hongkong-Kantonesisch möglich sind – werden inszeniert, entwickelt und verändert von Millionen von Nutzern, Sprechern, Spaziergängern und Reisenden, so wie sie die Räume des alltäglichen städtischen Lebens durchschreiten« (Donald/Gammack 2007, S. 172; Übers. M.L.). Viele Städte (jene, von deren Existenz man gewöhnlich weiß, selbst wenn man noch nicht dort gewesen ist) tragen lesbare, unterscheidbare, identifizierbare Markierungen, welche dazu beitragen, dass sie als Charaktere wahrgenommen werden. Diese City-Brandings erfüllen alltagspraktisch den Zweck, neugierig zu machen, Besucher anzuziehen, Aufmerksamkeit zu fokussieren, aber auch Identifikation zu ermöglichen. Brandings produzieren Effekte, die auf die Personen, die in dieser Stadt agieren, zurückwirken. Wirkt ein Branding erfolgreich nach innen wie nach außen, dann, so der Marketingexperte David A. Aaker (1991), wird dem markierten Produkt (also in diesem Fall der Stadt) zusätzlicher Wert beigemessen. In einer Stadt zu leben oder diese zu besuchen bedeutet dann nicht nur, die besonderen Sehenswürdigkeiten zu sehen oder die einzigartige Atmosphäre wahrzunehmen, sondern es trägt zum sozialen und/oder kulturellen Kapital einer Person oder Personengruppe bei.

Für die Analyse der Eigenlogik der Städte bedeutet dies: Ein Branding liegt nur dann vor, wenn die Charakterisierung dieser Stadt in Bildern und Texten bzw. Slogans in Alltagsroutinen akzeptiert und reproduziert wird. Das Branding kann Auskunft darüber geben, welche Verdichtungen in einer Stadt plausibel erscheinen. Es kann als praktische Verdichtung und Versprachlichung oder als bildlicher Ausdruck städtischer Doxa interpretiert werden. Eingebrannte Sätze und Bilder liegen von jenen Städten vor, in denen Charakterisierungen auf plausible Weise in erzählerische Formen (bildlicher und/oder textueller Art) gebracht wurde. Städte entwickeln auch ohne Brandings Eigenlogiken, aber Brandings sind nur dann erfolgreich, wenn sie auf die eigenlogischen Strukturen einer Stadt Bezug nehmen. Da Brandings aber immer auf die positiven Facetten einer Stadt gerichtet sind, kann das Einbrennen einer Aussage auch ein Akt des Verbergens sein. Was über

Brandings nicht vermittelt wird, ist das Scheitern und die Destruktion. Insofern kann das Markenzeichen nur der Ausgangspunkt, nicht das Ergebnis einer Analyse der Eigenlogik von Städten sein. Nicht selten ist das Markenimage der Versuch, Strukturen einer Stadt zu überschreiben. Diese Versuche bleiben allerdings auf die Strukturen bezogen, weshalb ein Branding für jede Eigenlogikanalyse aufschlussreich ist. Ein Werbeslogan jedoch kann deshalb nicht mit der Eigenlogik gleichgesetzt werden. Wenn wie zum Beispiel in Berlin (siehe unten, Kapitel 5) innerhalb von vier Jahren der Werbeslogan komplett ausgetauscht wird, dann sind die Marketingteams entweder schlechte Hermeneutiker und verstehen nicht, die doxischen Gewissheiten über eine Stadt zu identifizieren, oder sie scheitern an dem Versuch, die Strukturen ihrer Stadt zu benennen bzw. positiv zu überzeichnen.

3. Habitus, Identität und Pfadabhängigkeit

Die Konzeption von städtischer Eigenlogik knüpft begrifflich eng an das an, was zum Beispiel Rolf Lindner als Habitus einer Stadt beschreibt (siehe oben, Kapitel 1), ohne die Struktur der Stadt mit den gleichen Kategorien wie den Körper zu beschreiben.[6] Der Begriff der städtischen Eigenlogik soll – anders als die Konzeption vom Habitus der Stadt – die dauerhaften Dispositionen ebendieses Ortes betonen, ohne eine Gleichsetzung von Körper und Stadt nahezulegen, und reserviert auf diese Weise den Habitusbegriff für die Einschreibung des Sozialen in den menschlichen Körper.

---

6 Siehe auch Bockrath 2008, der die verschiedenen räumlich bezogenen Habitus-Konzeptionen kritisch würdigt.

Das Habitusverständnis von Bourdieu weist die Stärke auf, den Habitus als eine Kategorie zu verstehen, die die inkorporierte Geschichte genauso betont wie die strukturierende Kraft; es impliziert aber auch, dass die Ausdifferenzierung verschiedener Habitus bereits erklärt ist: Bei Bourdieu sind es Klasse und Geschlecht, die den Habitus in unterschiedlicher Weise formen und die Menschen zu systematisch verschiedenen Handlungen nötigen. Das Soziale geht in Städte zwar ebenfalls insofern ein, als an diesen Orten eine Logik entfaltet wird, die Produkt von Struktur ebenso ist wie kreativ-strukturierende Kraft, aber diese Logik lässt sich nicht klassen- und geschlechtsspezifisch beschreiben. Menschen mögen je nach Geschlecht und Klasse von der Logik des Ortes unterschiedlich betroffen sein, aber Städte selbst lassen sich nur sehr begrenzt nach Klassen und Geschlechtern ausdifferenzieren.

Der Bourdieu'sche Habitusbegriff ist inhaltlich mit dem Feldbegriff verquickt. Beides sind relationale Begriffsschöpfungen, die Alternativen zum Verständnis von Handeln (Habitus) und Struktur (Feld) anbieten: »Das Verhältnis von Habitus und Feld ist erst einmal eines der Konditionierung: Das Feld strukturiert den Habitus, der das Produkt der Inkorporierung der immanenten Notwendigkeit dieses Feldes oder eines Ensembles von mehr oder weniger konkordanten Feldern ist [...]. Es ist aber auch ein Verhältnis der Erkenntnis bzw. der kognitiven Konstruktion: Der Habitus trägt dazu bei, das Feld als eine signifikante, sinn- und werthaltige Welt zu schaffen [...]. Der Habitus ist das Körper gewordene Soziale« (Bourdieu 1996, S. 160 f.). Erklärt man die Eigenlogik der Stadt mit dem Habitusbegriff, so bleibt unklar, was das Feld der Städte ist, was also jene konditionierenden Relationen sein könnten, welche den Habitus der Stadt weitgehend determinieren.

Das Konzept der Eigenlogik der Städte trägt in sich umgekehrt die Annahme, dass Städte Sinnwelten darstellen, die in den Habitus der Bewohner eingehen. Städte sind zwar in ein Netzwerk objektiver Beziehungen eingebunden, aber dieses Netzwerk entspricht keiner Feldlogik, weil sich die Welt der Städte nicht wie Kunst, Wissenschaft oder Politik in sinnspezifische Felder einteilen lässt. Städte lassen sich aus der Eigenlogik in Abgrenzung zu konkurrierenden anderen Städten, als Basiskonstrukt auch aus der Differenz zur Territorialform (welche wiederum heute als Nationalstaat Fassung findet) (Held 2005; Berking 2008) erklären, aber die Bourdieu'sche Theoriearchitektur von Habitus und Feld lässt sich nicht ohne deutliche Umformulierungen auf das Verhältnis von Stadt und Feld anwenden.

Genau diese Umschreibung wiederum ist nicht wünschenswert, wenn man die routinierten Handlungen in ihrem praktischen und körperbezogenen Sinn unter dem Aspekt der Logik der Stadt analysieren will, insofern der Habitus (oder auch die über die Routinen entfaltete *Gefühlsstruktur, structure of feelings*, vergleiche oben, Kapitel 1) eine relevante Kategorie ist, nicht um Städte zu beschreiben, sondern um körperliche Verhaltensweisen und praktische Verstehensformen als vom Ort geprägte zu denken. Der Habitus ist das praktische Verstehen der Eigenlogik der Stadt. Insofern vermutet Franz Bockrath hinter der Begriffsschöpfung *city habitus* (hier mit Bezug auf Lee 1997) »die Gefahr eines möglichen Kategorienfehlers – der hier darin bestehen würde, einzelnen Städten mentale Eigenschaften und körperliche Dispositionen zuzuschreiben« (Bockrath 2008, S. 11). Die Zuschreibung eines Verhaltens an die Stadt (bei Lee zum Beispiel »the way a city behaves«, vergleiche Lee 1997, S. 133) bringt das Problem mit sich, dass der Habitus einer Stadt schnell zum »vereinfachenden Anthropomorphismus« (ebd.) gerinnt.

Ähnlich wie die Konzeption eines Stadthabitus hat auch der Begriff der Identität Konjunktur, um die Besonderheit dieser Stadt gegenüber jener Stadt zum Ausdruck zu bringen (siehe Göschel 2006a, S. 15). Gabriela B. Christmann schlägt deshalb vor, mit dem Begriffspaar »Stadtkultur – städtische Identität« Städte als spezifische kulturelle Phänomene zu erfassen: »Jede Stadt hat ihre je eigene Kultur« (Christmann 2004, S. 48). Neben nationalen und regionalen Einflüssen beobachtet Christmann in ihrer empirischen Studie zu Dresden wesentliche signifikante stadtinterne Entwicklungsprozesse. Stadtkultur versteht sie mit Bezug auf Peter Berger und Thomas Luckmann (1970) als Produkt kommunikativen Handelns: »Im Rahmen von (kommunikativem) Handeln bilden sich materielle und immaterielle sowie teils materielle und teils immaterielle Objektivierungen heraus, die die Stadtkultur ausmachen« (Christmann 2004, S. 49). Die Grundidee ist, dass im Handeln von Bürgern und einpendelnden Erwerbstätigen sowie prinzipiell in der kommunikativen Auseinandersetzung über eine Stadt diese materiell gestaltet wird. Zugleich bilden sich ebenfalls auf kommunikativ handelndem Wege Institutionen wie Vereine, lokale Medien und städtische Wirtschaftszweige heraus, die sowohl materielle als auch immaterielle Aspekte in sich tragen. Schließlich existieren, so ihre Auffassung, ideelle Kristallisationen, das heißt Wirklichkeitsdeutungen und Wissenselemente, die stadtbezogen sind. Die Stadtbürger entwickeln, so die zentrale methodische Annahme Christmanns, im historischen Verlauf typische Themen, charakteristische Topoi, die regelmäßig wiederkehren. Vergangene und gegenwärtige Wirklichkeitsdeutungen verdichten sich zu Topoi. Diese bilden das Material, aus dem die Identität einer Stadt geformt ist.

Auch wenn dem Identitätsbegriff der Verdacht der Anthropomorphisierung anhaftet, so hebt Christmann doch zu Recht hervor, dass, wenn man von einer nationalen Identität sprechen kann, man auch von einer städtischen Identität reden könne. Um das Besondere von Dresden analysieren zu können, muss Christmann jedoch die Identität in repetitiv vorgetragenen sprachlichen Aussagen suchen. Damit bleibt die Materialität der Stadt begrifflich in der Stadtkultur aufgehoben während sich die Identität an den Diskurs bindet. Richtig klar wird dadurch das Verhältnis zwischen Stadtkultur und Stadtidentität nicht, weswegen Christmann im Untertitel der Studie die Begriffe stets additiv verwendet (»*Dresdens Glanz, Stolz der Dresdner. Lokale Kommunikation, Stadtkultur und städtische Identität*«).

Ohne Zweifel sind wiederkehrende zentrale Gesprächsthemen ein starkes Indiz für stadtspezifische Prozesse. Allerdings sollte man die Besonderheiten einer Stadt nicht vorschnell auf identitär wirkende thematische Kerne von Diskursen beschränken. Gerade die Habitusforschung belegt die Einflüsse der Stadtspezifik auch auf Körper: Je nach Stadt gehen Menschen schneller oder langsamer, sie entwickeln mehr oder weniger Allergien, reagieren empfindlicher auf Lärmbelästigung oder sind empfänglicher für die Sport- und Freizeitkultur, um nur einige Beispiele zu nennen. Darüber hinaus beschränkt sich die Topoi-Identitäts-Figuration auf das Feststellen beobachtbarer Differenzen, bietet aber begrifflich nur die historische Entwicklung, die sich zur Stadtkultur verdichtet, als Erklärung für die Herausbildung und Reproduktion eigener städtischer Vergesellschaftungsmodi an. Der hier entfaltete Vorschlag, Topoi, Körperhandeln, Materialitäten gleichermaßen in ihrem Bezug auf eine basale (eigenlogische) Struktur der Stadt zu denken, geht daher weit darüber hinaus.

Als ein dritter Kandidat, mit dessen Hilfe sich eine Soziologie der Städte begründen lassen soll, scheint sich der Begriff der Pfadabhängigkeit aufzudrängen, allein schon deshalb, weil dieses Konzept in den Sozialwissenschaften zur Erklärung dauerhafter Differenzen häufig herangezogen wird (vergleiche Mahoney 2000; Pierson 2000a, b, c; Hirsch/Gillespie 2001; Guinnane u. a. 2003; Beyer 2006). Der Begriff geht auf die Arbeiten des Ökonomen und Wirtschaftsmathematikers W. Brian Arthur (u. a. 1989 und 1994) und des Wirtschaftshistorikers Paul A. David (u. a. 1985 und 2001) zurück. Er soll betonen, dass sich in ökonomischen Prozessen nicht immer die effektivste Technologie durchsetzt, sondern dass schon geringfügige Ereignisse oder Zufälle dazu führen können, dass sich auch suboptimale Innovationen stabilisieren und dominant werden können (*lock-in*).

Der anfangs noch stark technikwissenschaftliche Fokus des Konzepts der Pfadabhängigkeit wird schnell ausgeweitet. Douglass North, ebenfalls Ökonom und Wirtschaftshistoriker, erweitert die Reichweite des Begriffs auf institutionellen Wandel im Allgemeinen (in North 1990, 1993, 1998). Mit einem institutionenökonomischen Ansatz erklärt North bald auch die Unterschiede zwischen Gesellschaften (genauer: zwischen Ökonomien) über Pfadverläufe. Für North sind es nicht die Zufälle oder die belanglosen Ereignisse, welche Pfade konstituieren, sondern Pfadabhängigkeitsverläufe werden von ihm auf die begrenzte Rationalität des Handelns von Akteuren sowie auf hohe Transaktionskosten bei Veränderung der institutionellen Ordnung zurückgeführt. Veränderungen erklärt er spiegelbildlich als Leistung von individuellen Akteuren und Organisationen. Motor hierfür sind Eigeninteressen dieser Akteure sowie Wettbewerbsbedingungen zwischen Organisationen.

North wie auch Arthur und David versuchen demnach, über die Pfadabhängigkeit Effizienz bzw. mangelnde Effizienz von technologisch-wirtschaftlichen Entwicklungen zu erklären. Gemeinsamer Ansatzpunkt ist die Einsicht in die lineare und damit historisch verwurzelte Logik von Prozessen. Mit der Übertragung des Pfadabhängigkeitskonzepts in die sozialwissenschaftlichen Diskussionen verliert sich diese deutliche Orientierung auf Effizienz (Beckert 1996). Pfadabhängigkeit wird zu einem Konzept, mit dem allgemein die »Historizität von Institutionen [betont wird], wobei angenommen wird, dass in der Vergangenheit getroffene Entscheidungen und eingebürgerte Denkweisen und Routinen in die Gegenwart hinein wirken« (Beyer 2006, S. 12; vergleiche auch Mayntz 2002, S. 27 ff.).

Gegen die sehr allgemeine Betonung des *history matters* und die damit verbundene Überdehnung des Konzepts sind die Arbeiten des Politikwissenschaftlers Paul Pierson (2000a, b, c) gerichtet. Pfadabhängigkeit hält Pierson für einen grundlegenden Zug sozialer Institutionen. Insbesondere unter Bedingungen, in denen der ökonomische Wettbewerb keinen Veränderungsdruck ausübt, lassen sich seiner Ansicht nach Prozesse der historischen Kontinuität deutlich beobachten. Das Festhalten an einem einmal eingeschlagenen Pfad in der Politik erklärt Pierson vor allem aus asymmetrischen, häufig verschleierten Machtkonstellationen, die positives Feedback zum Anreiz für Wiederholungen werden lassen, sowie aus der hohen Relevanz kollektiven Handelns. Damit rücken der Akteur und seine Handlungsmuster in den Blick.

Während Pierson sich deutlich auf die Akteure und deren Machtbeziehungen konzentriert und Veränderungen vor allem aus Gegenreaktionen ableitet bzw. aus Veränderungen in der Machtkonstellation resultieren lässt, denken die Soziologen Paul DiMaggio und Walter Powell (DiMaggio/Powell 1983) vor allem über die Bedeutung von Leitvorstellungen für Pfadabhängigkeit nach. Skripte, an denen sich die Akteure orientieren, bilden eine gemeinsame Verständnisgrundlage für das Handeln. Sie können sich zum Beispiel auf das Verständnis von Effizienz oder auf die Idee von Modernität richten. Veränderung ist hier nur durch innovatives, das heißt auch unsicheres Handeln einzelner Individuen möglich, welche die Sicherheit gewährleistende Leitvorstellung in Frage stellen.

Die hier vorgeschlagene Konzeption einer Soziologie der Städte teilt mit den Forschungen zur Pfadabhängigkeit die Einsicht in die strukturierende Wirkung eingeübter Denkweisen und Routinen. Mit dem Blick auf habitualisierte Handlungen wird – wie auch im Konzept der Pfadabhängigkeit – die Historizität der Ereignisse betont. Anders als in der Debatte um die Pfadabhängigkeit wird jedoch Eigenlogik nicht nur aus der historischen Relation (ein Pfad, der begangen werde), sondern gleichzeitig aus zeitgenössischer Relation hergeleitet. Die Basisannahme ist, dass man alles über eine Stadt und ihren historischen Verlauf wissen kann, das Wissen jedoch irrelevant ist, wenn man nicht zugleich weiß, in welches Netzwerk die Stadt eingebunden ist (dazu der folgende Absatz, vergleiche auch Bourdieu 1996, u. a. S. 262). Mit dem Konzept des Pfades und seiner impliziten Orientierung auf Akteure und Institutionen würden übertragen auf Städte deren Entwicklungen vor allem aus Entscheidungen vor Ort hergeleitet. Dass Venedig sich heute mindestens genauso stark daraus erklärt, was Menschen auf der ganzen Welt dort suchen, und nicht nur aus den politischen und ökonischen Institutionen vor Ort, kann die zugleich historische und relationale Bedeutung der Eigenlogikkonstitution verdeutlichen. In fast allen Pfadabhängigkeitskonzeptionen sind es herausragende Individuen, die Veränderungen hervorrufen (dies gilt im Übrigen auch für Überlegungen zur Pfadkreation, siehe Garud/Karnøe 2001). Solche Phänomene mag es in Städten auch geben, wenn etwa ein Bürgermeister ungewöhnliche Strategien wählt und erfolgreich umsetzt, wenn besonders kreative Teams ein neues Image zu platzieren vermögen, auch wenn – wie im Fall von Leipzig (vergleiche Glock 2005, siehe dazu oben, Kapitel 1) – ein Elitenwechsel neue Koalitionen ermöglicht. Wenn aber Eigenlogik, wie oben beschrieben, auf jene städtischen Strukturen zielt, welche körperlich und praktisch das Handeln durchziehen, dann stellt sich gerade am Beispiel Leipzigs die Frage, wie auch der Wechsel noch einen Bezug zur Struktur der Stadt aufweist. So wie die jungen Kreativen aus dem Westen in Leipzig auf Symbolisierungen und Materialisierungen des sozialistischen Leipzigs zurückgreifen, so kann auch ein Pfadwechsel typisch für diese Stadt sein. Die Eigenlogik der Städte fragt nach den Strukturen bzw. nach doxischen Gewissheiten, die auch im Wandel Ausdruck finden können. Die Analyse verschiedener städtischer Pfade kann, anders gesprochen, Aufschluss über die Eigenlogik der Städte geben. Eigenlogik fragt nicht – wie viele sozialwissenschaftliche Pfadabhängigkeitsstudien – nach den Akteurskonstellationen, sondern sucht gemeinsame Bezugspunkte im Handeln der verschiedenen Gruppen und Individuen. Strukturen sind nicht abwägbar, man kann sich nicht zwischen Alternativen entscheiden. So wie man Sprachen reformieren kann, aber die Grammatik dabei das Sprechen vor und nach der Reform ermöglicht, so sind auch eigenlogische städtische Strukturen komplexe, generative Ordnungen. Ein komplexes Gebilde wie die Stadt nur über einen Pfad zu denken wäre unterkomplex.

4. Konnex der Städte

Städtische Eigenlogik ist als Begriff synchron und diachron angelegt. Das Eigene der Städte entwickelt sich sowohl aufgrund *historisch motivierter Erzählungen, Erfahrungen und Materialschichtungen* als auch im *relationalen Vergleich zu formgleichen Gebilden*, das heißt zu anderen Städten. Interpretationen unterschiedlicher Materialität, politische und ökonomische Figurationen etc. entfalten sich aus dem historischen und räumlichen Vergleich. Eigenlogische Strukturen entwickeln sich demnach nicht nur aus dem praktisch Eingeübten, also in historischer Relation, sondern auch in räumlicher Relation, das heißt aus anderen gleichzeitigen Stadtentwicklungen. Diese Einsicht folgt der Bourdieu'schen Maxime: »Ich muß mich vergewissern, ob nicht das Objekt, das ich mir vorgenommen habe, in ein Netz von Relationen eingebunden ist und ob es seine Eigenschaften nicht zu wesentlichen Teilen diesem Relationennetz verdankt« (Bourdieu 1996, S. 262). Die theoretische Anforderung an eine Soziologie der Städte ist es demnach, das Eigenlogische als strukturierte Praxis zu begreifen und in die Einsicht zu integrieren, dass jede Strategie der Besonderung in Beziehungsleistungen eingebunden ist.

Bislang neigen alle Studien zu spezifischen Strukturen in Städten dazu, die Erklärung für Entwicklungsdynamiken allein in historischer Entwicklung zu suchen. Dies gilt zum Beispiel sowohl für Taylor, Evans und Fraser (1996) als auch für Berking, Schwenk u. a. (2007). Was bislang fehlt, und wesentlich aufwändiger zu erforschen ist, ist das relationale Bezugssystem, das das Eigene der Städte formt. Städte sind in ein Netzwerk objektiver Beziehungen eingebunden, welche erstens Stadtentwicklung durch Vergleichssysteme mitstrukturieren und zweitens

Entwicklungen gerade unter Bedingungen von Globalisierung, also steigender Vernetzung und Abhängigkeiten, nicht mehr allein über den Ort erklären. Die Struktur eines Ortes ist in diesem Sinne auch Resultat von Prozessen an anderen Orten. Insofern kann die Eigenlogik im Rahmen einer Soziologie der Städte konzeptionell nicht ohne die Praktiken der Abgrenzung und des In-Beziehung-Setzens zu anderen Städten lokaler, nationaler und globaler Ebene (darunter auch die Praxis der Städtepartnerschaften, das Städteranking etc.) entworfen werden: Begrifflich soll das als *Konnex* gefasst werden.

Der Konnex der Städte hebt hervor, dass sich Eigenlogik nie nur aus der historischen Relation erklärt, sondern auch durch den Vergleich, dem In-Beziehung-Setzen zu zeit- und formgleichen Gebilden, sowie aus Abhängigkeiten und aus auf verschiedenen Ebenen skalierbaren Einflüssen. Es klingt fast banal, wird aber kaum reflektiert: Städte werden zu anderen Städten in Beziehung gesetzt, nicht zu Dörfern, nicht zu Firmen, nicht zu Universitäten. Das Wissen über Abgrenzung und Bezugnahme ist aber ebenso sporadisch und fragmentarisch wie die Kenntnis eigenlogischer Stadtentwicklungsprozesse. Diese Systematik gilt es erst noch zu erkunden.

Liest man Georg Simmel, so könnte eine zeitgenössische Relationierung in der Stadtsoziologie mehr als selbstverständlich sein. Simmel hat darauf aufmerksam gemacht, dass der Begriff des Ortes nichts Substanzielles, sondern eine »Beziehungsform« (Simmel 1995/1908, S. 710) fasst. Wie eine Stadt sich entwickelt, ist abhängig davon, wie andere relevante Städte sich behaupten. Frankfurt am Main kann sich deshalb so effektiv als amerikanisierte Stadt in Szene setzen, weil Köln, Berlin, Hamburg und Stuttgart dies *nicht tun*. Sie muss aber auch, um weiter in dieser Liga der Großstädte spielen zu können, ihre Offenheit für

Homosexualität inszenieren, wenn *alle anderen das tun*. Der Konnex der Städte ist weitgehend unerforscht. Es gibt Hinweise darauf, dass verschiedene Konnexe je nach Maßeinheit (*scale*) Geltung haben (vergleiche dazu ausführlich unten, Kapitel 3). Die methodologische Herausforderung, soziale Phänomene, in diesem Fall also Städte, auf verschieden skalierbaren Ebenen zu konzipieren, verweist auf die Notwendigkeit, regional, national und global unterschiedliche Bezugssysteme der Städte zu suchen, wobei denkbar ist, dass nicht in allen Städten alle Ebenen als gleichermaßen relevant angesehen werden.

Das Wissenskorpus der komparativen Stadtforschung besteht derzeit sowohl aus einer ausgefeilten historisch-vergleichenden Forschung als auch in einer elaborierten quantitativen Vergleichsforschung vor allem für große, weltweit vernetzte Städte (ich komme darauf in Kapitel 6 kurz zurück), was jedoch fehlt, sind Studien, die der Netzwerklogik aus der Praxis folgen. Fragen danach, welche anderen Städte als konkurrierende Städte handlungsrelevant werden und wovon Vergleichsformate abhängen, das heißt, wie Vergleiche in die Struktur der Eigenlogik eingewoben werden, harren noch der Bearbeitung.

Dass die eigenlogische Struktur einer Stadt auch anderenorts mitentwickelt wird, zeigt exemplarisch Anthony Kings Arbeit über London. Dort weist er nach, dass die Entwicklung von London zum Zentrum eines transitorischen Kapitalismus damit einhergeht, dass die Stadt so in Machtkonfigurationen eingebunden ist, dass in London selbst ansässige Akteure und Institutionen nur noch wenig Kontrolle über die Entwicklung der Stadt ausüben (King 1991, S. 145 ff.; vergleiche auch unten, Kapitel 3). John Eade belegt – wiederum am Beispiel Londons –, wie sich globale Vernetzung in Form vielfältiger Einflüsse in die Textur der Stadt einschreibt: »Städte partizipieren an diversen globalen Prozessen, welche sich in der ganzen Welt vollziehen, aber nur in spezifischen Kontexten analysiert werden können« (Eade 1996, S. 11; Übers. M.L.). Er untersucht den Prozess global/lokaler Interaktion in einem Londoner Außenbezirk, um die symbolisch hoch aufgeladene und touristisch vermarktete Bedeutungsvielfalt der *Global City* London-Innenstadt zu umgehen. Im peripheren Viertel fragt er nach dem global/lokal strukturierten Wissen der Bevölkerung. Am Beispiel von Spitalfields und Whitechapel zeigt er, wie Reiseführer an eine abseits der Pfade des Massentourismus sich bewegende Adressatengruppe das »authentische« multikulturelle London verkaufen und dabei ein oberflächliches Bild für eine hochkomplexe Lage zeichnen: Gleichzeitig entdecken dort jüdische Amerikaner ihre Wurzeln, lösen homosexuelle Männer einen Gentrification-Prozess aus, indem sie Wohnungen, Ladenlokale usw. erwerben und sich dabei auf den »working class gay space« (Eade 2002, S. 136) der Docks im Süden von Spitalfields beziehen, und kämpfen Bangladeshi-Gruppen um ihre Anteile am Viertel, wobei säkulare Aktivisten den Ort aus ökonomischen Erwägungen verteidigen, die religiösen Führer aber auch einen rein islamischen Ort etablieren bzw. erhalten wollen.

Wichtigstes Ergebnis von Eades Studie ist, dass die lokalen Kämpfe gleichzeitig die spezifische materielle, soziale und historische Konstellation der Lokalität aufgreifen und dabei in einen »flow of people, capital, information, images and ideas« (ebd., S. 139) eingebunden sind. In unterschiedlichen Figurationen je nach »ethnicity, race, gender and sexuality« (ebd.) werden mit unterschiedlicher Leidenschaft und konfligierenden Deutungen verschiedene Räume geschaffen, die aber auf denselben Ort (und seine Logik) Bezug nehmen. Auch Umbenennungen, wie sie eine Schweizer Region in den schillernden Begriff »Heidiland«

vorgenommen hat, vermengen, wenn sie erfolgreich sind, Überlieferungen mit Erwartungen von Besuchern und Besucherinnen, mit Kinofilmen und mit literarischen Erzählungen. Städtische Eigenlogik ist somit ein ortsbezogener Prozess, der nicht nur an einem Ort stattfindet. Durch den Konnex der Städte kann die Logik von Frankfurt am Main oder London also ebenso in New York oder Dhaka mit ausgebildet werden.

Insgesamt muss man festhalten, dass charakterisierende Studien mit dem Ziel, Ähnlichkeiten in der Entwicklung von Städten zu entdecken oder gar Typen bilden zu können, weitgehend fehlen. Methodisch wird damit der Stadtvergleich in der Soziologie mehr Bedeutung gewinnen, und zwar jener Stadtvergleich, der nicht in erster Linie Städte in Bezug auf etwas Drittes setzt, sondern sich der methodischen Herausforderung stellt, Städte in ihrer eigenlogischen Schließung zu vergleichen. Hierfür ist es notwendig, sich zunächst mit dem Hinweis auf die prinzipielle Vergleichbarkeit über die gemeinsame Form »Stadt« mit den Qualitäten von Grenzziehungen, Heterogenisierungen und Verdichtungen so lange zu bescheiden, bis die Struktur der Eigenlogik empirisch exakt zu bestimmen ist. Ziel des Vergleichs ist nämlich zunächst genau dies: ein Verständnis der Ausgestaltung von Dichte und die Art der eigenlogischen Schließung (vergleiche zu den Grundprinzipien des Vergleichs Haupt/Kocka 1996; Kaelble 1999).

Indem Vergleichbarkeit über die räumliche Form vorausgesetzt wird, die Erforschung städtischer Eigenlogiken also nicht unter der Annahme erfolgt, die zu untersuchenden Städte seien in bestimmter Hinsicht (ökonomisch, politisch, historisch etc.) »gleich«, sondern vor allem mit gleicher Ausgangsfrage und vergleichbarem Zugriffswerkzeug arbeitet, reagiert eine so konzipierte Soziologie der Städte auch auf die Kritik am Substanzdenken der Vergleichsforschung (prominent Nadler 1994). Durch die relationale Konstitution des Gegenstands, und damit globale Ströme und Austauschprozesse ernst nehmend, wird zunehmend die Annahme gemeinsamer grundlegender Eigenschaften als Voraussetzung für den Vergleich in Frage gestellt, stattdessen werden unter dem Begriff des *comparative consciousness* die gemeinsamen, den Gegenstand aufschließenden Fragen und Zugriffswerkzeuge für die komparative Forschung als Voraussetzung betont. Dem Anliegen angemessen ist demnach eine fallorientierte Herangehensweise (im Unterschied zu einem Hypothesen prüfenden, quantifizierenden Ansatz, vergleiche Schriewer 2003, S. 30). Stadttypen zu bilden meint, Städte über ihren inneren Sinnzusammenhang zu erfassen und nach dem Prinzip zu suchen, wie Monika Wohlrab-Sahr zusammenfasst, »wie verschiedene Merkmale sinnlogisch ineinandergreifen und so eine Struktur bilden, die sich stets aufs neue reproduziert. Struktur und Strukturierung, Gestalt und Prozeß werden in so verstandenen Typen zusammen gedacht« (Wohlrab-Sahr 1994, S. 270). Wenn die Stadt zum Fall gemacht wird, dann wird sie darüber verstehbar, dass ihre Strukturlogik an verschiedenen Themen und Prozessen nachweisbar wird (vergleiche zu einer ähnlichen Idee auch Matthiesen 2008). »Die Frage nach der ›Gültigkeit‹ einer solchen Struktur«, schreibt Monika Wohlrab-Sahr mit Bezug auf Ulrich Oevermann in ihrem Aufsatz »Vom Fall zum Typus« weiter, »beantwortet sich aus dieser Perspektive also nicht über die Häufigkeit, sondern darüber, daß ihre Reproduktionsgesetzlichkeit nachgewiesen wurde« (Wohlrab-Sahr 1994, S. 273). Im Zentrum der Betrachtung steht in einer Soziologie der Städte eine auf Relationierung und die Reproduktion von Strukturen abzielende Denkbewegung mit dem Ziel einer charakterisierenden Problemsicht (dazu auch Bourdieu 1974, S. 33 ff.).

Im Ergebnis ist komparative Stadtforschung nicht nur in deskriptiver Hinsicht relevant. Vielmehr erhält man mit der methodischen Frage nach der Eigenlogik von Städten tiefenscharfe Entscheidungsgrundlagen für »diese« Stadt. Gerade weil der Städtevergleich nicht aufs Allgemeine zielt, sondern auf der Ebene horizontaler Vergleiche offener operiert, verbessert der Städtevergleich die lokale Treffsicherheit von Prognosen.

5. Materielle Ressourcen

Die Eigenlogik der Stadt praxeologisch zu denken heißt auch, die materiellen Ressourcen einer Stadt als ein Fundament zu denken, durch das sich Gesellschaft in spezifischer Weise konstituiert. Materialität wurde in der soziologischen Theoriebildung über lange Phasen hinweg als offensichtlich gegebene, gesellschaftstheoretisch wenig relevante Rahmenfigur behandelt. John Law fasst den Reflexionsstand wie folgt zusammen: »Bis vor kurzem hatten die Sozialwissenschaften Probleme, über Materialität adäquat nachzudenken. Stofflichkeit war in den Texten normalerweise sehr präsent, weil es offensichtlich ist, dass die Welt und die Beziehungen materiell sind. Gleichzeitig war Stofflichkeit aber auch merkwürdig abwesend, wahrscheinlich weil so offensichtlich ist, dass die Welt materiell ist, dass es für selbstverständlich erachtet wurde« (Law 1999, S. 2; Übers. M.L.). Die große Ausnahme bildet selbstverständlich Karl Marx. Die Begriffe Materie bzw. materielle Basis sind für ihn jedoch keine festen Einheiten mit definierbaren Qualitäten (vergleiche Labica/Bensussan 1986, S. 854 ff.), vielmehr versteht Marx unter Materialität eine Vokabel der Praxis und der Produktion. Er grenzt das Materielle von dem Geistigen ab und definiert auf diese

Weise zwei Typen von Arbeit. Materialität der Existenz meint die »Wirklichkeit« im Unterschied zur Gedankenwelt und verweist in diesem Sinne auf die Notwendigkeit von praktischer Tätigkeit sowie den Einsatz von Technologie zur Beherrschung von Natur.

Marx hat mit diesem Materialitätsverständnis und mit seiner Betonung der Materialität erstens dazu beigetragen, dass die Bedeutung der Stofflichkeit vor allem in einer Soziologie der Technik weiter diskutiert wurde (siehe Rammert/ Schulz-Schaeffer 2002); zweitens führte er Materialität als produktive Kraft ein. Mit Sätzen wie: »Die Handmühle ergibt eine Gesellschaft mit Feudalherren, die Dampfmühle eine Gesellschaft mit industriellen Kapitalisten« (Marx 1972/1847, S. 130), schrieb er der gebauten und technisch genutzten Sachwelt eine die Gesellschaftsstruktur determinierende Wirkung zu. Menschliche Existenz ist auch – und wesentlich –, so die zentrale Idee, über die materiellen Verhältnisse bestimmt. Wenn auch dem Gedanken oft widersprochen wurde, dass Materialität selbst eine bewegende Kraft innewohnt, so hat sich schließlich gerade im Rahmen der Akteur-Netzwerk-Theorie erneut und sehr wirkungsmächtig eine theoretische Perspektive etabliert, der zufolge technische Artefakte aktiv auf Handlungszusammenhänge einwirken (zum Beispiel in Latour 1988). Artefakte handeln in dem Sinne, dass sie Veränderungen bewirken. Diese Einsicht hat unter anderem die Techniksoziologie dahingehend beeinflusst, den Beitrag der Technik zur Aufrechterhaltung sozialer Ordnung konsequenter in den Blick zu nehmen (ausführlich siehe Rammert/Schulz-Schaeffer 2002).

Überträgt man diesen Grundgedanken der strukturierenden Kraft materieller Arrangements auf Städte, dann kommt man schnell zu dem Punkt, dass Städte nicht nur zu dem werden, was Menschen aktiv gestalten (dazu auch

Hasse 2008), sondern auch eine Kraft darstellen, die soziale Praktiken strukturiert. Lars Frers zeigt in einer empirischen Arbeit zu Fährterminals und Bahnhöfen, wie diese durch die Formung ihrer Materialität Menschen in Handlungsabläufe zwingen, wie Abweichungen von den in Stein gegossenen Pfaden Sanktionen hervorrufen und wie die menschlichen Körper sich kontinuierlich den materiellen Körpern fügen (Frers 2008). Mit Henri Lefèbvre, aber auch Pierre Bourdieu, Ed Soja oder John Urry gehe ich in der hier konzipierten Soziologie der Städte davon aus, dass räumliche Strukturen als Teilmenge gesellschaftlicher Strukturen eine eigene Wirkungskraft entfalten. Das heißt in der Konsequenz, dass Städte als Räume vergesellschaftend wirken. Mit John Urry kann man es so ausdrücken: »Ich möchte argumentieren, dass Zeit und Raum als produziert und produzierend, als umkämpft und festgelegt, symbolisch repräsentiert und strukturell organisiert gesehen werden sollten« (Urry 1991, S. 160; Übers. M.L.). Diese strukturierende Kraft führt zum Beispiel David Harvey explizit auf die materiellen Ressourcen zurück, wenn er schreibt: »Ich möchte hervorheben, dass Raumrelationen und geografische Phänomene fundamentale materielle Eigenschaften haben, die zu Beginn einer Analyse vergegenwärtigt werden müssen, und dass die Formen, die sie einnehmen, nicht neutral im Hinblick auf mögliche Entwicklungspfade sind. Die materiellen Eigenschaften müssen unter den widersprüchlichen Dynamiken des Kapitalismus als grundlegend und als aktiv interpretiert werden« (Harvey 1985, S. 33; Übers. M.L.). Räumliche Relationen, so das Argument von Harvey, sind als materielle Grenzen und Qualitäten fundamental und entwicklungsstrukturierend. Anknüpfend an Henri Lefèbvres raumtheoretische Überlegungen (in Lefèbvre 1991/1974; vergleiche auch Löw 2005) nimmt Harvey an, dass die Aufrechterhaltung sozialer Ungleichheit wesentlich auf der Fähigkeit basiert, die Produktion von Raum beeinflussen zu können (Harvey 1989, S. 233).[7] Grenzziehung und Raumkontrolle sind dabei für ihn Aspekte im Zusammenspiel von Raum-, Zeit- und Geldeinsätzen. Für die Spekulation mit Grundstücken zum Beispiel ist der Verkauf zum richtigen Zeitpunkt ein entscheidender Faktor für das Erzielen größtmöglicher Gewinne. Dementsprechend geht Harvey davon aus, dass Zeit, Raum und Geld untereinander konvertierbar sind, wobei dem Geld im Kapitalismus eine Schlüsselrolle zukommt (ebd., S. 226 ff.). Der Besitz von Geld ermöglicht die Kontrolle über Raum und Zeit, so wie die Gewalt über Raum und Zeit finanziellen Gewinn schafft, das wissen, schreibt Harvey, Generäle genauso wie Leiterinnen von Supermärkten (Harvey 1991, S. 158). Residentielle Segregation versteht er, um ein weiteres Beispiel zu geben, als ein Phänomen, das nicht nur sozial produziert ist, sondern auch gesellschaftliche Verhältnisse hervorruft. Der Raum in seiner Materialisierung ist Harvey zufolge ein eigendynamisch wirkender.

Edward Soja teilt mit Harvey das marxistische Fundament einer Raumtheorie, die auch Zeit bzw. Historisierung als zentralen Bestandteil integrieren will. Soja, der eine raumzeitliche Perspektive auf Gesellschaft und soziales Leben entwickeln will (Soja 1989, S. 73), rahmt diese Sichtweise explizit als »historische Geographie des Kapitalismus« (*historical geography of capitalism*) (ebd., S. 3). Dazu schlägt er, ebenfalls mit Bezug auf Lefèbvre, vor, zwischen Raum als Gegebenem und Räumlichkeit als sozial Produziertem zu unterscheiden (ebd., S. 79). Seine Trialektik von *spaciality*, *historicality* und *sociality* (siehe Soja 1996)

---

7 Vergleiche zum Einfluss von Lefèbvre auch auf die amerikanische Raumforschung Shields 1999, S. 143 ff.

verlegt Räumlichkeit/Geografie, Zeitlichkeit/Geschichte und Gesellschaftlichkeit/Gesellschaft auf drei voneinander getrennte, aber miteinander verflochtene Felder. So ist die Geschichte immer auch ein verräumlichtes Produkt, die Geografie eine zeitlich sich sozial verändernde Formation und die Gesellschaft räumlich und zeitlich strukturiert. Auch Soja hat die eigenaktive Wirkung von Raum immer wieder betont. Er richtet sich in seinen Publikationen gegen die Vorstellung, dass sich Geschichte im passiv gesetzten Raum ereigne, wie auch gegen das Bild, dass Räume soziale Prozesse erzwingen. Vielmehr plädiert er für eine Geografie, »die Räumlichkeit gleichzeitig als soziales Produkt (oder Ergebnis) und als formende Kraft (oder Medium) des sozialen Lebens erkennt« (Soja 1989, S. 7; Übers. M.L.).

Thomas Gieryn wiederum betont mit Bezug auf Giddens und Bourdieu, dass Gebäude eine doppelte Realität haben. Sie strukturieren und werden strukturiert. »What buildings do?« fragt Thomas Gieryn und gibt folgende Antwort: Sie stabilisieren soziales Leben. Sie stehen nicht nur imposant herum, sondern werden zu Objekten der Interpretation und Erzählung, beeinflussen aber auch in ihrer materiellen Anwesenheit Handlungsabläufe: »Erst formen wir unsere Bauwerke und danach formen unsere Bauwerke uns«, zitiert Gieryn Winston Curchill (in Gieryn 2002, S. 35; Übers. M.L.). In der Philosophie der Materialität finden sich lebendige Beschreibungen dafür, wie Objekte in den Körper förmlich hineinkriechen: »Manchmal, beim Besuch einer Galerie, einer Ausstellung oder auch eines Kaufhauses, will es scheinen, als seien die Blicke der wandelnden Betrachter, ihre Gesten und ihre Bewegungsgeschwindigkeit von den Exponaten gesteuert, und je mehr uns deutlich wird, dass ihre Betrachtung vom zur Schau Gestellten programmiert ist und ihre Körper sich als ästhetischer Mechanismus verhalten, desto mehr wandeln sich diese anderen Betrachter selbst in Elemente, Subjekte und Absichtlichkeiten des Ausstellungsparcours« (Schwarte 2000, S. 8).

In der Konsequenz bedeutet das, dass nicht nur abstrakt die kapitalistische Raumordnung Handeln strukturiert, sondern auch ganz konkret Wohnungsgrundrisse, Straßenzüge oder Städte als gleichermaßen materielle Kontexte. Ausgehend von den gesellschaftlichen Strukturen war es stets ein kleiner Schritt zu der Schlussfolgerung, dass raumstrukturelle Muster (etwa nationalstaatliche Grenzen) soziale Ungleichheit vorstrukturieren. Übertragen auf kleinere Maßstabsebenen soll nun stärker nach den lokalen Raummustern und ihrer Strukturierungsdynamik gefragt werden. Vieles deutet darauf hin, dass Räume nicht nur körperlich erfahren werden, sondern auf die Körper ebenso zurückwirken, dass Räume also in diesem Sinne nicht nur Bezugspunkt des Handelns oder Produkt des Handelns sind, sondern desgleichen als Institutionen Handeln strukturieren. Renate Ruhne (in Ruhne 2003) hat dies bereits für die Produktion der sozialen Ungleichheit im Geschlechterverhältnis am Beispiel der unsicheren Frau bzw. des sich sicher fühlenden Mannes aufgrund der Konstruktion des öffentlichen Raums nachgewiesen. Umfassender erforscht ist diese Wechselwirkung für den Prozess der Ethnisierung. So zeigt Andreas Eckert (in Eckert 1996), wie durch die koloniale Raumpolitik in Afrika eine Ethnisierung der Körper und sozial ungleiche Handlungsoptionen produziert werden (für Indien vergleiche Randeria 2004). Nimmt man an, dass das Globale, Nationale und Lokale unterschiedliche Maßeinheiten in der Reflexion über einen Gegenstand bereitstellen (ausführlich unten, Kapitel 3), dann öffnet sich das Forschungsfeld einer Soziologie der Städte nicht nur in Richtung der Konstitution von Eigenlogik durch globale Vernetzungen und Abhängigkeiten, sondern als neue Forschungsfrage stellt sich auch, wie die Eigenlogik der Städte ebenfalls durch spezifische städtische Raumanordnungen und damit ortsbezogen Erfahrungsqualitäten entsteht und reproduziert wird. »Das Soziale lässt sich aus praxeologischer Perspektive nur begreifen, wenn man seine ›Materialität‹ und eine ›implizite‹, nicht-rationalistische Logik nachvollzieht«, resümiert Andreas Reckwitz (2003, S. 290). Eine Soziologie der Städte, praxeologisch angelegt, sucht die Eigenlogik der Städte im implizierten Verstehen, das heißt darin, wie sie sich in den Körper, in die Materialität der Stadt, in die aufgespannten Räume etc. einlagert und über Routinen gelebt wird. Das praktische Wissen über Städte entsteht als Ergebnis einer strukturierten und strukturierenden Praxis und zeigt sich dann, das hat Ulf Matthiesen ausführlich untersucht (u. a. in Matthiesen 2007), in Alltagsroutinen, in Expertenkulturen innerhalb von Institutionen und Organisationen sowie überdies in den materiellen Ressourcen einer Gesellschaft. Die materielle Qualität von Städten trägt zur Strukturierung der Verhaltensweisen und Praktiken wesentlich bei. Die Materialität der Stadt kann als raumzeitlicher Gedächtnisspeicher baulich und landschaftlich historisch gewachsener Eigenheiten gedacht werden, die das unverwechselbare materielle Substrat für die sinnlich-körperliche Erfahrung eines Ortes ausmachen.

Praktischer Sinn entwickelt sich, das ist die – auch methodisch relevante – Schlussfolgerung, mit Bezug auf symbolische und eben auch auf materielle Ressourcen. Linda McDowell spricht deshalb von der Notwendigkeit einer doppelten Perspektive der Stadtforschung: »Es existiert immer ein doppelter Fokus: wie Orte mit Bedeutung aufgeladen werden und wie Menschen durch Orte konstituiert werden (darüber hinaus auch, wie der wahrgenommene und genutzte Ort in soziale Interaktion hineinspielt)« (McDowell 1997, S. 2, Übers. M.L.).

Wie noch zu zeigen sein wird (siehe unten, Kapitel 4) kann städtische Materialität immer auch auf ihren bildhaften Ausdruck hin gelesen werden. Bilder als symbolische Verdichtungs- und Syntheseleistungen überlagern die Materialität der Räume, sie schreiben sich förmlich als Kommunikationen in die Materialität ein. Bilder bieten Deutungsmuster der materiellen Ressourcen an, die als »visuelle Argumente« (siehe Mersch 2006) ihre politische, historische und normative Bedeutung im Sozialen entwickeln und soziologisch an die Materialität der Raumkonstitution rückgebunden werden können. Die als *spatial turn* bezeichnete Denkbewegung diskutiert den Raum als grundlegende Formung und materiell fundierte Relationenbildung gesellschaftlicher Alltags- und Erzählpraktiken (dazu ausführlich oben, Kapitel 1). In der Soziologie der Städte kann es möglich werden, so möchte ich später, in Kapitel 4, ausführen, den *iconic/pictorial turn* und den *spatial turn* in einer Weise zusammenzuführen, dass der Ortsbezug von Bildern sowie deren Leistungsfähigkeit in der Überschreibung von Materialität in den Blick genommen werden können.

6. Zuspitzung

Die Notwendigkeit einer sozialwissenschaftlichen, differenzsensiblen Städteforschung ergibt sich aus wissenschaftlichen Blindflecken: unzutreffende Verallgemeinerungen von stadtspezifischen Ausprägungen eines Phänomens, Unkenntnis stadtspezifischer Potenziale, Unwissen über Zwänge, die aus ortsspezifischen Logiken erwachsen, sowie über Städte-Netzwerke, in deren Kraftfeldern sich Koalitionen formen. Eine Soziologie der Städte kann – so möchte ich zusammenfassen – perspektivisch die Eigenlogik der Städte als eigensinnige Entwicklung einer Stadt und daraus resultierende kreative Kräfte der stadtspezifischen Strukturierung von Praxis analysieren. Eigenlogik der Stadt bzw. städtische Eigenlogik ist insofern der Begriff für ein komplexes Ensemble an Wissensbeständen und Ausdrucksformen, die in einem inneren Zusammenhang stehen und auf regelgeleiteten, routinisierten und über Ressourcen stabilisierten Handlungsformen basieren und Städte zu Sinnprovinzen verdichten. Städtische Eigenlogik hebt die dauerhaften Dispositionen hervor, die an die Sozialität und Materialität von Städten gebunden sind, und konstituiert sich in einem relationalen System lokaler, nationaler und globaler Bezüge. Im Konnex der Städte kann die Logik einer Stadt in anderen Städten mitgeformt werden. Der Konnex der Städte verweist darauf, dass sich Eigenlogik nie nur aus der historischen Relation erklärt, sondern auch durch den Vergleich und das In-Beziehung-Setzen zu zeit- wie formgleichen Gebilden.

Was bislang nur durch die Übertragung eines körperbezogenen Konzepts auf die Stadt (Habitus der Stadt), durch Persönlichkeitszuschreibung auf die Stadt (etwa in Städtebiografien) und als emotionale Besetzung (Gefühlsstruktur) gefasst werden kann, wird nun als ortsspezifische Strukturen und deren Realisierung als Doxa und Habitus entworfen. Die Eigenlogik einer Stadt als unhinterfragte Gewissheit über diese Stadt findet sich in unterschiedlichen Ausdrucksgestalten, das heißt gleichermaßen in der Materialität wie in der Symbolik einer Stadt. Materielle Ressourcen sind gleichsam Elemente einer sozialen Praxis, die in die eigenlogischen Gewissheiten in einer und über eine Stadt genauso einfließen wie die symbolisch strukturierte Praxis. Jede Stadt weist interne Differenzierungen auf. Die Basisannahme ist jedoch, dass sich soziale Milieus, Altersgruppen und Geschlechter in den Routinen des Alltags auf

6. Zuspitzung

die Strukturen der Stadt und damit auf dominante lokale Sinnkontexte beziehen.

Jenseits kontinentaler Konzepte (europäische Stadt, amerikanische Stadt) und machtlogischer Großkategorien (Weltstadt, Megacity, Global City) können auf diese Weise die Städte aus dem praktischen Wissen und den Vergleichsdynamiken heraus verstanden werden. Den sozialwissenschaftlichen Gegenstand »Stadt« bzw. »Städte« auf der Basis des Formbegriffs über die Praxis zu konstruieren bedeutet erstens, dass das, was man als Stadt benennt, als Einheit erfahren werden kann und als solche Geltung beansprucht, sie demzufolge zweitens systematisch als anders und drittens als eigenlogisch rekonstruierbar ist.

Louis Wirth hat einst »Urbanität als charakteristische Lebensform« auf der Basis von drei Merkmalen definiert: erstens auf einer spezifischen »physisch-realen Struktur«, zweitens auf einem spezifischen »sozialen Organisationssystem« und drittens auf einem »festen Bestand an Haltungen und Gedanken« (1974/1938, S. 58). Für eine Soziologie der Städte lässt sich das neu formulieren: Die »physisch-reale Struktur« lässt sich raumtheoretisch neu fassen als Raumstrukturen (gebaut, geplant, platziert, gewachsen) nicht *der* Stadt, sondern *dieser* Stadt. Unter der Prämisse der räumlichen Differenzierungsform »Einschluss« werden Raumstrukturen als durch Regeln festgeschriebene und in Ressourcen abgesicherte Muster einer gleichwohl relationalen und potenziell unverwechselbaren Anordnung gefasst. Raumstrukturen ergeben sich aus der technisch-materiellen Verfasstheit der Stadt, und sie werden unter anderem in einem körperlichen bzw. körpertechnischen Sinne realisiert (Habitus). Ausgehend von der Annahme, dass Strukturen im Handeln rekursiv reproduziert werden, lassen sich Muster der Platzierung aus den Raumstrukturen ableiten bzw. als diesen vorgängig identifizieren. Das »soziale Organisationssystem« kann deshalb als Geflecht raum-zeitlicher, auf das soziale Miteinander eingerichteter und in diesem Sinne »routinisierter« bzw. »institutionalisierter« Handlungen verstanden werden. Die Verdichtung der Städte wird somit als an einen institutionalisierten Kontext gebunden begriffen, der in die Körper eingelagert wird. Strukturen und Handeln werden systemisch über routinisierte Pfade und Wege, die Habitus des Körpers sowie die Routinen der Wahrnehmung verbunden. Ein »fester Bestand an Haltungen und Gedanken« meint schließlich die Ebene der Symbolisierungs- und Thematisierungsformen des Alltags, die die Darstellungsseite des Städtischen prägen. Dazu gehören die vielfältigen Geschichten, die von einer Stadt erzählt werden, die Bilder, die von einer Stadt gebaut werden und zirkulieren, sowie die Deutungsmuster, die helfen, Gruppen in der Stadt zu unterscheiden, etc.

Ziel einer Soziologie der Städte ist es, sukzessive Hypothesen über die Textur von Städten im Sinne eigenlogischer Schließung zu entwickeln, was wiederum mittelfristig Aussagen über Ähnlichkeiten zwischen Städten und letztlich die Konstruktion verschiedener Typen von Städten (aus der Logik der Praxis) ermöglichen würde. Kernfragen, die zu bearbeiten sind, lauten: Wie ist der Prozess zu charakterisieren, in dessen Folge Städte eigenlogische, vergesellschaftende Einheiten werden? Anders formuliert: Wie strukturiert der Ort das Handeln und wie das Handeln den Ort? Wie entsteht städtische Einheit im Wechselspiel von Städtekonnex und Ortsbezug? Welche Machtverhältnisse und Handlungsoptionen und/oder -beschränkungen erwachsen aus den synchronen und diachronen Vergleichen? Welche Ähnlichkeiten mit vergleichbaren Eigenlogiken von Städten lassen sich rekonstruieren? Welche wirtschaftlichen, politischen und sozialen Konsequenzen lassen sich aus her-

6. Zuspitzung

auskristallisierten »Typen« ableiten? Wie wird Besonderheit im Alltag routinisiert hergestellt? Welches Wissen über lokale Potenziale existiert in politisch-planerischen Fachkontexten? Welche Erzählungen kursieren über welche Städte? Welche Bilder setzen sich dominant durch? Wie wird Materialität mit Bedeutung durchzogen und sozial hergestellt? Wie wird die Logik eines Ortes milieu-, alters-, geschlechts- und ethnisch-spezifisch erfahren und reproduziert? Wie werden aus vielen gesellschaftlichen Bereichen ausgeschlossene Gruppen noch in den Erfahrungskontext strukturellen Einschlusses integriert? In welchem Zusammenhang stehen widerständige Praktiken mit dominanten eigenlogischen Sinnkontexten?

Eine so gewendete Soziologie der Städte holt den »Betrachter mit ins Bild« (vergleiche unten, Kapitel 4). Wie die Literaturwissenschaft den Leser bzw. die Leserin und die Kunstgeschichte den Betrachter oder die Betrachterin in die Gegenstandskonstitution mit einbezieht, so kann auch die Soziologie der Städte perspektivisch ihren Gegenstand auf die hier skizzierte Weise stärker über die Praxis konstruieren. Nach städtischen Vergesellschaftungsmustern quer zu Milieu, Alter oder Geschlecht zu fragen bedeutet nicht, gesellschaftliche Struktur (im Singular) in ihrer Potenz und die mit ihr etablierte soziale Ungleichheit und Raumverteilung zu ignorieren. Die Frage nach Eigenlogik soll den Horizont weiten, um Neues an der und über die Stadt und ihre Qualitäten entdecken zu können. Nicht die Diagnose von Zerfall steht am Anfang der Analyse, sondern die Logik der Praxis. »In den kurzen goldenen Jahren nach dem Zweiten Weltkrieg schien die europäische Stadt der Modellfall eines sozial ausgeglichenen, kulturell integrierten und prosperierenden Gemeinwesens. Heute wird ihr Ende vorhergesagt. Ihre Gestalt verliert sich in einem gesichtslosen Siedlungsbrei, der öffentliche Raum wird privatisiert. Leerstehende Wohnungen und Industriebrachen reißen Lücken in das städtische Gefüge. Es entstehen abgeschottete Quartiere der Armen und Einwanderer. Globalisierung, die Macht der Immobilienentwickler und die Finanzmisere stellen die europäische Stadt als eine Bastion des Wohlfahrtsstaates in Frage« (Siebel 2004, Klappentext). Walter Siebel beginnt das von ihm herausgegebene und Hartmut Häußermann gewidmete Buch *Die europäische Stadt* mit einem dramatischen Bild, um dann im nächsten Satz anzukündigen, es gäbe auch gegenläufige Tendenzen, die man im Buch betrachten wolle. Aber so ganz gelingt es den Beiträgen der Autoren und Autorinnen dann doch nicht, der europäischen Stadt ihre anziehenden Seiten abzugewinnen. Die Stadtsoziologie, schreibt Eike Hennig als Resümee seiner Sammelbesprechung von Neuerscheinungen, ist »seltsam festgelegt, weniger ergebnisoffen. Ein normatives, rückwärtsgewandtes Bild einer Ideal-Stadt steht leitend und prägend am Anfang [...]. Wandlungen sind mehr Verschlechterungen als Chancen« (Hennig 2006, S. 34). Studien zur Eigenlogik der Städte können zu erkennen helfen, dass das Diktum vom gesichtslosen Brei vielleicht für die eine, aber nicht für die andere Stadt gilt, dass nicht überall leerstehende Wohnungen das Gefüge durchlöchern und Einwanderer und Einwanderinnen nicht prinzipiell in abgeschotteten Quartieren leben. Zu verstehen, warum Integration hier besser gelingt als dort, eröffnet neue Handlungsoptionen. Insofern richtet sich die Analyse der Eigenlogik der Städte im Kern auf den Prozess, städtische Wirklichkeit in ihrer Differenz zu interpretieren und Folgen für Vergesellschaftung in den Städten sowie für Gesellschaftskonstitution zu verdeutlichen. Mit Rem Koolhaas lässt sich das Kapitel abschließen und auf diese Weise zu Fragen der Globalisierung überleiten: »Heute gilt mehr denn je, die Stadt ist alles, was

6. Zuspitzung

wir haben« (Koolhaas 2000/1995, S. 329; Übers. M.L.). Gesellschaft existiert nicht jenseits der Städte, sondern gewinnt ihr Erscheinungsbild in den Städten, und zwar auf verschiedene Art und Weise.

III.
Globalisierung, Städtekonkurrenz und Eigenlogik

»Selbst der eilige ICE-Reisende erkennt, wenn ihn nicht Schallschutzwände gerade daran hindern, dass unterschiedliche Regionen mit unterschiedlichen Dörfern und Städten an ihm vorübergleiten. Verlässt er dann seinen Zug, ohne sofort ins Taxi zu stürzen, kann er sehen, riechen und schmecken, dass der Himmel über Berlin doch anders ist als der über München, Hamburg oder Dresden. Und macht er sich in die Stadt auf, zu Fuß, die Geräusche der Stadt wahrnehmend, wird er – ob mit überall gleichem Vergnügen, sei dahingestellt – die Lebendigkeit regionaler Dialekte und Mundarten registrieren, auf die er freilich schon in der Bahn vorbereitet wurde. Ab Frankfurt nach Süden spricht das Zugpersonal wohl eher bayrisch, ab Hannover nach Westen kölnisch, zumindest rheinländisch, und in Stuttgart und Umgebung können sie vielleicht wirklich alles – außer Hochdeutsch. Dass also Städte und Regionen ihre bestimmten, unverkennbaren Erscheinungsformen haben, die von Licht und Wetter über Landschafts- und Bauformen bis zu Dialekten und körperlichen Merkmalen der Bewohner reichen, scheint auch in Zeiten der Globalisierung und der uniformen Moden noch wahr zu sein.«
   Albrecht Göschel, »Lokale und regionale Identitätspolitik«[8]

Eine Soziologie der Städte scheint ihre Legitimation aus dem gleichen Sachverhalt zu ziehen, der auch den Sinn eines solchen Projektes in Frage zu stellen vermag: der Globalisierung. »Wird die Architektur des 21. Jahrhunderts, die durch die Medien weltweit und gleichzeitig präsent ist, die erste wirklich globale Architektur sein?«, fragen die Veranstalter der Alpbacher Architekturgespräche. Für Rem Koolhaas und Bruce Mau lautet die Antwort offensichtlich: »Ja, leider!«. Das Autorenteam vertritt die Position, dass die Stadt unter den Bedingungen der Globalisierung in den Zustand der Eigenschaftslosigkeit

---

8 In Siebel 2004.

versinke. Die spezifischen Formen verlören in einer funktionalistisch-kapitalistischen Welt ihre Bedeutung (Koolhaas/OMA/Mau 1995, zum Beispiel S. 367). Auch der amerikanische Stadttheoretiker Manuel Castells spricht von einer eigenschaftslosen globalen Architektursprache, die keine lokal und historisch spezifischen Zugriffe mehr ermögliche: »Meine Hypothese besagt, dass das Aufkommen des Raumes der Ströme die sinnhafte Beziehung zwischen Architektur und Gesellschaft verwischt. Weil die räumliche Manifestation der herrschenden Interessen weltweit und quer durch alle Kulturen stattfindet, führt die Entwurzelung von Erfahrung, Geschichte und spezifischer Kultur als Bedeutungshintergrund zur allgemeinen Verbreitung einer ahistorischen, akulturellen Architektur« (Castells 2001, S. 474).

Lässt der Befund einer weltweiten Angleichung die Rede über Differenzen zwischen Städten seltsam anachronistisch wirken, so rückt im Gegensatz dazu der Topos der Wettbewerbsfähigkeit die Stadt in ihrer Spezifik ins Zentrum jeder weiteren Erörterung. In den letzten Kapiteln habe ich bereits dargelegt, dass konkrete, benennbare Orte in der sozialwissenschaftlichen Theorie und Empirie seit langem als Einheiten gefasst werden, die den global zirkulierenden, homogenisierenden Strömen Einhalt gebieten, indem die dort Ansässigen globale Einflüsse und strukturelle Vorgaben filtern, auswählen, verweigern, nicht umsetzen oder ignorieren. Orte bzw. das Lokale werden also als die Ebene des gegen Globalisierung Widerständigen gedacht. Dies wiederholt sich in der Alltagswahrnehmung, wenn, wie ich nachfolgend ausführlich belegen werde, lokale Tradition gegen globale Einflussnahme starkgemacht wird. Die Bedeutung des Ortes, die Feststellung seiner Eigenart nimmt in Zeiten, die als globalisierte klassifiziert werden, deutlich zu. Hierzu passt auch, dass nicht nur die Aufmerksamkeit für Orte steigt, sondern auch die je konkrete Stadt als Einsatz im weltweiten Konkurrenzkampf begriffen wird.

1. Städte im Wettbewerb

Städte standen schon immer im Konkurrenzverhältnis zueinander, aber seit den 1980er Jahren ist nach Ansicht vieler Wirtschafts- und Sozialwissenschaftler der Druck, gezielt für die eigene Stadt zu werben, deutlich gestiegen (siehe zum Beispiel Jensen-Butler 1997; Cheshire und Gordon 1995; Hall 1995; Begg 1999). Das spiegelt sich zum Beispiel darin wider, dass sich ab Mitte der 1970er Jahre die Stadtimage- bzw. Stadtmarketingforschung herausbildet, die zunächst allgemein die Kritik an der Vermarktung urbaner Praxis oder auch die Chancen der Imagebildung für die Stadtentwicklung in den Vordergrund der Analyse stellt (vergleiche aus volkswirtschaftlicher Perspektive Zimmermann 1975; kritisch Durth 1988/1977; siehe zur Imageforschung auch Töpfer 1993; Weber/Streich 1997). Insbesondere Metropolenregionen werden als »Standorte dynamischer Entwicklungen« (Aring 2004, S.2) prognostiziert, was zu einer »zunehmenden Heterogenisierung und Polarisierung« (ebd., S.3) der Metropolen im Unterschied zu peripheren Städten und Stadträumen führe. Die »globalisierte Raumordnung«, so Jürgen Aring in seinem Beitrag als stellvertretender Vorsitzender der Landesarbeitsgemeinschaft NRW der Akademie für Raumforschung und Landesplanung (ARL), folge dem Prinzip »Jedem nach seinen Möglichkeiten – Stärke die Stärken« (ebd., S.6). Dass es sich bei der Adressierung der Städte unter Wettbewerbskategorien nicht um ein europäisches Phänomen handelt, zeigen exemplarisch Fulong Wu und Jingxing Zhang (Wu/Zhang 2007) für China. Unter dem Aufsatz-

1. Städte im Wettbewerb

titel »Planning the competitive city-region« analysieren sie die neuen Planungsstrategien für chinesische Großstädte als ökonomische Konkurrenz- und damit als Profilierungs- und Abgrenzungsstrategien.

Die steigende Aufmerksamkeit für Städtekonkurrenzen in Wissenschaft und Politik hat vielfältige Gründe. Die Bildung supranationaler Verbünde wie die Europäische Union und das Wissen um globale Vernetzungen steigern gleichzeitig die Konzentration auf Städte als »Akteure« im Wettkampf wie auch als schützenswerte kleine Einheiten. Susanne Frank zufolge führen die Versuche des Europäischen Rates, die Union »bis zum Jahr 2010 zum wettbewerbsfähigsten und dynamischsten wissensbasierten Wirtschaftsraum der Welt zu machen« (Frank 2005, S. 315) dazu, dass Städten mehr Aufmerksamkeit zuteil wird, sie aber auch höherem Konkurrenzdruck ausgesetzt sind. Entwicklungspotenziale gerade von Metropolen werden zunehmend weniger unter Gesichtspunkten sozialer Kohäsion, sondern verstärkt unter Wettbewerbsbedingungen betrachtet und zum Beispiel in Best-Practice-Projekten gefördert. *Wettbewerbsfähigkeit* werde zum Schlüsselbegriff der politischen Bezugnahme auf Städte. Auch Dietrich Fürst leitet die Notwendigkeit, über Planung wieder neu nachzudenken (Fürst 2000a, S. 1), an erster Stelle aus dem »härteren Wettbewerb« als Folge von Globalisierung und EU-Integration ab und folgert, »dass angesichts wachsender Heterogenität und Kontextabhängigkeit von Problemsituationen eine Steuerung mit Einheitsprogrammen nicht mehr sinnvoll ist« (Fürst 2000b, S. 14). In dem Moment, in dem einzelne Städte beginnen, aggressiv für die eigenen Vorzüge zu werben, wachsen die Zwänge für andere Städte, es ihnen gleichzutun. Städte, die darauf nicht reagieren, laufen Gefahr, angesichts der Präsenz anderer Städte in der öffentlichen Wahrnehmung in Vergessenheit zu geraten.

Mit der Steigerung der globalen Vernetzung geht auch die Entwicklung des Massentourismus einher. Seit den 1970er, verstärkt aber in den 1980er Jahren, entfaltet sich mit dem Tourismus allgemein auch der Städtetourismus mit anhaltendem Wachstumstrend (siehe Mau 2007). Die Anzahl der Übernachtungen und die tourismusbasierten Umsätze bzw. Beschäftigungen in den deutschen Städten steigen kontinuierlich an (vergleiche zusammenfassend Pott 2007, S. 20 ff.). 1986 besuchten zum Beispiel aus touristischen Erwägungen heraus ca. 6 Prozent der Westdeutschen mindestens einmal im Jahr eine deutsche Stadt, 1996 waren es schon 12 Prozent (Opaschowski 2002, S. 257). Ähnliche Zuwächse im Tourismusbereich können auch Städte außerhalb Deutschlands verzeichnen. Das bedeutet, dass mit den Einnahmen aus dem Städtetourismus auch der Inszenierungsdruck für Städte steigt, um den Gewinn kontinuierlich weiter zu maximieren. Schließlich sind viele Städte durch demografische Veränderungen von Schrumpfung bedroht, wobei sich feststellen lässt, dass manche Städte den drohenden Einwohnerverlust durch Zuzug von Firmen und Haushalten abzuwenden vermögen, andere nicht. Auch hier verschärft die Konkurrenz zwischen Städten die Notwendigkeit des Werbens um Einwohner.

Sharon Zukin (in Zukin 1991; 1995) erklärt ferner plausibel den wachsenden Konkurrenzdruck auf Städte anhand einer gewandelten Ökonomie der Symbole infolge neuer globaler Arbeitsteilungen. Die Ökonomie einer Stadt insbesondere in den reichen Ländern der Welt bringe zunehmend abstraktere Produkte hervor, darunter traditionelle und neue Medien, verschiedene Finanzinstrumente, aber auch Images, Ideen und Stile. Symbolik und Kultur nähmen einen immer höheren Anteil an der Wertschöpfung ein. In dieser Abstraktheit der Produkte lösten sich Differenzierungen zwischen Kultur und Wirtschaft auf. Die

Medienindustrie sei gleichzeitig Kulturindustrie, Gewerbehöfe würden zu Stätten des Kulturkonsums umgebaut, Städtetourismus werde zur expandierenden Branche. Wie sich aus Kultur Kapital schlagen lässt, verdeutlicht Zukin exemplarisch an Bilbao, also an jener Stadt, die durch die Investition in das von Frank Gehry entworfene Guggenheim Museum wirtschaftlichen Aufschwung erzielte. Kultur ermöglichte es Bilbao, mit Madrid und Barcelona in den Ring zu steigen und ein Image jenseits des baskischen Terrorismus aufzubauen. In einer solchen Ausgangslage stehen Städte vor der historisch nicht neuen, aber sehr bewusst erlebten Situation, den Ort gezielt als ein erstrebenswertes Gut in Szene setzen zu müssen. Viele Städte prosperieren dann, wenn es ihnen entweder durch ein Branding gelingt, dem Ort ein Markenzeichen zu geben, das für eine definierbare Qualität steht, oder aber wenn sie etwas Einzigartiges anzubieten haben (was in der Regel heute im Feld der Kultur liegt, also zum Beispiel das Bilbao-Guggenheim-Museum oder – so zumindest die Hoffnung der Hamburger – die Elbphilharmonie; siehe zum Branding auch oben, Kapitel 2).

Der Blick auf Städte ist demnach von einer ambivalenten Beobachtungs- und Bewertungskonstellation geprägt: In den Grundton kulturkritischer Reflexion zunehmender Homogenisierung mischt sich die Aufmerksamkeit für eine aggressive Konkurrenzpolitik der Städte, die nach unverwechselbaren Icons suchen (Elbphilharmonie in Hamburg) oder regionaltypische Siedlungen (re)konstruieren (Frankfurter Römer, Dresdener Neumarkt), um Eigenes zu betonen. Diese Prozesse begleiten lautstarke Forderungen von Ingenieuren und Stadtplanern nach passgenauen Lösungen für städtische Problemlagen. Ob man auf die Wasserversorgung, die Reorganisation von Brachlandschaften oder Stadtplanungsanforderungen schaut, die städtische

Neuorganisation scheint weder fiskalisch noch organisatorisch oder planerisch normiert beantwortet werden zu können (Reulecke/Zimmermann 2002; Graham/Marvin 2001, S. 91 ff.), weshalb in den Natur- und Ingenieurwissenschaften Technologieprobleme zunehmend auch als Probleme eines »Wertewandels« behandelt werden (Neckel/Dröge 2002).

Die Frage, ob gegenwärtige Gesellschaften stärker von Homogenisierung oder von Heterogenisierung betroffen sind, ist Gegenstand weit gefächerter sozialwissenschaftlicher Debatten (zusammenfassend Dürrschmidt 2002). Während die einen als Folge der Globalisierung annehmen, dass sich kulturelle Unterschiede angleichen und eine »McDonaldization« (Ritzer 1993; siehe auch Barber 1995) oder »Westernization« (Latouche 1996) prognostizieren, betonen andere die treibende ökonomische Kraft der Ausdifferenzierung als Reaktion auf den gestiegenen Konkurrenzdruck sowie das Aufleben lokaler Kulturen als Antwort auf Globalisierungszumutungen (Hall 1992, S. 308; Hannerz 1998; Berking 1998).

Bevor man nun gelassen auf ein »sowohl als auch« einschwenkt, stellt sich die Frage, welche Vorannahmen und Überlegungen in das Zusammendenken von Globalisierung und Homogenisierung/Heterogenisierung einfließen. Es gilt kurzum, die verknüpften Fäden zunächst zu entwirren.

2. Homogenisierung – Heterogenisierung

Globalisierung benennt, wie Jörg Dürrschmidt hervorhebt, den Sachverhalt weltweit gestiegener Vernetzungen und Abhängigkeiten (Dürrschmidt 2002, S. 12): Globalisierung selbst ist keine »Kraft«, die etwas auslöst, sondern der Begriff für die empirisch zu beschreibende Form der Beziehungsnetze (dazu auch Giddens 1995, S.95; Albrow 1996, S.93). Die weltweiten Austausch- und Abhängigkeitsbeziehungen lassen sich aufgliedern in verschiedene Qualitäten, und zwar maßgeblich in Vernetzungsleistungen wirtschaftlicher (Handelsbeziehungen, Finanzmärkte etc.), technologischer (elektronisches Netz, Transportbahnen, Strom- und Wasserversorgung etc.) und kultureller (Austausch von Ideen und Konsumprodukten, aber auch die Mobilität im Tourismus oder durch Migration etc.) Provenienz.

Je nachdem, welcher Aspekt in den Mittelpunkt gerückt wird, wird auch die historische Einzigartigkeit des Vernetzungsgrades unterschiedlich beurteilt. Thompson zum Beispiel argumentiert, dass – gemessen an bestimmten Indikatoren – der Verflechtungsgrad internationaler Handelsbeziehungen kurz vor dem Ersten Weltkrieg genauso hoch war wie heute (in Thompson 2000; siehe auch Torp 2005). Insgesamt kann aber davon ausgegangen werden, dass der Grad an Globalisierung – in den drei Feldern Wirtschaft, Technologie und Kultur zusammen betrachtet – ein vorläufiges Höchstmaß erreicht hat und dass auf diese Weise die weltweite Abhängigkeit ebenso gestiegen ist wie das Bewusstsein der Einheit der Welt (siehe besonders Robertson 1995).

Bei der Beantwortung der Frage, ob jener als Globalisierung klassifizierte Befund der Intensivierung weltweiter Beziehungen eher Prozesse der Homogenisierung oder der Heterogenisierung zur Folge habe, offenbaren sich feldspezifische Logiken. Während unter ökonomischen Gesichtspunkten Abhängigkeit und Konkurrenz in den Blick rücken, stellt sich unter technologischen Gesichtspunkten das Problem fehlender Funktionalität weltweit einheitlicher Lösungen, wohingegen kulturelle Globalisierung die Frage nach dem Stellenwert lokaler Kulturen im Kontrast zu hegemonialen Bestrebungen der Verwestlichung und Amerikanisierung aufruft. Auf die Antworten, die im Rahmen von Stadtgestaltung und -politik darauf gegeben werden (insbesondere bei Stadtbildgestaltungen), wird in Kapitel 4 gesondert einzugehen sein. An dieser Stelle ist festzuhalten, dass aus keiner der Vernetzungen logisch folgen muss, dass Globalisierung und Homogenisierung (oder aber Heterogenisierung) in einem Ableitungsverhältnis stehen. Die Frage nach Homogenisierung versus Heterogenisierung ist vielmehr im Kern eine nach den *kulturellen Wirkungen* weltweiter Vernetzung (unabhängig davon, ob diese zunehmen oder sich historisch wiederholen). *Globalisierung und Homogenisierung stehen somit in keinem Bedingungsverhältnis.* Das zeigt sich auch daran, dass man Prozesse der Homogenisierung in zeitlichen Phasen und in Landstrichen beobachten kann, die kaum in globale Vernetzungen eingewoben sind, zum Beispiel in sozialistischen Städten. Sozialistische Stadtpolitik speiste sich aus modernen Homogenitätsvorstellungen, ohne dass diese sich direkt aus Globalisierungsprozessen ableiten oder an Globalisierungserwartungen knüpfen ließen.

So ist es die Moderne selbst und damit die Verstädterung als eine »im Westen entstandene Zivilisation [...], die sich zum Teil analog zu der Kristallisierung und Expansion der großen Religionen – Christentum, Islam, Buddhismus, Konfuzianismus – in der ganzen Welt ausgebreitet hat« (Eisenstadt 2006, S. 37), welche in ihrem konzeptionellen Rückgrat ein Streben nach Homogenisierung trägt. Charakterisiert ist die Moderne über das aufklärerische Denken mit seinem Anspruch auf universelle Anerkennung, über den Siegeszug des Kapitalismus und die Entstehung der Nationalstaaten sowie über die Ausweitung der Wissenschaften und deren Institutionalisierung in den Univer-

2. Homogenisierung – Heterogenisierung

sitäten (siehe Kocka 2006). Insbesondere der Siegeszug des Kapitalismus führte und führt zur Herausbildung industriell geprägter Städte sowie zum Prozess der Verstädterung. Die Zunahme der Bevölkerung insgesamt und die stetige Zunahme der Arbeitsplätze in den Fabriken bedingten ein explosionsartiges Anwachsen urbaner Agglomerationen. Der Prozess der Verstädterung und Urbanisierung der Gesellschaft nahm mit der Moderne seinen Lauf und mit ihm jener Modus, der als verstädterte Lebensweise von Georg Simmel so trefflich beschrieben wurde: »Die Pünktlichkeit, Berechenbarkeit, Exaktheit, die die Komplikationen und Ausgedehntheiten des großstädtischen Lebens ihm [dem Großstädter] aufzwingen, steht nicht nur in engstem Zusammenhange mit ihrem geldwirtschaftlichen und ihrem intellektualistischen Charakter, sondern muß auch die Inhalte des Lebens färben und den Ausschluß jener irrationalen, instinktiven, souveränen Wesenszüge und Impulse begünstigen, die von sich aus die Lebensform bestimmen wollen, statt sie als eine allgemeine, schematisch präzisierte von außen zu empfangen« (Simmel 1984/1903, S. 195). Die städtische Lebensweise, welche zunehmend nicht nur für den Städter und die Städterin gilt, sondern zum Vorbild der Lebensführung allgemein wird, ist von Anonymisierung und Rationalisierung, aber auch von Bürokratisierung, Demokratisierung und Technisierung (Hard 1994; Schott 2006) geprägt. Die Unterscheidung zwischen Verstädterung und Urbanisierung trägt der Ausweitung des rationalen Lebensstils Rechnung. Während der Begriff der Verstädterung den quantitativen Aspekt der Massenzuwanderung bezeichnet, wird Urbanisierung begrifflich davon abgegrenzt – bleibt aber inhaltlich auf Verstädterung bezogen – und meint die Verbreitung der Lebensweise, die sich in den Städten ausgebildet hat, zur gesamtgesellschaftlich dominierenden Form.

Von der Verbreitung dieser europäischen »Erfindungen« gehen Homogenisierungstendenzen aus (vergleiche Berger 2006). Die Gleichsetzung von Moderne und Homogenisierung verfängt sich jedoch im Selbstentwurf. Obwohl die Moderne immer als Prozess ausweitender Homogenisierung entworfen wurde (dazu auch Kocka 2006, S. 64), war der Erfolg dieses Projektes im Weltmaßstab mehr als zweifelhaft. Shmuel N. Eisenstadt betont, dass »diese Zivilisation, mit ihrem spezifischen kulturellen Programm und seinen institutionellen Auswirkungen sich ständig verändernde kulturelle und institutionelle Muster hervorgebracht hat, die unterschiedliche Reaktionen auf die Herausforderungen und Möglichkeiten, die in den Kernmerkmalen moderner zivilisatorischer Prämissen enthalten sind, darstellen. Mit anderen Worten, die Expansion der Moderne brachte keine uniforme und homogene Zivilisation hervor, sondern, in der Tat, multiple Modernen« (Eisenstadt 2006, S. 37).

Eine Vielfalt von Modernen gleichzeitig zu konstatieren verweist darauf, dass Städte – wie sehr sich ihre Innenstädte auch ähneln, wie vergleichbar die Legitimationen der Wettbewerbspolitik auch sein mögen und wie austauschbar das Stadtbild auf Postkarten auch schimmern mag – als sich wandelnde kulturelle Formationen zu betrachten sind, deren institutionelle Übereinstimmung mit anderen städtischen Verdichtungen empirisch ermittelt werden muss und nicht als Resultat eines als Globalisierung kategorisierten Prozesses behandelt werden darf. Wenn Globalisierung den Grad an Vernetzung beschreibt, dann sind Homogenisierung und Heterogenisierung sich überlagernde und wechselseitig bedingende Dynamiken.

Homogenisierung bezeichnet den Prozess der Angleichung von Städten und damit die Nivellierung stadtkultureller Differenzen. Homogenisierung ist in der Moderne konzeptionell angelegt, aber nie durchgreifend verwirklicht worden. Heterogenisierung benennt den Prozess des Unterscheidens und damit die Hervorbringung neuer stadtkultureller Differenzierungen. Heterogenisierung ist als Reaktion auf ökonomische Globalisierung im Modus der Konkurrenz eine etablierte Praxis, wird jedoch nie nur als Abgrenzung, sondern auch als Bündnispolitik gelebt. Reine Homogenisierung würde bedeuten, dass alle Städte zumindest gleicher Größenordnung oder vergleichbarer wirtschaftlicher Bedeutung von dem Prozess der Angleichung betroffen sind und dass »das heimische Kulturelement vollständig durch das übermächtige fremde beseitigt worden ist« (Schimank 2004, S. 61). Reine Heterogenisierung implizierte, dass »heimische und fremde Kulturelemente auf Dauer beziehungslos nebeneinander stehen« (ebd.). In einer vernetzten Welt der Allianzen zwischen Städten, der Politiken gegenseitiger Bezugnahme (zum Beispiel Städtepartnerschaften) oder Ähnlichkeitsbehauptungen (Städterankings), der ökonomischen und/oder technologischen Verbindungen und historischen Schicksalsgemeinschaften ist Letzteres undenkbar. Gerade unter dem Stichwort des Postkolonialismus (King 1990; Jacobs 1996; Riemenschneider 2004) wird heute hervorgehoben, dass gegenseitige Abhängigkeitsbeziehungen auch zwischen geografisch weit entfernten Städten entstehen. Die Zeit des Kolonialismus hat nicht nur die »Städte in der Welt«, sondern auch die »Städte zu Hause« verändert. Die Entwicklung Londons oder Manchesters kann überhaupt nicht verstanden werden, so Anthony King (1990), wenn man nicht gleichzeitig den Einfluss von Indien, Afrika und Lateinamerika berücksichtigt. Angefangen von den Großmachtphantasien, die durch die Eroberungen ausgelöst wurden und die die Kleinteiligkeit des eigenen Landes provinziell erscheinen ließen, bis hin zur Kultur des Teetrinkens, die mit England untrennbar verbunden scheint, obwohl in Großbritannien kein Tee wächst, verändert sich der Eroberer mit der Eroberung. Aber gerade weil Prozesse dieser Art sich nicht in machtleeren Räumen vollziehen, ist es der unwahrscheinlichste aller Fälle, dass alle Städte gleichermaßen von Angleichung betroffen sind. Werden sich einige Städte ähnlicher, so ist es sehr wahrscheinlich, dass sie im Verlauf dieses Prozesses anderen Städten unähnlicher werden. Heterogenisierung und Homogenisierung sind demnach kulturelle Wirkungen, die *unter anderem* auf Globalisierungsdiagnosen und -diskurse folgen können.

Das Verhältnis von Homogenisierung und Heterogenisierung bleibt zu erforschen. Häufig wird angenommen, dass es sich hierbei um eine Entweder-oder-Beziehung handelt, doch die Kategorien Homogenisierung und Heterogenisierung liegen nicht zwingend auf derselben Ebene. Anders ausgedrückt: Prozesse der Homogenisierung und der Heterogenisierung können sich im konkreten Fall asymmetrisch zueinander verhalten. »Mehr« Homogenisierung reduziert dann die einen und provoziert andere Heterogenisierungen. Homogenisierung und Heterogenisierung können sich wechselseitig steigern. »Mehr« Homogenisierung ruft »mehr« Heterogenisierung hervor. Wenn Homogenisierung und Heterogenisierung Wirkungen sind, dann sind sie weder in strikter Opposition zueinander zu betrachten noch als Gegensatz auf einer Achse mit wechselseitiger Ausschlusswirkung zu imaginieren (nach dem Muster: »mehr« Homogenität gleich »weniger« Heterogenität). Zu fragen ist nach auf verschiedenen Niveaus determinierten Wirkungskomplexen und nach den prozessualen Modi, also dem »Wie« von Wechselwirkungen sowohl der Vermischung, Angleichung, Vereinheitlichung des Verschiedenen (»Homogenisierung«) als auch der Entmischung oder (Neu-) Entstehung von Verschiedenheiten

(»Heterogenisierung«). Homogenisierung und Heterogenisierung sind keine Kausalrelationen. Wenn Homogenisierung und Heterogenisierung Wirkungen sind, so heißt das nicht, dass sie aus der puren Anwesenheit etwa bestimmter (gleicher bzw. ungleicher) Gegebenheiten folgen; vielmehr sind sie als *kulturelle* Wirkungen aus den alltäglichen Deutungen und Praktiken abzuleiten.

Heterogenisierung wird häufig mit Fragmentierung gleichgesetzt. »Globalisierung und Lokalisierung, Homogenisierung und Fragmentierung« schreibt zum Beispiel David Morley (1997, S. 8), und auch Peter Hall redet von »Homogenisierung und Fragmentierung« (Hall 1999, S. 445; siehe auch Lefèbvre 1991, S. 342; Stehr 2000, S. 199, und viele andere). Es wird unterstellt, dass mit dem Prozess der Ausdifferenzierung, aufgefasst als Fragmentierung, soziale Kohäsion verschwindet. Ein solches Gedankenspiel passt besonders gut zur Globalisierungsdiagnose. Die Resultate von weltweiten Beziehungsnetzen scheinen dann zugleich hegemoniale Homogenisierung und das Auseinanderbrechen von vormals »Heilem« zu sein (vergleiche auch Löw 2001a, S. 109 ff.). Beides ist ideologisch, wenn es nicht am empirischen Einzelfall geprüft wurde. Es wiederholt die Homogenitätserzählung der westlichen Moderne auf zwei verschiedene Weisen: als kulturkritische Selbstanklage und als Idealisierung des »Einen«, das in Fragmente zu zerfallen droht.

3. Global – Lokal

Eine Soziologie der Städte zieht – so zeigt die kritische Prüfung – ihre Legitimation nicht linear aus der Globalisierung, aber sie benötigt die Kategorien »global« und »lokal« als analytischen Zugriff. Typischerweise wird in

Globalisierungstheorien »Gesellschaft« mit der nationalen und »Welt« mit der globalen Maßeinheit in einer Weise verschweißt, in der nicht nur die Zwischenformen, sondern der relationale Beziehungsrahmen insgesamt aus dem Blick geraten. Seit den 1980er Jahren gewinnt in der Geografie, später in den Politikwissenschaften und schließlich auch in der Stadt- und Raumsoziologie *scale* (im Sinne von Maßstab) als Basiskategorie wissenschaftlichen Arbeitens an Bedeutung und an Streitwert. Den Anfang setzt Peter Taylor mit der Argumentation, dass Immanuel Wallerstein (zum Beispiel in Wallerstein 1974) in der *world system theory* eine Globalisierung des Kapitalismus als territorial geweitete Fortsetzung der nationalen Logik begreife und somit die Unterscheidung von städtisch/national/global nur horizontal einsetze, wohingegen der Erkenntnisgewinn einer Skalierung des wissenschaftlichen Gegenstandes an Bedeutung gewinne, wenn man sie gleichzeitig als (vertikale) hierarchische Dimensionierung sozialer Phänomene betrachte. Für Taylor ist die Stadt der Bereich der alltäglichen Erfahrung, der Nationalstaat die Mesoebene der (ideologisch stark aufgeladenen) Realitätsstrukturierung und das Globale die »Skala der Realität«, welche als einzige Dimension strukturierend wirksam wird (Taylor 1982, S. 26 ff.). Phänomene der sozialen Ungleichheit – so die Argumentation – werden in den Städten erfahrbar, über den Nationalstaat (immer noch) ideologisch vorstrukturiert, aber durch die Dominanz einer Weltökonomie signifikant beeinflusst.

Das Nachdenken über die sozialwissenschaftliche Bedeutung von *scale* verbindet von Anbeginn an zwei verschiedene Aspekte: Zeitdiagnose und Methodologie. Die gestiegene Aufmerksamkeit für Skalierungsprozesse erklärt sich erstens aus der Beobachtung, dass Restrukturierungsprozesse des modernen Kapitalismus neue räumliche

Formate produzieren, die soziale Ungleichheit verstärken. Die gesellschaftspolitische Aussage zahlreicher Texte zum Themenfeld *scale* besteht darin, dass soziale Verhältnisse dergestalt gegliedert sind, dass sie »in ein hierarchisches Gerüst territorialer Einheiten eingebettet sind, die sich von der globalen über die supranationale und nationale bis hinunter zur regionalen, städtischen, lokalen und schließlich körperlichen Dimension erstrecken. Diese und andere geografische Dimensionen sind soziologisch und politisch signifikant, insofern sie gesellschaftliche Schlüsselprozesse – wie Kapitalakkumulation, staatliche Regulierung, Verstädterung und politischen Kampf – kristallisieren und auf bestimmten Ebenen mit einer breiteren, vertikal strukturierten skalaren Dimension interagieren« (Keil/Brenner 2003, S. 256). In Maßstäben von lokal, national und global gedacht, gewinnt die Einsicht an Bedeutung, dass Globalisierung die als Nationalstaat skalierbare Ebene relativiert und stattdessen die sub- und supranationalen Formen territorialer Organisationsform intensiviert (Brenner 1999, S. 52). Diese Veränderung wird von Eric Swyngedouw (1997) als *re-scaling* oder von Neil Smith (1993) als *jumping scales* beschrieben.

Gleichzeitig und zweitens bezeichnet *scale* die Herausforderung, im wissenschaftlichen Arbeiten alle sozialen Phänomene auf verschiedenen skalierbaren Ebenen konzipieren bzw. sich selbst der erhobenen Reichweite versichern zu können (Smith 1992a, b, vergleiche auch Swyngedouw 1992). Smith begreift *scale* als »organizational metric for the production of space« (Smith 2001, S. 155). *Scale* ist dabei mehr als nur der raumtheoretische Begriff für die Wiedereinführung der Unterscheidung zwischen mikro, meso und makro. *Scales* – von den städtischen und regionalen zu den nationalen und globalen – werden nicht als vorgegebene territoriale Einheiten begriffen, sondern als sozial konstruierte und historisch sich verändernde Größen gedacht. In diesem Sinne benennt *scale* Territorialisierung als Herstellungsprozess (Globalisierung, Nationalisierung, Regionalisierung, Urbanisierung). Die Deutungskraft von *scale* lässt sich also nicht aus vorsozial existierenden Raumausschnitten ableiten, sondern ist der begrifflich-konzeptionelle Ausdruck für räumlich-soziale Prozesse der Herausbildung moderner Lebensweisen. Dabei wird *scale* relational begriffen: Jede Dimension (lokal, national, global) zieht ihre Plausibilität gleichfalls aus der Abgrenzung zur je anderen. Insofern kann man auch zusammenfassen, dass *scales* Medien und Voraussetzung aller Interaktionen sind. Hier allerdings schließt sich der Kreis zur gesellschaftsdiagnostischen Dimension von *scale*. Gerade weil diese Raumdimensionen nicht containerförmige Ausschnitte bezeichnen, kann eine Transformation der skalaren Hierarchie (aktuell: Verlust der nationalstaatlichen Bedeutung) angenommen werden.

Es gibt gute Argumente dafür, Städte, nicht erst seit sie als *World Cities* oder *Global Cities* gefasst werden (vergleiche Friedmann 1986; Sassen 1996), als Vergesellschaftungseinheiten quer zu Nationalstaaten zu denken. Da in der vergleichenden Stadtforschung bereits mehrfach der Beweis erbracht wurde, dass Städte jenseits der vereinheitlichenden Logik des Nationalstaates zumindest durch je spezifische Netzwerke von Akteuren und Institutionen eigene Muster politischen Handelns (*urban governance*) etablieren (vergleiche oben, Kapitel 1), kann die Relevanz der Differenz an sich nicht in Frage gestellt werden. Auf der Ebene quantifizierbarer Daten sind Stadtvergleiche durchaus populär. Die wohl berühmteste Analyse hier stammt von Patrick Le Galès, der europäische Städte unter sozialstrukturellen Gesichtspunkten vergleicht und daran deren eigendynamische Entwicklung aufzeigt (Le Galès

2002). Für Le Galès gewinnt die städtische Vergesellschaftung umso stärker an Bedeutung, desto mehr der moderne Nationalstaat daran einbüßt. Auch Peter John und Alistair Cole vergleichen in einem Forschungsprojekt zu Local Policy Networks and Intergovernmental Coordination britische und französische Städte und belegen, dass der »Charakter einer Stadt« (John/Cole 2000, S. 261) prägenden Einfluss auf deren Entwicklungsoptionen hat. Das Ausmaß nationaler Unterschiede zwischen britischen und französischen Städten variiere in Abhängigkeit von den lokalen politischen Akteursnetzwerken, welche wiederum den Charakter einer Stadt formen, so wie die Netzwerke ihrerseits von diesem beeinflusst werden. In der Konsequenz können sie zeigen, dass Institutionen und Politikformen mit Stadtkulturen eine enge Verbindung eingehen. Quer zu den Differenzen zwischen Nationalstaaten liegen einfluss- und variantenreiche Stadtkulturen als konstituierende Faktoren für ökonomischen Erfolg bzw. Misserfolg.

Während die lokale Politikforschung Geltung und Wirkung formaler Regelsysteme und Organisationsfelder unter Aspekten der Regierbarkeit und der Mitbestimmung in Städten erkundet und deshalb städtevergleichend arbeitet (siehe Heinelt/Kübler 2005), untersucht Gerd Held in historischer Linie die Herausbildung unterschiedlicher Raumlogiken. Er argumentiert im Anschluss an die Beobachtung Fernand Braudels, dass Stadt und Territorialstaat in der frühen Moderne konkurrierende Organisationsformen räumlicher Einheiten darstellen, und entwickelt die These von der Komplementarität von Großstadt und Territorialform (Letztere gewinnt heute als Nationalstaat Fassung) als räumliches Anordnungsmuster der Moderne. Nicht die Differenzierung in Stadt und Land, sondern die Unterscheidung zwischen räumlicher Einschlusslogik, verstanden als strukturelle Offenheit der modernen Großstadt, und räumlicher Ausschlusslogik als geschlossener Behälterkonstruktion des modernen Nationalstaates liegt, so Held, den Konstruktionen der sich entwickelnden modernen Gesellschaft zugrunde. So gewendet hat die Moderne mit zwei Vergesellschaftungsformen, Territorium/Ausschluss und Stadt/Einschluss, räumliche Differenzierung systematisch verankert. Die moderne Stadt bildet das notwendige Pendant zum Nationalstaat und stellt eine eigene Form der Vergesellschaftung dar, die es genauer zu verstehen gilt und deren Prinzipien nach unterschiedlichen städtischen Kulturen und Organisationsformen aufzuschlüsseln sind. Nimmt man die Stadt als lokale Dimension mit eigener Vergesellschaftungsqualität (Held 2005) bzw. als lokale politische Ebene (vergleiche Taylor u. a. 1996, siehe auch oben, Kapitel 1) ernst, so steht die Soziologie vor der Herausforderung, sowohl die Differenzen zwischen Städten (und damit »Familienähnlichkeiten« von Städten jenseits nationalstaatlicher Grenzen) denken zu können als auch soziale Phänomene nicht nur im globalen und nationalen Raum, sondern ebenso im städtischen Raum begrifflich zu erfassen.

Die Kategorie »Ort« ist somit für eine Soziologie der Städte grundlegend. Orte sind durch Erlebnis- und Handlungsqualitäten bestimmt (Löw 2001a; Rehberg 2006, S. 46). Deutungsmuster, Praktiken und Machtfigurationen besitzen je nach Ort unterschiedliche Plausibilität. Orte entwickeln als sozial konstruierte, sich verändernde sozialräumliche Phänomene Eigenlogiken, welche sich auf die Erfahrungsmuster derer, die in ihnen leben, auswirken und deshalb für das Verständnis von Gesellschaft konstitutiv sind. Zusammenfassend kann man feststellen, dass die Dimension des Lokalen insbesondere auch durch die Interventionen sozialgeografischer Arbeiten einen systematischen Ort in der sozialwissenschaftlichen Theoriebildung gefunden hat. Die Idee, in *scales* zu denken, ermöglicht es, das Lokale als Bezugssystem neben dem Nationalen und dem Globalen zu fassen (oder feinere Skalierungen wie das Regionale oder das Körperliche ergänzend einzuführen). Dies hat zur Folge, dass das Lokale in der sozialwissenschaftlichen Theoriebildung eine Maßeinheit zur Analyse des Denkens und Handeln ist, aber auch in seiner räumlichen Ausprägung als spezifizierbarer Ort gedacht wird. Dieser Ort ist jedoch nie »rein« lokal. Vielmehr ist es die Art des Zusammentreffens von Lokalem und Globalen, die Orte so einzigartig und distinkt werden lässt.

Die Einsicht in die Konstitutionskraft des Lokalen kann für die Stadtsoziologie nicht folgenlos bleiben. Wann immer das Augenmerk auf lokale Vergesellschaftungsformen gelegt wurde, schimmerte darüber hinaus eine Idee von der Stadt im Plural auf. So resümiert zum Beispiel Ulfert Herlyn mit Bezugnahme auf die von Bernd Hamm entwickelte Siedlungssoziologie: »Hier ist ein Ansatz gegeben, soziologisch die Besonderheit differenter Siedlungsgebilde herauszuarbeiten, statt sie, wie das leider nur zu häufig geschieht, zu verwischen« (Herlyn 1989, S. 388). Auch Thomas Krämer-Badoni merkt an, dass »die Frage nach einem Stadtbegriff nicht dadurch gelöst [ist], daß man sie einfach umgeht. Die Existenz von Städten, das Wissen um ihre unterschiedliche Dynamik und Bedeutung scheint es mir durchaus erforderlich zu machen, sich mit ihnen auch in theoretischer Perspektive als Voraussetzung der empirischen Absicht zu beschäftigen« (Krämer-Badoni 1991, S. 3). Leider hat es nie dazu geführt, dass das methodische Instrumentarium des Städtevergleichs im Kontext qualitativ charakterisierender Forschung ausgebaut wurde.

Noch einmal: In *scales* zu denken ermöglicht es, das Lokale und das Globale als Bezugssystem neben dem nationalen Raum zu fassen und Hypothesen über deren Verhältnis zu entwickeln. Überbetont man die globale Dimension durch das einseitige Denken in Richtung Weltgesellschaft, dann verschwände die Stadt als Vergesellschaftungseinheit aus dem Erkenntnisfeld. Jener tiefgreifende Wandel im Verhältnis von Raum, Zeit und Gesellschaft, wie er in David Harveys Diagnose einer »Raum-Zeit-Kompression« anklingt (Harvey 1989) und in der Kritik an einem methodischen Nationalismus weiterverarbeitet wird, wird allzu oft nur als »Raum der Ströme« (Castells 2001) imaginiert, der den Raum der Orte entweder altbacken oder widerständig erscheinen lässt (siehe kritisch Berking 1998).

Wie Peter Noller richtig feststellt, repräsentiert Globalisierung jedoch auch einen Wandel von Konzeptionen und Modellen, die helfen sollen, die Welt zu verstehen: »Was sich seit den 70er Jahren empirisch als Globalisierung ankündigt, geht mit einem epistemologischen Übergang von einem traditionalen, erdräumlich begrenzten zu einem posttraditionalen offenen und pluralen Verständnis des sozialen Raumes einher« (Noller 2000, S. 21). Das Denken in räumlichen Relationen sowie in sozial konstruierten, nicht substantialisierten Orten und Räumen setzt globale Vernetzung und lokale Praxis gleichermaßen auf die Agenda der Forschung. Gemeinsam ist allen Autoren, dass sie unter *scales* weder fixierte, containerähnliche Größen noch Produkte politisch-ökonomischer Prozesse verstehen, sondern Medien und Voraussetzungen von Interaktionen. Es wäre kein analytischer Gewinn, wie Helmuth Berking (1998; 2006, S. 12 ff.) darlegt, das Lokale ausschließlich für territoriale Formen der Vergesellschaftung zu reservieren, wohingegen das Globale ausschließlich als mobiler, deterritorialisierter *space of flows* konzeptualisiert wird. Gegen diesen Kurzschluss, sozialräumliche Maßeinheiten auf Organisationsformen zu übertragen, schlägt Berking vor, Globalisierung und Lokalisierung als zwei Seiten derselben Medaille zu begreifen: »Auf der einen Seite finden sich globale Strategien der Konstruktion lokaler Kulturen. Das *Micromarketing* der Werbeindustrie nach dem Motto ›diversity sells‹ gehört hierher, aber auch der globale Diskurs über die Menschenrechte oder die Kampagnen der Weltgesundheitsorganisation, indigene Medizin und Heilverfahren zu fördern. Auf der anderen Seite finden sich die lokale Produktion global zirkulierender Artefakte, die globale Durchsetzung des europäischen Territorialprinzips, die Universalisierung der Standards marktrationalen Verhaltens und der Organisationsmuster formaler Rationalität; und dann die schon berüchtigten Vertreter: CNN, McDonald's, Hollywood« (Berking 2006, S. 13 f.; Hervorhebung im Original). Wie Berking argumentiert auch Doreen Massey für ein Denken in Wechselwirkungen: »Wenn Raum relational konzeptualisiert wird, dann sind Lokalitäten partikulare Momente innerhalb dieser weit reichenden Geometrie der Macht (*power-geometry*). Wenn wir das so oft zitierte Mantra ernst nehmen, dass sich das Lokale und das Globale ›gegenseitig konstituieren‹, dann sind lokale Orte nicht einfach ›Opfer‹ und nicht einmal nur die Produkte des Globalen. Im Gegenteil: Sie sind auch die Momente, durch die das Globale konstituiert wird, das heißt, es gibt nicht nur globale Konstruktionen des ›Lokalen‹, sondern auch lokale Konstruktionen des ›Globalen‹« (Massey 2006, S. 29).

Eric Swyngedouws berühmte hybride Begriffsbildung von der Glokalisation (Swyngedouws 1992) versucht, diese Dialektik von Lokalem und Globalem einzufangen. Er insistiert darauf, dass Globalisierung und Lokalisierung parallel und simultan verlaufende Prozesse sind. Dass kein Ort »rein« lokal sein kann, so wie der Staat nie nur national und der Globus nie nur global ist, zeigt, dass das Denken in *scales* relationale Räume erfasst, die sich überschneiden, überlagern und gegenseitig erschaffen. Akzeptiert man die Prämisse, dass das Lokale zumeist als »Stadt« relevant wird (Marcuse 2006, S. 201), dann liegt es nahe, im Weiteren Städte nun ernsthaft als Gegenstand sozialwissenschaftlicher Forschung zu begreifen, weil sie Orte sind, an denen die Welt in spezifischer Form Bedeutung erlangt, und zudem Orte sind, die, um als unterscheidbar (und damit überhaupt erst als Ort) wahrgenommen zu werden, als einzigartig erfahren werden müssen. Den Strukturen der Städte größere wissenschaftliche Aufmerksamkeit zu schenken bestreitet nicht den Erkenntnisgewinn national wie global konzipierter Studien, beharrt jedoch auf der Einsicht, dass soziale Phänomene nicht jenseits lokaler Kontexte existieren. Man kann alles über Einkommensverteilungen wissen und weiß doch nichts über Armut, wenn man nicht die Qualität der Erfahrung und Deutung von Armut kennt. Nur einer Soziologie, welche nicht länger nationale und zukünftig auch globale Messverfahren gegenüber systematischen Lokalstudien (in einer urbanisierten Welt heißt das: Städtestudien) privilegiert, gelingt es, die verschiedenen Dimensionen sozialer Wirklichkeit zueinander in Beziehung zu setzen.

Zusammenfassend bedeutet das: In dieser Gemengelage, in der der Ort erstens als das Eigene in einer homogenisierend wirkenden oder auch nur als solche wahrgenommenen Weltlage stilisiert wird, zweitens aber Städte unter harten Konkurrenzbedingungen gefordert sind, das Eigene erfolgreich zu präsentieren, scheint die Notwendigkeit, die Eigenlogik von Städten analysieren zu müssen, evident. Die Analyse zeigt jedoch, dass vorschnelle Analogiebildungen nicht greifen: Globalisierung führt nicht einfach zur Homogenisierung, Stadtinszenierung ist nicht mit Heterogenisierung gleichzusetzen, was im nachfolgenden vierten Kapitel ausgiebig zu begründen sein wird. Städte sind nicht nur lokale Einheiten, sondern entwickeln sich in globalen, nationalen und lokalen Bezügen. Anders als zunächst zu vermuten war, entfalten Studien städtischer Eigenlogik ihren Sinn darin, die Praxis der Globalisierung sowie die differenten Bezüge von Städten auf verschiedenen Maßstabsebenen zu verstehen. Nicht die Stadt ist vor der Globalisierung zu retten, sondern die gestiegene weltweite Vernetzung und Abhängigkeit mit ihren homogenisierenden und heterogenisierenden Wirkungen kann in den Städten der Welt vergleichend analysiert werden. Mittels der Offenlegung der Strukturlogik einer Stadt bzw. mehrerer Städte eines Typus und dem Nachweis der Reproduktionsgesetzlichkeit dieser Strukturen können Strategien entwickelt werden, die Potenziale von Städten zu stärken und neue Handlungsoptionen aufzuzeigen. Wenn jene Städte, die sich in einer prekären sozialen Position befinden, dieses Mittel wählen, kann das Wissen dazu beitragen, soziale Ungleichheit zu mildern.

IV.
Stadtbilder

»moderne Architektur werde von einer tonangebenden Mehrheit als kalt empfunden
die Kernfamilie werde von einer ehemals schweigenden, jetzt wieder tonangebenden Mehrheit zunehmend als letzter Hort der Wärme beschrieben«

Andreas Neumeister, *Könnte Köln sein. Städte. Baustellen*

Im vorangegangenen Kapitel sollte deutlich geworden sein, dass im Deutungsraster von Homogenisierung und Heterogenisierung, von Lokalität und Globalität oder gar von Globalisierung die Frage nach dem Eigenlogischen von Städten nicht beantwortet werden kann, sondern dass umgekehrt das Projekt der Soziologie der Städte in diesem Kontext Fragehorizonte findet. Wie wird *scale* zum Konstruktionsprinzip der eigenlogischen »Grammatik« einer Stadt? Oder auch: Wie verschränken sich Homogenisierung und Heterogenisierung als Bedingung und Resultat von Stadtentwicklungspolitik?

Wie in der Einleitung dargestellt, gibt es eine starke und durch planungspolitische Praxis gestützte Vorannahme, dass der »Charakter« einer Stadt auf einem einzigartigen Stadtbild gründet, in jener »Begabung, ein unverwechselbares Bild zu sein«, von der die Stadtbaurätin Sigurd Trommer (2006, S. 46) spricht und die sich in zahlreichen Bürgerdebatten niederschlägt (vergleiche auch König 1959, 1965; Müller/Dröge 2005; Noell 2008). Bildpolitik wird heute in der Tat als zentrales Instrument betrachtet, wenn weltweit gestiegene Vernetzung und Abhängigkeit zu starkem Konkurrenzdruck unter den Städten führen (Donald/Gammack 2007, S. 45 ff., oder Gilmore/Dumont 2003).

Bilder sind auch eine wesentliche Facette, in der City-Brandings sich verdichtet ausdrücken und kommuniziert werden. Alle drei Aspekte, die verbreitete Annahme über das Bild als Charakterdarstellung, die Bildpolitik als Strategie im Konkurrenzkampf der Städte und die Bedeutung von Bildern für Brandingprozesse, legen es nahe, Bilder in ihrer städtisch-eigenlogischen Wirkungsmacht genauer unter die Lupe zu nehmen.

In der Stadtforschung, und ich meine an dieser Stelle den interdisziplinären Verbund all jener Disziplinen, die Stadt zu ihrem Gegenstand machen, existiert das Stadtbild als Forschungsgegenstand in drei verschiedenen Aggregatzuständen: als medial zirkulierendes grafisches Bild, gemalt, gezeichnet oder fotografiert (siehe zum Beispiel Scheurmann 2008; Weddigen 2008), als (in Europa um die Altstadt kreisender) gebauter Stadtraum (Durth 1988/1977; Rodenstein 2005; Wohlleben 2008) und als kognitive Karte bzw. Vorstellung (Lynch 1989/1965; Meier 2008). Zu fragen ist daher, welchen Stellenwert Stadtbilder für das Spezifische einer Stadt haben, wie und ob sie an städtische Eigenlogik gebunden sind und welche Homogenisierungs- und Heterogenisierungsbewegungen in ihnen stecken. Dies setzt im ersten Schritt jedoch eine Antwort auf die Frage voraus, ob derart Unterschiedliches wie der Dresdener Neumarkt, eine Vedute von Canaletto und eine Postkarte gleichermaßen als Stadtbild gelten.

1. Was ist ein Stadtbild?

Lambert Wiesing definiert in einer phänomenologischen Annäherung an Bildlichkeit zwei Verwendungsweisen von Bildern, denen gemeinsam ist, dass das Bild als Zeichen verwendet wird. »Zum einen dient das Bild als Zeichen für Gegenstände und zum anderen als Zeichen für Sichtweisen [...]. Es dürfte kein Zweifel daran bestehen, daß der jeweiligen Verwendungsweise jeweils andere Bildtypen entgegenkommen. Eine Nachrichtensendung oder eine bebilderte Gebrauchsanweisung schaut man sich gewöhnlich nicht aus Stilgründen an, sondern um sich über bestimmte gegenständliche Sachverhalte zu informieren. Eine Ausstellung von Cézanne wird hingegen kaum besucht, um sich über Äpfel oder sonstiges Obst zu informieren, sondern um ›Ordnungen des Sichtbaren‹ zu sehen« (Wiesing 2000, S. 21; vergleiche auch Waldenfels 1994). Das bedeutet, Bilder sind Zeichen für Dinge, die nicht anwesend sind. Schaut man auf ein Bild, so sieht man einen oder mehrere dargestellte Gegenstände, also imaginäre Bildobjekte. Etwas bildlich zu präsentieren heißt, etwas artifiziell zu präsentieren (Wiesing 2005, S. 36). Mit dem Bild wird etwas anderes sichtbar gemacht, das heißt, Bilder konstruieren Wirklichkeit. Sie offerieren Deutungen.

Obwohl es deutliche Parallelen zwischen der mentalen Aktivität, sich ein Bild zu machen, und der technisch-künstlerischen Produktion des physischen Bildes gibt, insofern keine Betrachtung eines physischen Bildes ohne Erinnerung und Vorstellung möglich ist (Belting 2001, S. 213), so gelingt es doch im Alltag zumeist recht reibungslos, zwischen Fantasie und Bildbewusstsein (Husserl 1980/1904/05) zu unterscheiden. Phänomenologisch können mit Bezug auf Wiesing Bilder als Dinge definiert werden, »bei denen sich die Sichtbarkeit verselbständigt. Bilder zeigen etwas, was sie selbst nicht sind – im Gegensatz zu einer Imitation, die etwas nachahmt und dieses Nachgeahmte auch sein will« (Wiesing 1998, 98). Diese Definition von Bild als Sichtbarmachung gilt für die Postkarte mit Stadtmotiv ebenso wie eine Vedute. Beide präsentieren und deuten die Stadt bildhaft.

1. Was ist ein Stadtbild?

Die Fantasie und damit auch das so genannte mentale Bild sind – folgt man Wiesing – nicht korrekt über den Bildbegriff erfasst, weil dieser an die Sichtbarkeit gebunden ist. Dagegen scheint zu sprechen, dass seit Kevin Lynch und seinem 1965 in den USA unter dem Titel *The image of the city* erschienenen Buch die Berücksichtigung der Wahrnehmungsperspektive in der Planungspraxis State of the Art ist. Lynch kann in seiner Wirkungsgeschichte kaum unterschätzt werden. Beeinflusst durch John Deweys Betonung der Bedeutung von Erfahrung und durch die Gestalttheorie György Kepes' (vergleiche dazu ausführlich Lynch 1984; Wagner 2006) nimmt Lynch an, dass Orientierung wie auch Wohlbefinden in der Stadt an die Möglichkeit geknüpft sind, sich ein möglichst klares »Bild« von der Stadt machen zu können. In einer kleinen empirischen Untersuchung stellt er 30 Personen in Los Angeles und jeweils 15 in Boston und Jersey City, vornehmlich aus der Mittelschicht, zwei Aufgaben: Sie sollen aus der Erinnerung eine Karte eines Stadtteils zeichnen und einen Weg durch die Stadt beschreiben. Darüber hinaus führen »ausgebildete Beobachter« (Lynch 1989/1965, S. 26), das heißt Mitarbeiter, die von Lynch über die Bedeutung von Wegen, Grenzziehungen, Bereichen, Brennpunkten und Wahrzeichen geschult wurden, systematische Erkundungen der Städte zu Fuß durch.

Letztlich geht, so betont Kirsten Wagner, Kevin Lynch von der Annahme aus, dass erstens eine prägnante Form eine gute Orientierung ermögliche und dass zweitens Prägnanz dort gelinge, wo sie »größtmögliche Ordnung, Geschlossenheit, Eindeutigkeit, Klarheit« (Wagner 2006, S. 7) aufweise. In einer solchen Perspektive erscheint die Stadt für Lynch, wie zuvor für Lewis Mumford (Mumford 1979/1961), als etwas weitgehend Gestaltloses bzw. als planerisch unbedingt eindeutig zu Gestaltendes (vergleiche Lynch 1989/1965, S. 133 ff.). Dementsprechend fallen auch seine Bewertungen der Städte Boston, Jersey City und Los Angeles auf der Basis der »langen Unterredungen« (ebd., S. 26) mit einigen Bewohnern aus. Boston mit »seiner etwas europäisch anmutenden Atmosphäre« (ebd., S. 27), das heißt mit historischem Stadtkern, strukturprägendem Flusslauf und hügeliger Topografie, wird als prägnant beschrieben, das multizentrale New Jersey als formlos, ja dessen »räumliche Unordnung [wirke] verwirrend und beängstigend« (ebd., S. 38), und Los Angeles schließlich scheint »längst nicht so chaotisch wie [...] Jersey City«, weil es »eine ansehnliche Anzahl einzelner charakteristischer Bauten aufweist, die als Wahrzeichen dienen« (ebd., S. 56), könne jedoch nicht als Ganzes aufgrund seiner Größe erfasst werden. Im Kern, darauf weist auch Kirsten Wagner hin, ist die Argumentation von Lynch konservativ gebaut (siehe Wagner 2006, S. 1). Begeistert verallgemeinert der amerikanische Stadtplaner Lynch nach einer Reise das »visuell hochgradig befriedigende Stadtbild« von Florenz als Ideal (Lynch 1989/1965, S. 112). In der Logik der einheitlichen Gestaltwahrnehmung könnten nur kleine Städte ein humanes und orientierungsstarkes Umfeld bieten. Widersprüchliches, Heterogenität und Dichte werden tendenziell als Formschwäche wahrgenommen. Lynch selbst bezeichnet es im Rückblick als »Ironie«, dass seine Studie, die politische Wirkung entfalten sollte, vor allem die Forschung beeinflusst hätte, obwohl er selbst um die methodischen Schwächen weiß (in Lynch 1984, S. 161). Mit anderen Worten: Das Buch ist ein Plädoyer für die Planbarkeit der Städte und eine Kritik am modernen Städtebau. Mit Bildtheorie jedoch hat es relativ wenig zu tun. Schon der deutsche Titel (*Das Bild der Stadt*) ist verwirrend, weil das englische Wort *image* eine deutlich offenere Kategorie ist und etwa auch den Ruf einer Stadt

1. Was ist ein Stadtbild?

mit erfasst. Wichtiger ist, dass Lynch sich für die Stadt in ihrer baulichen Form interessiert, wie sie sich aus der Anordnung visuell erfassbarer Zeichen ergibt. Gestaltpsychologisch geschult nimmt er an, dass dieser Anordnung im optimalen Fall eine mentale Repräsentation entspricht. Für die Stadt als mentales Bild braucht es Lynch zufolge zwei Bewegungen: erstens eine klare, visuell erfassbare Zeichenstruktur und zweitens eine Sehkompetenz dieser Zeichenlage: »Daher wird es sehr wichtig sein, dieses Image auch dadurch zu verbessern, daß man den Beschauer dazu erzieht, seine Stadt richtig zu sehen und ihre vielfältigen Erscheinungsformen und deren Verflechtungen zu erkennen« (Lynch 1989/1965, S. 138).

Der wissenschaftlichen Auswertung zugänglich wird immer nur die Erzählung oder das grafische Bild (sei es gezeichnet, wie bei Lynch, oder fotografiert, wie in neueren Verfahren, vergleiche Stoetzer 2006). Da Lynch sich weder mit der Bedeutung noch mit der emotionalen Besetzung der visuell erfahrbaren Gestaltelemente beschäftigt (siehe Gottdiener/Lagopoulos 1986), bleibt der Zusammenhang zwischen Lebensqualität, Orientierungsfähigkeit und Prägnanz der Gestalt weitgehend ungeklärt. Ohne in Frage stellen zu wollen, dass *Cities of the Mind* (so ein Lynch u. a. gewidmeter Titel von Rodwin/Hollister 1984) ein hochrelevantes Forschungsgebiet sind, so greift doch der Rückschluss von den Zeichnungen und Beschreibungen einiger US-Amerikaner der Mittelschicht auf die gesamte Planungspraxis angesichts des kognitionspsychologischen Wissens um die Selektivität und Kulturspezifik von Wahrnehmungsprozessen (vergleiche Luhmann 1998, S. 17) zu kurz.

Orientiert man sich, um Bildqualitäten zu bestimmen und den Forschungsgegenstand »Stadtbild« zu umreißen, an der Sichtbarkeit, dann sind die Aktivitäten des Lesens und Interpretierens von Bildern nicht selbst bildhaft. Vom Stadtbild zu sprechen bedeutet, so mein Vorschlag, mit zwei Bildqualitäten zu operieren: dem grafischen Bild und dem gebauten, visuell erfahrbaren Bild (im Sinne eines institutionalisierten und dadurch sichtbaren Raums), das Lynch zu dieser Streitschrift anregte und das bis heute die Gemüter bewegt. Die mentale Konstruktion nicht als Stadtbild zu bezeichnen bedeutet nicht, die Leistung der Wahrnehmung bei der Erfassung beider Bildformate zu leugnen (dazu ausführlich Kemp 1992, aber auch Didi-Hubermann 1999, vergleiche die nachstehenden Ausführungen zum touristischen Blick). Das Stadtbild allein über die »Ordnung des Sichtbaren« zu bestimmen (also als die grafische Konstruktion einer Stadt im Gemälde, in der Zeichnung, in der Fotografie etc. sowie als zum Bild verdichteter gebauter Raum) soll voreilige Schlussfolgerungen von der Prägnanz des Bildes auf seine Lesbarkeit hin verhindern. Verbleibt das Bild, das für die Analyse von Stadt relevant gemacht wird, als das Sichtbare außerhalb des Körpers, können die vielfältigen Erfahrungen mit dem Bild (der Blick, Geschmackspräferenzen, Gewohnheiten der Interpretation) sogar stärker Gegenstand der Analyse werden, weil das Bild nicht vorschnell einer bereits etablierten Vorstellung zu entsprechen scheint. Man fragt nach Differenzierungen und Erfahrungen, anstatt über die Metapher vom »Bild im Kopf«, das sich angeblich analog zur Erfahrung der Stadt bildet, ungeprüft Gleichsetzungen vorzunehmen.

Nun muss man jedoch einschränken, dass sich auch das Stadtbild, das sich aus der gebauten, räumlichen Anordnung ergibt, keineswegs ohne Zögern dem Wiesing'schen Bildbegriff zuordnen lässt. Die Tatsache, dass im Stadtbild gegenständliche Objekte zu einer Form verschmelzen, deren Sichtbarkeit präsentiert werden soll, erinnert mehr an die Technik der Collage, welche selbst – wie Wiesing

1. Was ist ein Stadtbild?

betont – eine Ausnahme in der Bildgestaltung darstellt: »Normalerweise sieht man auf einem Bild Dinge, die nicht anwesend sind. Bei der Collage ist dieses Prinzip umgekehrt: Auf ihr sollen die anwesenden Dinge, obwohl sie real da sind, nicht als solche sichtbar sein, sondern als künstliche Gebilde, die ausschließlich Formen und Farben sind, was sie als anfassbare Objekte aber nicht sind« (Wiesing 2000, S. 22). Die Collage baut nicht auf Materialität auf, wohl aber auf Sichtbarkeit. In der Collage werden Gegenstände so verarbeitet, als zähle ihre Materialität nicht und als erfolge ihre Anordnung nur zum Zwecke der visuell erfassbaren Figuration. Das Gleiche trifft auf das Stadtbild als gebauten Raum zu, wie ich ausführlich darlegen werde; es funktioniert als Bild wie eine Collage.

Das grafische Bild ist notwendigerweise Vorgänger und somit auch Vorbild der Collage. Der Versuch, Städte bildhaft zu bauen oder bildhafte Motive auszubauen, orientiert sich heute mehr denn je an der grafischen Vorlage. In Bezug auf die Formung des gebauten Stadtbildes stellt sich die Frage, durch welche Bildstrategien sie beeinflusst wird, wie die Anordnung in der Reproduktion durch das grafische Bild wirkt und wie die Reproduktion den Blick schleichend normiert (Urry 2002). Die berühmten gebauten Stadtbilder lassen sich nur von wenigen Stellen am Stadtrand aus erschließen (man denke an den Blick auf Florenz, den Lynch so liebt und der einen Betrachterstandpunkt auf einer bestimmten Seite des Arnos voraussetzt). Erst im perspektivischen Blick wird die Stadt als Bild erfahrbar. Dieser Blick ist selten und bereitet Mühe. Man muss den geeigneten Ort aufsuchen, um den Blickwinkel zu reproduzieren. Das Stadtbild wäre flüchtig, wenn die bildhafte Konstruktion des gebauten Raums nicht in grafischen Bildern festgehalten würde. Um als Anordnung institutionalisiert in Erscheinung zu treten, benötigt der Stadtraum die Vervielfältigung im grafischen Bild. Das grafische Bild ist somit Vorlage und Garant für die Dauerhaftigkeit des gebauten Stadtbildes. Es fällt schwer, weitere Beispiele für ebendiesen Prozess zu finden, dem zufolge die Objektwelt in einer Weise platziert und betrachtet wird, dass sie als Bild wirken möge. Manche Schauspieler verfahren auf diese Art mit ihrem Körper, manche Dekorateure arrangieren Waren in einer Weise im Schaufenster, dass diese im Zusammenspiel wie ein Bild wirken, aber nur das »Stadtbild« hat es – allein schon begrifflich – geschafft, in zwei Formaten Wirklichkeit zu werden: als grafisches und als gebautes Bild.

2. Die Stadt als gebautes Bild

»Seine Traggewölbe waren aus dem siebzehnten Jahrhundert, der Park und der Oberstock trugen das Ansehen des achtzehnten Jahrhunderts, die Fassade war im neunzehnten Jahrhundert erneuert und etwas verdorben worden, das Ganze hatte also einen etwas verwackelten Sinn, so wie übereinander photographierte Bilder; aber es war so, daß man unfehlbar stehen blieb und ›Ah!‹ sagte.«

Robert Musil, *Der Mann ohne Eigenschaften*

Beobachtet man die in vielen Städten leidenschaftlich ausgetragenen Kämpfe um die Formung des Stadtbildes, so drängt sich die Annahme auf, dass im Stadtbild die Auseinandersetzung um das Eigene einer Stadt kulminiert. In Europa und den USA wird seit den 1980er Jahren über Formverluste der Städte anhand von Phänomenen wie Zwischenstädten, *Urban Sprawl* und *Suburbia* diskutiert. Leitbild dieser Debatte ist die europäische Stadt mit ihren klaren Grenzen gegenüber dem Umland, ihrer markanten Stadtphysiognomie und ihrem am Marktplatz orientierten öffentlichen Raum. Im Zentrum der Krisenwahrnehmung steht der Verlust eines klar erkennbaren, ästhetisch wertvollen Stadtbildes, das unhinterfragt als Voraussetzung für ein funktionierendes Stadtleben gilt und zum Kampfplatz für politische, wirtschaftliche und soziale Interessen gerinnt (vergleiche Lampugnani/Noell 2005; Klein/Sigel 2006). In Deutschland erhält kaum ein Themenfeld gegenwärtig so viel öffentliche Aufmerksamkeit wie die Gestaltung der Städte. »Längst«, schreibt Marianne Rodenstein, »rollt eine Welle der Erinnerungspolitik mit der Absicht der Rekonstruktion des jeweiligen Stadtbildes durchs Land« (Rodenstein 2005, S. 32). Die Bürger beteiligen sich massenhaft an Bürgerentscheiden zu Planungsprojekten und organisieren Kampagnen gegen Neubauten. Vehement und mit großer medialer Aufmerksamkeit wird um das neue (alte) Bild des »kaiserlichen Krönungswegs« in Frankfurt am Main, um den Bau von Hochhäusern in Köln oder München, um Brücken und Kirchen in Dresden oder um den Wiederaufbau von Schlössern in Braunschweig und Berlin gestritten. Auseinandersetzungen um das Stadtbild bilden einen Kulminationspunkt zivilgesellschaftlichen Engagements. Marianne Rodenstein spricht deshalb auch von einer Demokratisierung in Form der Mitbestimmung am Stadtbild (ebd.).

Stadtbilddebatten und damit Diskussionen über die Chancen und Risiken moderner Architektur, kritischer Rekonstruktion oder Nachbauten werden in vielen Städten der Welt als Fragen nach dem »Wie« des Zusammenlebens relevant gemacht. Eingelagert in die Problematik der Stadtbilder ist eine für die *bundesrepublikanische Gesellschaft* hochrelevante Auseinandersetzung über die Möglichkeiten der Stadt- und Gesellschaftsentwicklung nach dem NS-Faschismus und der Wiedergutmachung eines erfahrenen DDR-Unrechts, dann eine für *Europa* bedeutsame Frage nach den Besonderheiten der europäischen Stadt und ihrer ambivalenten Rolle in der Welt als ästhetisches Vorbild bei gleichzeitigem Bedeutungsverlust angesichts weltweiter Tendenzen zur Herausbildung von Megacities sowie schließlich eine sich in *internationaler Perspektive* herauskristallisierende Chance, Megacities in Afrika, Asien und Südamerika nicht länger in erster Linie als Problemfälle (Umweltkatastrophen, Unregierbarkeit, Verkehrschaos, Slums etc.) der Stadtentwicklung verhandelt zu sehen, sondern deren ästhetisch-soziale Formung zu positionieren. Während jedoch Strategien der Stadtbildgestaltung in Asien und Afrika keine mit Europa vergleichbare Relevanz erzielen und gleichzeitig (in gewissen Maße auch dementsprechend) nicht so detailliert erforscht sind, lassen sich an vielen Orten Europas geradezu obsessive Besetzungen von bildhaften Strategien feststellen (vergleiche zum Beispiel Bartetzky 2006). Ein Beispiel hierfür lieferte jüngst auch eine deutsche Stadt.

In Frankfurt am Main fiel 2007 die Entscheidung, das Technische Rathaus, einen Bau aus den 1970er Jahren,

Abb. 2: Technisches Rathaus Frankfurt am Main. *Foto: Sebastian Kasten.*

2. Die Stadt als gebautes Bild

wegen technischer, funktionaler und ästhetischer Mängel abzureißen.

Nach langen Debatten fiel die Entscheidung, den Ort durch Rekonstruktionen von im Zweiten Weltkrieg zerstörten Häusern neu zu gestalten. Als Vorlage für die Neubebauung und als Kommunikationsmittel in der öffentlichen Debatte werden alte Fotografien vom Marktplatz herangezogen.

Abb. 3: Der Marktplatz in Frankfurt am Main vor der Zerstörung im Zweiten Weltkrieg. Aus: *Frankfurter Rundschau* vom 22. Mai 2007.

Der Frankfurter Planungsamtsleiter Dieter von Lüpke rechtfertigt die Entscheidung, auf dem Grundstück des abzureißenden Technischen Rathauses am Frankfurter Römer Kopien von Häusern nach alten Postkartenmotiven aufzubauen, mit den Worten: »Die Profilierung des Stadtbildes ist in Frankfurt besonders wichtig« (Göpfert/Michels 2007, S. 24). Ein profiliertes Stadtbild, das in New York mit der Skyline gegeben zu sein scheint, wird in Frankfurt am Main gleich in doppelter Hinsicht angestrebt: in der für Deutschland einzigartigen Hochhausfront sowie in der Produktion eines geschlossenen Altstadtbildes als Neubebauung der nach dem Zweiten Weltkrieg völlig zerstörten Innenstadt (vergleiche grundlegend für den Wiederaufbau Durth/Gutschow 1988 sowie Beyme u. a. 1992). »Berühmt-berüchtigtes Beispiel einer Altstadt-Attrappe ist Frankfurt – eine Stadt, die sich baulich besonders entschieden der Moderne verschrieb und deren Rathausplatz, der Römerberg, in den 1950er und 1980er Jahren rekonstruiert worden ist« (Vinken 2007, S. 4). 2007 fällt die Entscheidung, dass man nicht etwa junge Architekten beauftragt, für die Zukunft zu bauen, sondern – im Namen des Stadtbildes – »Traditionen, die der Bürger in Zeiten der Globalisierung gut gebrauchen kann« (*Frankfurter Rundschau*, 25. August 2007, S. F3), zu inszenieren. Sieben Giebelhäuser der Altstadt will die schwarz-grüne Regierungskoalition rekonstruieren lassen. Mit dem Gegenbild »Globalisierung«, das in diesem Kontext ohne Zögern als »Vereinheitlichung« verstanden wird, kann Tradition als das Charakteristische, Lokale, Besondere identifiziert werden. »In das Viertel soll jemand rein, der was von Frankfurt versteht«, zitiert die *Frankfurter Rundschau* einen Apfelwein-Wirt, und die Journalisten skizzieren die anvisierten Betreiber von Läden im neuen Altbauquartier wie folgt: Einer weist eine »mit den Goethes verschwägerte« Familiengeschichte auf, der Betrieb eines anderen wurde 1732 in der Altstadt gegründet, und der dritte führt in Sachsenhausen bereits ein Traditionslokal.

Dass dieses lokal Besondere des Stadtbildes nicht mit der Eigenlogik einer Stadt gleichgesetzt werden kann, zeigt eine Arbeit von Gerhard Vinken. Er demonstriert anhand der Altstädte von Basel und Köln, dass im 20. Jahrhundert eine Sanierungspraxis ihren Höhepunkt erreicht, welche sich in erster Linie auf bildhafte Ausdrucksformen

2. Die Stadt als gebautes Bild

konzentriert. Unter dem Einfluss der Heimatschutzbewegungen, so Vinken, erweitert sich der Denkmalbegriff um die Vorstellung, dass ein »Stadtbild« zu schützen sei. Er kann nachzeichnen, wie sich Altstadt sukzessive als eine Zone des modernen Städtebaus herausbildet: »Im Herzen der seelenlosen Moderne entwirft die Romantik Altstadt als einen ›eigentümlichen‹ Raum der Seele und der Kunst« (Vinken 2007, S. 8). Vinken spricht deshalb auch von der Altstadt, die sich erst seit den 1970er Jahren im Sprachgebrauch verfestigt und den Beigeschmack von Elend, Dreck, Enge und Verwahrlosung verloren hat, als ein »Nachbild der modernen Stadt« (ebd., S. 10). Obwohl die Denkmalpflege seit Dehio und Riegl (1988/um 1900) auf Substanzschutz, das heißt auf Erhalt der materiellen Qualität, verpflichtet war, ist Denkmalpflege immer auch ein gestaltender und deutender, Bilder erzeugender Prozess (vergleiche auch Sewing 2003; Meier 2004, 2006, S. 169; Vinken 2008). »Ziel der Sanierung ist nicht substantieller Schutz und auch nicht historische Treue – mit den Implikationen des Widersprüchlichen, Zufälligen, Vieldeutigen – sondern die ästhetische Vermittlung ihrer ›Gestalt‹, eines idealisierten und homogenisierten Blicks« (Vinken 2007, S. 114). Das bedeutet konkret: Dächer und Fenster werden vereinheitlicht, die Spuren der Industrialisierung und des Historismus getilgt und Neubauten in unspezifischem Heimatstil platziert. Vinken demonstriert, dass im Namen des Bildes fortan eine heterogene Gebäudesubstanz von unterschiedlichem Alter und damit auch differierendem Einfluss auf Handlungsabläufe der Homogenität, Prägnanz und Eindeutigkeit unterworfen wird. Der »unverwechselbare Charakter« der Baseler Altstadt ist ein Akt der Festlegung auf wiedererkennbare, immer gleiche Zeichen (ausführlich und mit Bildern ebd., S. 141). Dies gilt auch für die Phase des Wiederaufbaus des seinerzeit im

Krieg fast vollständig zerstörten Kölns. Mit »Kölle bliev Kölle« (»Köln bleibt Köln«) warb die Stadtverwaltung um freiwillige Helfer bei Aufräumarbeiten (ebd., S. 227) und bereitet auf diese Weise zeitgleich zum modernen Städtebau auch den »ortstypischen« Neubau einer Altstadt vor. Heute singt man im Karneval: »Die Hüsjer bunt om Alder Maat sin Zeugen kölscher Eijenaat« (»Die Häuschen bunt am Alter Markt sind Zeugen kölscher Eigenart«). Vinken zeigt für Köln, dass zum Beispiel ein steiles Walmdach mit Flabbes zur ortstypischen Leitform erklärt wird, obwohl historische Ansichten verdeutlichen, dass vor der Kriegszerstörung andere Dachformen überwogen (ebd., S. 254). In dem Wunsch, ein einheitliches Stadtbild zu gestalten, werden wenige Kernelemente definiert und für alle Bauten festgeschrieben. So entsteht das *homogenisierte* Eigene als Aspekt der Bildgestaltung.

Im Namen des Bildes soll das »Wesen« und der »Charakter« dieser Stadt (wieder)hergestellt werden. Was hier entsteht, soll »typisch Köln« oder »typisch Basel« sein. Die Städte werden unterscheidbar auf eine gleichzeitig nach innen homogenisierende Weise. Materie ist im Sinne historischer Substanz als Bedeutungsträger sekundär. Letztendlich scheint unterstellt zu werden, dass es nicht auf die Materialität ankommt, sondern darauf, wie es aussieht. Werner Durth fasst das wie folgt zusammen: »Was für den Amerikaner Verturi das Leuchtschriftvokabular von Las Vegas ist, ist für bundesdeutsche Architekten und Feuilletonisten die Geschichte: ein Fundus zur Entdeckung architektonischer ›Umgangssprachen‹, die ohne eigene Begriffs-Anstrengungen zu übernehmen sind und im Wirbel ästhetischer Sensationen zum Verschleiß sich anbieten« (Durth 1988, S. 32).

Diese Zuspitzung der architektonischen Aufgabe auf die Herstellung von Bildqualitäten ist nicht nur auf die

2. Die Stadt als gebautes Bild

Herstellung von Altstadt begrenzt. In der Architekturtheorie wird seit der Postmoderne bildhaften Verfahren wieder, wie etwa die Zeichenhaftigkeit oder Ortsbezogenheit jüngerer Architekturen belegen, mehr Bedeutung beigemessen (siehe Klotz 1984, S. 133 ff.; Venturi/Scott Brown/Izenour 1979; Morávanszky 2003). An einem kleinen Eingriff in eine Fassade, der allerdings große Folgen hatte, lässt sich dies erläutern.

Im nahezu völlig vom Krieg zerstörten Darmstadt wird 1961 ein Theaterneubau beschlossen, welcher Großes und Kleines Haus, Werkstattbühne, Werkstätten, Magazine, Aufenthaltsräume sowie die Verwaltung unter einem Dach unterbringen soll. Den bundesweiten Wettbewerb gewinnt Rolf Prange. Das fast 40 000 Quadratmeter große kubische Gebäude ist in der Außenansicht durch eine weitgehend konturlose durchgehende Fassadenfläche gekennzeichnet, welche von zwei monumentalen Würfeln gekrönt wird. Mit Materialien wie Sichtbeton, Marmorverkleidung und Wellblech trägt der Bau die Zeichen der klassischen Moderne.

Abb. 4: Staatstheater Darmstadt vor dem Umbau.
Foto: Barbara Aumüller

Zur Fertigstellung des Baus nach zehnjähriger Bauzeit – nun unter dem Label »Staatstheater« – schreibt Rolf Prange in der Festschrift zur Eröffnung, dass »optimale funktionale Zusammenhänge« (Prange 1972, S. 3) im Vordergrund der Planung gestanden hätten. Er vergleicht den Theaterbetrieb mit einem Industriebetrieb und betont, dass wirtschaftliches Denken und Arbeiten unerlässlich seien: »Nicht zuletzt gehörte es zu unseren Zielvorstellungen, den gesamten Baukörper – innen wie außen – mit möglichst wenigen, einfachen und preisgünstigen, aber dauerhaften Materialien zu gestalten« (ebd., S. 5). Auf den vier Seiten, die Prange in der Dokumentation zur Verfügung stehen, davon zwei Seiten Zeichnungen, betont der Architekt ausnahmslos den rationellen und funktionalen Charakter des Baus. Die ehemalige Garderobe mit Servicepersonal wird durch einfache, schmale Schränke (Spinde) ersetzt. Entsprechend der Darmstädter Stadtplanung zur autogerechten Stadt und durch die Hanglage begünstigt öffnete sich das Gebäude zur Stadt hin über die Tiefgarage. Mit eigener Busspur ausgestattet diente der gesamte Unterbau des Theaters als Parkgarage. Man betrat das Gebäude von unten.

Abb. 5: Eingang zum Staatstheater Darmstadt 1972.
Aus: Staatsbauamt Darmstadt (Hg.) (1972), S. 18. *Foto: Angelika Seng.*

2. Die Stadt als gebautes Bild

An die Stelle eines Eingangstors tritt die »Portal*zone*« (ebd., S. 5). Prange charakterisiert seine Idee zu dieser Zone als Umsetzung der Herausforderung, einerseits variabel genug zu bauen, um multifunktionale Nutzung möglich zu machen, und andererseits eine »Wartehallen«-Funktion eindeutig zu erfüllen. Die Portalzone wird von Prange als Innenraum gedacht. Wie sich das Gebäude zur Stadt verhält bzw. wie über das Portal der Übergang organisiert wird, ist kein diskutiertes Thema oder Problem, denn es wird wie selbstverständlich davon ausgegangen, dass die Besucher das Gebäude mit dem Auto oder dem Bus befahren.

34 Jahre später wird im Jahr 2006 der Theaterbau ein zweites Mal eröffnet. Um technische Mängel zu beseitigen, aber auch weil man das Theater »mit einem Male als hässlich« empfindet, »denn es passte nahtlos in das Klischee einer tristen, grauen Betonarchitektur«, wird Arno Lederer mit dem Umbau beauftragt (siehe Lederer 2006, S. 38). Tatsächlich zeigt sich in einer 2004 durchgeführten Studie zur Wahrnehmung des Staatstheaters Darmstadt (Löw u. a. 2004), dass das Gebäude im Unterschied zu den Werkinszenierungen ausgesprochen schlecht bewertet wird. In Bezug auf die Frage, was am Staatstheater Darmstadt stört, sind die Antworten der Teilnehmer und Teilnehmerinnen der verschiedenen Fokusgruppen (Theatergänger; Gelegenheitsgänger, Nichtbesucher) relativ ähnlich. Der zentrale Kritikpunkt ist das optische Erscheinungsbild des Theaters. Der funktionale Bau wird nicht nur als nicht schön, sondern als geradezu hässlich empfunden und als ein »Betonklotz, der sehr kalt wirkt« beschrieben. Eine gelegentliche Theatergängerin bezeichnet das Staatstheater als einen »Stasiklotz«, in dem man das Gefühl habe, nicht atmen zu können. Die Atmosphäre wirke bedrückend. Der Bau sei abweisend, und eine weitere Theatergängerin

hat dabei das Gefühl, als ob das Staatstheater zu ihr sagt: »Komm nicht zu mir.«

Als Problem wird durchweg deutlich, dass Theater (heute) im Kontext von Luxus, Glamour und außergewöhnlichem Event situiert wird, Letzteres wird – folgt man Albrecht Göschel (in Göschel 2006b, S. 268) – heute von der ganzen Stadt erwartet. Ein moderner funktionaler Bau, der das Theater als Betrieb in einem Zusammenhang mit industrieller Fertigung denkt, ist mit dieser Erwartungshaltung nicht in Einklang zu bringen. So beschreibt eine junge Theatergängerin Theater wie folgt: »Theater ist für mich was Glamouröses. Das hat für mich mit Luxus zu tun, ja. Und Luxus kann man unheimlich gut genießen.« Ein klas-

Abb. 6: Alte Oper in Frankfurt am Main. Quelle: ⟨http://www.panoramio. com/photos/orginal/3606.jpg⟩. *Foto: Simon Huber.*

sizistischer oder barocker Theaterbau wird als idealer Kontext für einen Theaterabend entworfen. Dort scheint der geeignete, festive räumliche Kontext geboten. In Darmstadt ist es die (rekonstruierte) Alte Oper in Frankfurt am Main, die zur Referenz für die ideale Spielstätte wird.

Eine Interviewte, die von sich sagt, dass sie nie ins Theater geht, fasst zusammen: »[...] in der Alten Oper, irgendwas, könnt ich mir vorstellen, eher mal wieder nach Frankfurt dann zu gehen und mir ein Theater oder eine Oper oder eine Operette anzusehen, weil das ganze Haus innen drin auch schöner ist, find ich, wie jetzt hier in Darmstadt. Also Darmstadt, glaub ich, brauch ich nicht.«

Dass Prange seinen Bau von der Funktion her denkt und auf Sinn, Gedächtnis und Identität bei der baulichen Gestaltung bewusst verzichtet, ließ über die Jahrzehnte eine starke Ablehnung der baulichen Gestalt entstehen. Wer Luxus sucht, will nicht über die Parkgarage eintreten. Die Materialität des ungestrichenen Betons, die Pfade der Tiefgarage zwingen zu Handlungsabläufen, deren Akzeptanz so weit schwindet, dass ein Umbau in Auftrag gegeben wird. Die soziale Ordnung, die sich im Gebäude der 1970er Jahre realisieren soll, ist Gleichheit. Es wird keine Unterscheidung zwischen Fabrik und Theater gesucht, jeder fährt mit dem Auto hinein, man betritt das Gebäude wie viele Kaufhäuser durch die Tiefgarage. Die feinen Unterschiede werden nicht betont, sondern verwischt. Das zeigt sich auch an der Neugestaltung der Zuschauerräume. Auf Logen wird völlig verzichtet, jeder sitzt auf dem gleichen Stuhl wie alle anderen. Dass der Sitzplatz je nach Position unterschiedlich viel kostet, ist das einzige Zugeständnis an die kapitalistische Klassengesellschaft.

Wenn heute die Atmosphäre im Garderobenbereich als »wie im Schwimmbad« kritisiert wird, wie es eine Theaterbesucherin in der Umfrage formuliert, wenn der Charme der Fassade mit einer »Müllverbrennungsanlage« verglichen wird, dann wird damit nicht einfach der Wunsch nach Rückkehr zur hierarchischen Klassengesellschaft zum Ausdruck gebracht, sondern die räumliche Umsetzung des demokratischen Willens in einer der zentralen Institutionen des Bildungsbürgertums wird heute in einem Maße als selbstverständlich erachtet, dass jeder für einen Abend lang den Anspruch erhebt, etwas Besonderes darstellen oder an etwas Besonderem teilhaben zu dürfen. Wie in der Konstruktion von Altstadt, so wird auch von dem Theaterbau die Herstellung von Bildqualitäten erwartet. Das Staatstheater hat hierauf reagiert und sich für den Vorbau eines Portals entschieden.

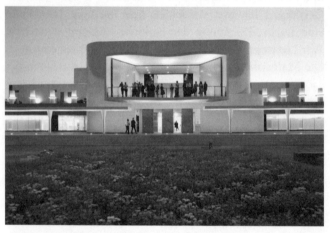

Abb. 7: Staatstheater Darmstadt. Neues »Portal«. *Foto: Barbara Aumüller*

Der neue Eingangsbereich ist plastisch geformt und stellt sich gewissermaßen vor den Bau. Wie Arno Lederer betont, geht es darum, das Bauwerk zur Stadt hin zu öffnen. Das Portal soll als einladende Geste wirken. Tatsächlich ist die Rede vom Portal irreführend, da der Eingang zwar betont, aber nicht inszeniert wird. Vielmehr ist eine trichterförmig sich ausweitende Loggia entstanden, die dem Zuschauer in der Pause den Blick auf die Stadt ermöglicht. Nun können Theaterbesucher auf den Balkon treten und auf die Stadt hinabschauen. Gleichzeitig wirkt die Loggia von außen wie ein Bildschirm und setzt somit ein klares Signal, dass hier ein Bild zu betrachten ist. Der Schirm überträgt wie auf einer Leinwand das Pausengeschehen in die Stadt. Der Ort wird öffentlicher durch die Raumkonstitution im Grenzbereich.

In einer zweiten Befragung Darmstädter Bürger und Bürgerinnen nach dem Umbau (Löw/Steets/Stoetzer 2007) zeigt sich, dass der Umbau als deutlicher Gewinn, aber nicht als zufriedenstellende Lösung interpretiert wird. Erneut von den Interviewern nach dem Image des Staatstheaters Darmstadt befragt, antworten viele Befragte mit Traditionserzählungen. Zum Beispiel: »[D]es Weiteren weist das Staatstheater einen hohen Traditionswert auf, der bis zu Georg Büchner reicht.« Ein Politiker kommentiert die Idee, Darmstadt als Theaterstadt zu denken, indem er ausführt: »Darmstadt würde damit im 21. Jahrhundert an die Tradition von Großherzog Ludwig anknüpfen und diese in die Zukunft hinein retten.« Der Darmstädter Oberbürgermeister Walter Hoffmann bezieht sich in seiner Rede zum Festakt anlässlich der Wiedereröffnung des Großen Hauses im Staatstheater Darmstadt am 15. September 2006 ebenfalls auf den Großherzog: »Ich will hier nur kurz erinnern an Darmstadts große Theatertradition: Vom Großherzoglichen Hoftheater angefangen, Großherzog Ludwig I. sei Dank, der ein großer Theaterliebhaber war [...]. Erinnert sei auch an Darmstadts große Opern-Tradition. An den legendären Darmstädter Hofkapellmeister Christoph Graupner, dem Zeitgenossen Bachs und Telemanns. Graupner wirkte weit über Darmstadts Grenzen hinaus.« Auch Ruth

Wagner, damalige Staatsministerin für Bildung und Kultur sowie stellvertretende Ministerpräsidentin des Landes Hessen, hebt in ihrem Grußwort zum 30-jährigen Geburtstag des Staatstheaters Darmstadt besonders die »lange, gute Tradition« (Darmstädter Presseamt 2002, S. 10) hervor. Sie beschreibt, wie sich das Darmstädter Staatstheater aufgrund des Bemühens Großherzog Ludwigs I. zum Bürgertum hin öffnete und dadurch nicht nur die »privilegierte Hofgesellschaft« Zugang zur Kulturstätte hatte.

Die Gegenwart des Staatstheaters wird heute aus vormoderner Vergangenheit heraus beschrieben, das Image aus einer die Brüche ignorierenden Traditionslinie begründet. Während der Neubau von Prange bewusst keine eindeutige Beziehung zur (eben nationalsozialistischen) Vergangenheit herstellt, sondern in seiner Modernität und Funktionalität der Hinwendung zur Zukunft dezidiert Ausdruck verleihen will, entwickelt sich der Gedanke an eine vormoderne Vergangenheit zum Stoff, aus dem die Kritik an Bildlosigkeit und fehlender Inszenierungskultur formuliert wird.

Das Staatstheater hat mit dem »Kussmund«, wie das Portal im Volksmund zuweilen genannt wird, gezielt versucht, ein unverwechselbares, aber zeitgenössisches Bild zu platzieren. Statt technischer Moderne sollen Charakterlichkeit und Stadtbezug gestärkt werden. Der bildhafte Vorbau überlagert nun die Materialität des kubischen Baus, macht jedoch dessen Aussage und Erleben nicht vollständig vergessen. Auch nach dem Umbau bescheinigen die Einwohner der baulichen Gesamterscheinung des Theaters mangelnde »Authentizität«, es wirke unecht, wie ein »hilflos geliftetes Gesicht«. Das Theater wird beschrieben als »ein riesiger Kasten«, von außen eine Mischung aus »Hochregallager«, überdimensioniertem »Aktenschrank« und gigantischem »Tresor«, gleichsam als »grauer Betonklotz« oder »Betonwürfel«. Die Fassadenarbeiten und die Renovierungen werden von den Darmstädter Bürgern gewürdigt, deshalb »lieben« sie den Bau aber noch lange nicht.

Um es zu pointieren: Der Bau des Darmstädter Staatstheaters kann als weiteres Beispiel für die zeitgenössischen Versuche gesehen werden, die Materialität mit Bildqualitäten zu überschreiben. Er ist aber gleichzeitig ein Beispiel dafür, dass die künstlerisch-technische Produktion von Bildern auf Deutungen trifft, welche mit Erinnerungen und Wissen unterlegt sind. Die Routinen der Raumkonstitution im alten Theaterbau wirken in den Bewertungen der Darmstädter Bürger ebenso fort wie die sehr modernen Formen, mit denen die Tradition inszeniert werden soll. Es existiert ein Gleichgang der Reproduktion struktureller Organisation von Abläufen und routinierter Reproduktion, der als Dualität von Raum beschreibbar ist (Löw 2001a, S. 158 ff.). Der Bau des Staatstheaters durchbricht die Routinen, wenn Darmstädter Bürger einen Ort finden wollen, an dem nicht nur Stücke inszeniert werden, sondern der Abend zum luxuriösen Event wird, und dann einen funktionalen Bau betreten, der das Theater dem Betrieb gleichsetzen und in die Normalität des Alltags eingliedern will.

Insgesamt lässt sich feststellen, dass die Produktion, Rezeption und Vermarktung von Städtebildern als Kommunikationsmittel lokale, nationale und globale Aspekte aufweist. Angesiedelt in einem semantischen Feld des besonderen Ortes, scheint das gebaute Stadtbild Garant für das Eigene und das Spezifische zu sein. Die heftigen Proteste deuten darauf hin, dass sich die Gestaltung eines Stadtbildes nicht rein aus touristischen Erwägungen ableiten lässt. Das Stadtbild formatiert die Stadt. Zeitgleich wird etwas Eigenes über das Stadtbild zum Interpretationsangebot gemacht und dieses gesetzte Eigene im Wettbewerb platziert. Architektur ist notwendig Grundlage dieser Stadtbildformung. Dies gilt für die pittoreske Rekonstruktion ebenso wie für die Konkurrenz um das höchste Bauwerk und das werbewirksamste *signature building*. Die Frage nach dem Bildwert prägt Stadtentwicklungsentscheidungen. Die Bilder, welche über Architekturen geschaffen werden, sollen Standortvorteile eröffnen oder verteidigen.

Unter Gesichtspunkten von Eigenlogik betrachtet lässt sich sagen: Das gebaute Stadtbild ist eine Konstruktion, die mittels Collage versucht, den Charakter einer Stadt zu verdichten, aber auch zu erzeugen. Die Produktion und Rezeption von Städtebildern – wie auch das City-Branding – tragen wesentlich dazu bei, Identifikation und imaginierte Einheit der Stadt zu organisieren und touristisch zu vermarkten. Hier sammelt sich jedoch nicht allein das pure Eigene der Stadt, sondern es ist eine Inszenierung, die erstens nicht notwendig die Handlungen *aller* gesellschaftlichen Gruppen durchzieht, sondern zunächst als Repräsentation angelegt ist, deren Stellenwert für die verschiedenen gesellschaftlichen Teilgruppen erst zu untersuchen ist. Es ist erstaunlich, wie wenig die Sozialwissenschaften über milieuspezifische Geschmackspräferenzen in der Stadtbildgestaltung wissen. Es ist zweitens offensichtlich, dass die Stadtbildgestaltung je nach Stadt sehr variiert. Welche Geschichte man von der eigenen Vergangenheit mittels der Praxis des Bauens erzählen möchte, hat nicht nur mit den vergangenen Ereignissen zu tun. Frankfurt am Main zum Beispiel hätte sich auch entschließen können, die Residenz der Thurn und Taxis, die als Seitenportal eines Einkaufszentrums rekonstruiert wird, zentral in Szene zu setzen und statt der Krämergeschichten am Römerberg ein fürstliches Frankfurt hervorzulocken. Anders ausgedrückt: Die Frage, welche Städte »die gute Stube« wiederauferstehen

2. Die Stadt als gebautes Bild

lassen wollen, welchen der Sinn nach Schlössern steht, wo ein Stadtbild in der Handschrift dekonstruktivistischen Hochhausbaus präferiert wird und auf welche Weise diese Präferenzen und Entscheidungen einen Zusammenhang mit anderen Entwicklungen in der Stadt bilden, ist noch unerforscht, wird aber einen wesentlichen Baustein in der Typologie der Städte bilden.

Das Bild gilt als Träger des Charakteristischen und Spezifischen, das die Gewordenheit, aber auch die projizierte Identität, das Ideal einer Form repräsentiert. Das Bild ist auf diese Weise auch ein Medium, das die Suche nach der Eigenlogik einer Stadt vorantreibt, weil die Stadt selbst hier eine Interpretation anbietet. Wie in der biografischen Erzählung ist dieses Angebot jedoch interpretationsbedürftig. Für eine fundierte Interpretation bedarf es einer Milieustudie über Geschmackspräferenzen in der Architektur, einen Vergleich der Stadtbilderzählung mit weiteren Erzählmustern im jeweiligen Stadtkontext und schlussendlich einer Interpretation der Strukturlogik des Stadtbildangebots.

Die Idee, dass sich ein unverwechselbarer und prägnanter Charakter im Stadtbild ausdrücken soll, führt – zumindest in der Konstruktion von Altstadt – zu einer Homogenisierung der Bildelemente, wie Gerhard Vinken demonstriert hat. In der komplexen Figur, dass die Spezifik des Stadtbildes der Homogenisierung modernen Bauens subversiv begegnen soll, wird die Stadtgestalt vereinheitlicht, um markant sichtbare Differenzen zwischen den Städten zu schaffen. Die Forderung nach mehr Bildqualitäten in modernen Städten richtet sich gegen das gleiche Erscheinungsbild und sucht das Besondere. Das Bild im Kontext der Stadt ist damit zurzeit sowohl Produkt als auch Kritiker der Homogenisierung.

3. Die Stadt als grafisches Bild

»Inzwischen müßte sie nicht mehr als Model arbeiten, tut es aber immer noch, und zwar aus Prestigegründen. Das, was die Typen sehen, und zwar in Hochglanz, garantiert den Preis. Die meisten Polinnen, Russinnen, Ukrainerinnen haben eine ebenso perfekte Figur, kriegen aber nicht mal ein Zehntel. Erst durch die Eroberung der Öffentlichkeit ist eine preissteigernde Begehrlichkeit garantiert. Was gedruckt, was veröffentlicht wird als schön, das ist auch schön.«

Uwe Timm, *Rot*

»Es scheinen häufig die Bilder zu sein, die die Vorstellung eines Ortes oder einer Stadt mehr prägen als dessen Realität. Das Paris Cartier-Bressons oder Brassais hat ganze Generationen von einheimischen und touristischen Fotografen nicht nur eben deren Stadt suchen lassen, sondern ihr Sehen insgesamt gelenkt, das sich als scheinbar dokumentarisch verstand und doch so durch und durch ästhetisch ist, wie die entsprechenden Reportagen von Weegee in New York« (Göschel 2006b, S.265). Städtetourismus ist ohne grafische Bildproduktion kaum zu denken.[9] Wie in dem vorangegangenen Abschnitt dargestellt, ist zu beobachten, und zwar letztlich weltweit, wie trotz aller Differenzen Städte mithilfe von Bildern gezielt versuchen, sich ein Label zu geben, das heißt, ihre Besonderheit herauszustellen, um so im globalen Konkurrenzkampf Touristen, Konsumenten, hoch qualifizierte Arbeitskräfte sowie neue Einwohner zu werben. In der Tourismusforschung (vergleiche Pagenstecher 2003; Urry 2002) wird vielfach belegt, dass man sich nur dann, wenn Stadträume wie Bilder funktionieren, an diese erinnern kann bzw. die Notwendigkeit sieht, sie mit den eigenen Augen gesehen zu haben. Tourismus basiert im Kern auf der

---

9 Vergleiche zum Begriff des grafischen Bildes zum Beispiel Mitchell 2008, S. 20 ff.; siehe zur Herstellung von Altstadt unter touristischen Gesichtspunkten auch Pott 2007, S. 240 ff.

bildgestützten Vermarktung spezifischer Orte. Simon Coleman und Mike Crang weisen deshalb darauf hin, dass touristische Orte nicht einfach existieren, sondern geschaffen werden. Diese »Fabrikation von Orten« (Coleman/Crang 2002, S. 3) braucht das zirkulierende Bild für eine erfolgreiche Marketingstrategie. In Frankfurt am Main etwa steht dem Geschäftsführer der Tourismus und Congress GmbH ein Stab von immerhin 45 Mitarbeitern zur Seite, um die Stadt zum Magnet für weltweiten, aber auch innerdeutschen Tourismus zu machen. Ein Jahresetat von 5 Millionen Euro wurde hierfür bereitgestellt (wobei durch Stadt- und Volksfeste, vom Weihnachtsmarkt bis zum Mainfest, noch zusätzlich und reichlich Geld in die Tourismuskasse fließt). Orte werden für den fotografischen Blick vorbereitet und gleichzeitig durch diese Bildwürdigkeit als einzigartige, besuchenswerte Locations erst gesetzt.

Seit dem *pictorial turn* (Mitchell 1994) bzw. dem *iconic turn* (Boehm 1994) setzt sich mit der gestiegenen Aufmerksamkeit für Bildphänomene auch die Erkenntnis durch, dass Bilder nicht für sich sprechen, sondern einer Kommentierung bedürfen. Sie müssen interpretiert werden. Damit rückt der Betrachter ins Bild. Hatte zunächst in den 1980er Jahren die Literaturwissenschaft ihr Verständnis vom Gegenstand »Text« deutlich verändert, so folgte bald darauf die Bildwissenschaft. Waren es zuvor eine Geschichte und ein Erzähler, auf denen die Erzähltheorie aufbauen konnte, so rückte nun der Akt des Lesens als dritte Komponente in das Zentrum der theoretischen Aufmerksamkeit. Der Text scheint nicht mehr ohne ein Wissen über die differenten Praktiken, Emotionen, Sinn- und Bedeutungszuschreibungen der Lesenden, kurz, ohne die Beziehung zwischen Text und Leser, verständlich (Suleiman/Crosman 1980). In den 1990er Jahren folgt auf *The Reader in the Text* (so die Monographie von Susan R. Suleiman und Inge Crosman) eine Veröffentlichung des Kunstwissenschaftlers Wolfgang Kemp unter dem Titel *Der Betrachter ist im Bild* (1992), in der dieser Texte zusammenstellt, die das Kunstwerk nicht als Objekt an sich oder als Resultat einer Beziehung zwischen Künstler und Werk betrachten, sondern von der Rezeption ausgehend das »Wesen« des Bildes auch aus der Betrachtung ableiten.

Für die Vermarktung der Stadt im Bild bedeutet dies die Einsicht, dass das Bild nicht für sich alleine steht, sondern ihm eine spezifische Art des Schauens folgt, welche John Urry sehr treffend als touristischen Blick charakterisiert hat. Er problematisiert (in Urry 2002) die Praktiken des Sehens, welche versuchen, das Bild in der Wirklichkeit wiederzufinden. Reiseführer, Fernsehberichte, Bilder in Journalen, Postkarten von Freunden und Freundinnen, Prospekte der Tourismusindustrie ermöglichen es, lange vor der Reise genaue Bilder der zu erlebenden Stadt vor Augen zu haben. Sie zu besichtigen und Erfahrungen nachzuerleben wird als zentrale Praxis des Tourismus beschrieben. Urry analysiert deshalb den Besuch von Sehenswürdigkeiten als das Einfangen von Images, die gerade dadurch in ihrer Gültigkeit bestätigt werden, dass sie wiederholt im eigenen Bild unter Beweis gestellt werden. Kein Wunder also, dass manche Reiseführer heute schon das städtische Motiv durch den Akt des Fotografierens ersetzen.

Abb. 8: Titelbild DuMont Reiseführer *Weekend Lovers 2*, Köln 2004.

3. Die Stadt als grafisches Bild

Der touristische Blick, der den Fotos folgt, strukturiert, so Urry, die Wahrnehmung in der aufgenommenen Stadt. Markierte Stellen auf dem Boden vor Sehenswürdigkeiten oder Schilder mit Hinweisen auf Fotospots helfen, das zuvor gesehene Bild in der städtischen Landschaft wiederzufinden und selbst als Bild zu reproduzieren. Wenn eine Stadt keinen bildlichen Fokus hat, wird sie somit touristisch uninteressant. Das wird für die belgische Stadt Brüssel zunehmend zum Problem. Brüssel verfügt über kein eng verknüpftes zirkulierendes Bild der Stadt: »Wo Amsterdam seine Grachten, Prag seine vielhundert Türme, Venedig seine Kanäle habe, habe Brüssel, so klagen die Stadtväter, nichts oder zumindest nichts anständig Gleichwertiges« (Weich 1999, S. 37), das als Stadtbild vermarktet werden kann.

In einer als Soziologie des Tourismus angelegten Annäherung an Städtebilder wird noch zwischen dem flüchtigen, vorstrukturierten Blick des Reisenden und dem vertrauten, eigenen Wahrnehmen des Einheimischen unterschieden. Offen ist jedoch, inwieweit heute der Blick auf die eigene Stadt nicht längst seinerseits von denjenigen Reportagen geprägt ist, die auch Touristen konsumieren. Seit die großen Reisebuchverlage wie Marco Polo für die meisten Städte nun zweierlei Angebote produzieren, nämlich – um ein Beispiel zu nennen – Berlin mit Insider-Tipps oder Berlin für Berliner mit Insider-Tipps, deren Unterscheidung darin besteht, dass der Anteil Sehenswürdigkeiten für die Einheimischen gegenüber dem der Konsumadressen in den Hintergrund rückt, stellt sich ernsthaft die Frage, inwieweit nicht nur die Erfahrung mit der fremden, sondern auch die mit der vertrauten Stadt Ergebnis der Lektüre von Städtebildern ist. Auf den Plakaten in den U-Bahnen, in Bildbänden, als Logo auf Visitenkarten – überall konsumieren wir Bilder unserer eigenen Stadt. Der Kunsthistoriker Hans Belting verallgemeinert den touristischen Blick als modernen Prozess: »Die alte Maxime der Ähnlichkeit kehrt sich um. Wir messen die Welt nach den Ähnlichkeiten, die sie mit den Bildern hat, und nicht umgekehrt« (Belting 2005, S. 24). Generell ist die Verbreitungsdichte – die Bebilderung des Alltags durch neue Medien, vom fotografierenden Mobiltelefon bis zum Google-Suchlauf »Bilder«, aber auch die Dichte der Zirkulationsschleifen – sowie die Bedeutung von Bildern in den letzten Jahren stark gestiegen (vergleiche Pilarczyk/Mietzner 2000), so dass längst von einer »visuelle[n] Massenkultur« (Crary 1996 und 2002; siehe auch King 2005, S. 240) die Rede ist.

Geht man also davon aus, dass sich erstens der Konsum von Bildprodukten vervielfältigt hat, dass zweitens die Stadt in ihren Vermarktungsstrategien (sowohl gegenüber Touristen und Touristinnen als auch gegenüber Einheimischen) auf Bildverfahren angewiesen ist und dass drittens diese Bilder nicht nur Orte, sondern auch Blickpraktiken hervorbringen, dann lässt sich auch die Frage, welche Rolle grafische Bilder bei der Suche nach dem spezifischen Charakter einer Stadt einnehmen, nur ambivalent beantworten. *Einerseits* können Bilder *homogenisierend* wirken. Wie zuvor von Vinken für das *gebaute* Stadtbild belegt, so zeigt John Urry für das *grafische* Bild die Dynamik der Angleichung auf. Die Organisation des perfekten Blicks, den man zu reproduzieren trachtet, spricht für eine Homogenisierung der Handlungsweisen durch die globale Bildproduktion, den globalen Bilderfundus und den Bildexport. Überall auf der Welt kennt man heute die gleichen Bilder besonderer Orte: der Skyline von New York oder der Slums von Kalkutta, des Verkehrschaos in Bangkok oder des Platzes des Himmlischen Friedens in Peking und so weiter. In diesem Sinne stehen Bilder unter dem permanenten Verdacht der Verflachung vielfältiger, dichter Orte zu bloß klischeehaften Motiven. Bilder scheinen Komplexität zu reduzieren sowie zu glätten und sogar multisinnliche Wahrnehmung durch allzu bekannte Blicke zu verdrängen. Vielfältige, auch irritierende Perspektiven verschwinden scheinbar hinter der Ähnlichkeit der Bildstrategien in den Hochglanzmagazinen. Reiseführer folgen dem eingeübten Medienblick. *Andererseits* kann aber auch die Herstellung von *Einzigartigkeit* durch die global und lokal zirkulierende Bilddarstellung nicht geleugnet werden. Gleiche Städte sind touristisch uninteressant. Der Modus der Bildproduktion mag standardisiert und reguliert sein (am ausführlichsten nachzulesen bei Crary 1996), die Erzählung, die über eine Stadt im Bild produziert wird, muss sich unterscheiden, um die Stadt als einzigartigen und deshalb attraktiven Ort zu setzen.

Bilder bilden nicht nur Wirklichkeit ab, sondern sie konstruieren sie auch. Zu offensichtlich sind die vielfältigen Entscheidungen, die in die Produktion eines Bildes einfließen: Angefangen von der Wahl der Kamera über die des Objektivs (Fischauge, Weitwinkel, Teleobjektiv), die Blende, Tiefenschärfe, eingesetzte Effekte bis hin zum Speichermedium (Farbbrillanz, Körnigkeit etc.) ist ein Bild ein komplexes Produkt (vergleiche Knieper 2005, S. 42; Grittmann 2003, S. 124 f.). Dies gilt selbstverständlich auch für Gemälde und Zeichnungen. Ingrid Scheurmann fasst für die kunsthistorische Analyse zusammen: »Offenkundig wird vielmehr das kunstvolle Ins-Bild-Setzen von Stadt mittels Fokus und Perspektive, Hervorheben und Auslassen, Licht und Schatten. Zutage treten Kommentare zu Ereignissen und Personen, Auftraggebern und handelndem Personal, künstlerische Reverenzen ebenso wie persönliche Interessen« (Scheurmann 2008, S. 1). Bildproduktion ist ihrerseits ein interpretativer und selektiver Vorgang, und nicht zuletzt deshalb sind Bilder auslegungsbedürftig. Die

Leistungsfähigkeit der Bilder liegt in der Geschichte, die sie erzählen. Bilder von Städten dienen insofern auch als Kommunikationsmittel über das spezifisch Eigene einer Stadt. Bildspezifisch ist die Dopplung von Evidenz im Sinne der Vergegenwärtigung von Kontexten und des Entzugs ebendieser Klarheit durch die Offenheit bzw. Interpretationsbedürftigkeit des Bildes (siehe auch hier Vinken 2008). Diese Offenheit bewirkt zwei »Homogenisierungsbrecher«: Lesarten, die nach sozialem oder kulturellem Milieu differieren (kaum vorstellbar ist, dass das Bild der Skyline von New York in Frankfurt an der Oder, Bagdad und Bangalore gleich interpretiert wird), sowie Lesarten, die ihren Sinn aus der Spezifik des jeweiligen Ortes generieren (das Bild einer Skyline erzählt je nach städtischer Eigenlogik eine andere Geschichte). Mit anderen Worten: Trotz aller Homogenisierungstendenzen werden Bilder auch als Besonderungs- und damit Heterogenisierungsstrategie eingesetzt. Dies gilt selbst für Postkarten. Es fällt leicht, Postkarten eine homogenisierte Bildsprache nachzuweisen. Massenhaft produzierte Fotografien dienen dazu, ein genormtes Bild der Stadt in die Welt zu versenden. Immer wieder finden sich in Zeitschriften, Reiseführern, Bildkalendern und auf Postkarten die gleichen Motive. Dennoch vermögen diese Postkarten auch eine eigene Geschichte zu erzählen. Ich habe in den Städten Hamburg, München und Frankfurt am Main an zentralen touristisch aufgeladenen Plätzen nach den meistverkauften Postkarten gefragt und diese erworben. Ebenjene Postkarten habe ich dann Hamburgern, Münchnern und Frankfurtern gezeigt und mit ihnen das typische Bild der Stadt ausgewählt.[10] An drei exemplarisch

---

10 Ich danke Dirk Kaesler, der mich als Erster auf die München-Postkarte als Ikonografie des städtischen Selbstverständnisses hinwies. Ferner danke ich Josef Keuffer, der mich in Bezug auf Hamburg mit einer eigenen Auswahl von Hamburgbildern unterstützte.

3. Die Stadt als grafisches Bild 173

Abb. 9: *Frankfurt am Main*. Postkarte/Fotostudio Collection, veröffentlicht von Michel+Co. *Foto: Gerd Krämer.*

ausgewählten Postkarten soll die Differenz als Ortseffekt veranschaulicht werden:

In Frankfurt dominiert die Skyline, an Tradition rückgebunden zumeist durch den Römer oder wie hier durch die Alte Oper, so als verbünden sich Alt und Neu in der Stadt auf harmonische Weise. Die Organisation des Blicks erfolgt über die Lichtregie. Die illuminierte Stadt, die glänzende Großstadt, nimmt in den vormodernen Laternen ihren Anfang. Frankfurt, so erzählt die Postkarte, hat eine lange, gut etablierte Modernitätsgeschichte, die heute ihren innovativen Ausdruck im Lichterfeld der Hochhäuser findet. Die Oper links im Bild ist das Symbol für Heimat und Bürgertum, für Frankfurt als einzigartigen Ort. Die Banken verbinden Frankfurt mit der Welt. Sie verlinken die bürgerliche deutsche Heimat mit den Medien und Strömen der Globalisierung in einer illuminierten harmonischen

Abb. 10: *München*. Postkarte/MD Edition München, Nr. EM 75.

Weise. Lokales und Globales, Frankfurt und die weite Welt sind keine Widersprüche, sondern sich ergänzende Facetten eines Ganzen, verbunden in einem Meer aus Licht.

Die Münchener dagegen lassen hinter der Feldherrenhalle die Berge emporsteigen, und die Leopoldstraße (im Verlauf Ludwigstraße) führt geradewegs auf die Alpen zu. Wo in der typischen Repräsentation von Frankfurt Altes und Neues verbunden werden, da zeigt sich München als Stadt landschaftlich eingerahmt durch die Natur, konkret die Berge. München findet letztlich im Himmel seine Grenzen. Die Straße hat ihren Fluchtpunkt im magischen Licht und spielt damit auf Darstellungsgewohnheiten des bayrischen Barockhimmels mit auratischen Strahlen an. München, so lehrt uns die Postkarte, synthetisiert Stadt und Natur, ohne darüber Kulturkompetenz zu verlieren. Zu dominant sind die Verweise auf Barock, Siegestor und Loggia. Wo in Frankfurt die Hochhäuser gezeigt werden,

3. Die Stadt als grafisches Bild 175

Abb. 11: *Hamburg.* Postkarte vom Künstler René Menges.

Abb. 12: Titelblatt Extraheft Hamburg der Zeitschrift *Maxi* im Juni 2003.

strahlen in München die Kirchtürme. Auch in München sind heterogene Bildelemente kein Kontrastprogramm, sondern ein Spiel von Herz und Fassung (vergleiche zu München auch Kapitel 5).

In Hamburg sieht man schließlich das städtische Leben vom Wasser aus. Der Hamburger nähert sich seiner Stadt mit dem Dampfer (auf Hafenbildern) oder mit dem Segelboot auf Bildern, die die Innenalster in Szene setzen. Viele Hamburg-Postkarten spielen mit der Kombination von Wasser und Stadt und knüpfen damit auch an Hamburgs maritime Tradition an. Im Gegensatz zu München und Frankfurt ist in den Hamburgbildern die Realitätsbehauptung ausgeprägter. Die Segler vor der Stadt scheinen ein alltägliches Bild zu sein. Die Postkarte suggeriert, dass sie ohne mediale Konstruktion auskommt. Während Licht, zwar auf sehr unterschiedliche Weise, sowohl für Frankfurtfotografien als auch für Münchenbilder typisch ist, setzt Hamburg die Abbildungsbehauptung dagegen. Hamburg will als Ort gesehen werden, der Wasser und Stadt verbindet – und zwar ehrlich.

Es ist das Spezifikum von grafischen Städtebildern (in diesem Fall von Fotografien), dass sie systematisch nicht ein Objekt darstellen, sondern Montagen produzieren. In zahlreichen psychologischen Tests konnte gezeigt werden, dass das Wiedererkennen von Objekten in Bildern selbst Kindern wenig Schwierigkeiten bereitet. Das Erkennen komplexer räumlicher Szenarien auf Bildern setzt dagegen, so demonstrieren kulturvergleichende Untersuchungen, zusätzliche Kompetenzen voraus, die erst im Lauf der Mediensozialisation erworben werden. Es ist ein schwieriger Lernprozess, sich nicht auf ein Objekt im Bild zu konzentrieren, sondern die relationale (An-)Ordnung zu rekonstruieren (Schwan 2005, S. 127 ff.). Berücksichtigt man, dass Menschen einerseits über ein ausgesprochen gutes

3. Die Stadt als grafisches Bild

Bildgedächtnis verfügen,[11] andererseits aber die Fähigkeit, Bilder auf Deutungsmuster hin zu lesen, ähnlich der Interpretation von Textstellen, kulturell relativ gering ausgeprägt ist, so zeigt sich die persuasive Wirkung von Bildern sehr deutlich. Betrachter von Bildern begnügen sich in der Regel damit, die einzelnen Objekte zu identifizieren, und stellen sich selten die Frage, welche kommunikative Absicht mit einem Bild verbunden ist (Weidemann 1989). Tatsächlich erzählen grafische Bilder Geschichten über Städte, die wissenschaftlich ausgewertet werden können. Dabei gibt es für den jeweiligen historischen Zeitpunkt typische Strategien der Darstellung. Die Stadt im Bild sichtbar zu machen, sie auf diese Weise zu deuten und von ihr zu erzählen, ist nicht nur ein historisch weit zurückreichender, sondern auch ein nach dominanten Erzählstrukturen verlaufender Prozess. Christine Boyer zeigt auf, dass es im historischen Verlauf drei dominante Bildkonzeptionen für Städte gibt: Die traditionale Stadt bis zum Ende des 19. Jahrhunderts arbeite mit Bildmontagen der Stadt als um ein Zentrum gruppiertes Kunstwerk. Bereits in den Anfängen der Fotografie hätten die Bauherren der neuen Industriestädte großen Wert auf zahlreiche Städtedarstellungen gelegt. Jede dieser Bilderzählungen sorge sich um die Anordnung der Objekte, so ihre These, weil gleichzeitig Geschmacksurteile und Moralvorstellungen der urbanen Elite durch die Bilder zum Ausdruck gebracht und erzieherisch produziert werden sollten (Boyer 1994).[12] Abgelöst werde

---

11 Werden einer Versuchsperson 600 Bilder gezeigt, so kann sie kurze Zeit später 99 Prozent fehlerfrei wiedererkennen, selbst bei Präsentationen von 2300 Bildern kommen die Versuchspersonen noch auf 95 Prozent, vgl. Paivio 1977; Schierl 2005.
12 Vergleiche auch Schott 1999, S. 56 ff., der auf die Intensivierung der Bildproduktion im Kontext der Urbanisierung hinweist, oder Untermann 2008, der aufzeigt, wie im 20. Jahrhundert die Darstellung der mittelalterlichen Stadt neu gezeichnet wird.

diese Präsentation der als wertvoll inszenierten Objekte im Zentrum des Bildes durch Panoramadarstellungen der Stadt Anfang des 20. Jahrhunderts. Die Stadt wirke nun offen und expansiv. Der Blick auf den konkreten Ort einer historischen Sehenswürdigkeit werde ersetzt durch ein Kaleidoskop von Objekten und zudem durch die routiniert wiederholte Wahl der Vogelperspektive. Seit den 1980er Jahren beherrsche nun die elektronische Kommunikation die Stadtdarstellungen. Die Stadt werde zum Spektakel. Die Postmoderne arbeite mit Gegensätzen und Rekombinationen von Althergebrachtem, um die Unterscheidung zwischen Realität und Repräsentation aufzuheben sowie beides in Spiegeleffekte zu verwandeln.

Boyers Bildinterpretation zufolge wechselt die Erzählung über die Stadt in der Fotografie vom Typus der Erziehung über den der Fortschrittsinszenierung hin zur Unterhaltung. Letzteres lässt sich für die oben dargestellten Bildstrategien bestätigen. Alle Postkarten arbeiten mit einer Kombination heterogener Elemente (Wasser und Stadt, Berge und Stadt, Hochhaus und Traditionsgebäude). Ein attraktives Stadtbild (das gilt insbesondere für Großstädte) kombiniert heute als entgegengesetzt wahrgenommene Elemente und erzeugt auf diese Weise Aufmerksamkeit. Gerade diese Herstellung von Ähnlichkeit durch Heterogenitätskonstruktionen hat den Effekt, dass die jeweilige im Bild konstruierte Stadt als Großstadt interpretiert wird, denn bis heute ist Heterogenität und Dichte das Merkmal für großstädtische Lebensweise (exemplarisch Simmel 1984/1903). Über die Bildstrategie gelingt es demnach, Frankfurt am Main, Hamburg und München als »großstädtisch« ins Bild zu setzen. Dennoch findet sich in den Darstellungen auch eine markante Strategie der Produktion von Unterscheidung und Besonderung. Die barocke Anmutung unterscheidet das Münchenbild fundamental von der Abbildungsbehauptung in Hamburg.

Das Globale drängt sich in Frankfurt durch international operierende Geldinstitute ins Bild, in Hamburg durch Wasserwege und in München durch die Leopoldstraße, die in die Welt hinausführt.

Wie bei den gebauten Städtebildern lässt sich auch bei den grafischen Städtebildern feststellen, dass sie als Visualisierung Erzählungen über das Besondere der Stadt produzieren. Man würde das grafische Bild auf ein Abbild reduzieren, würde man es als ungebrochenen Ausdruck des Eigenen und des Spezifischen einer Stadt betrachten. Das grafische Bild ist eine strategische Erzählung über Einzigartigkeit, Ähnlichkeit, Moderne, Urbanität etc. Dies gilt für die Fotografien vom Altstadt-Frankfurt ebenso wie für die Veduten von Dresden; beide werden zwar häufig als Quelle für die historische Rekonstruktion herangezogen, können aber nur sehr eingeschränkt als Belege für den tatsächlichen topografischen Bestand der Städte genutzt werden, weil die Produktionen von Städtebildern traditionell ein erhebliches ideologisches, legitimatorisches und hagiografisches Strategiepotenzial aufweisen (vergleiche dazu die besonders prägnante Auseinandersetzung mit Canalettos Bildpolitik bei Weddigen 2008).

Dennoch steht zu erwarten, dass ein grafisches Städtebild, das hohe Akzeptanz bei den Bewohnern und/oder Touristen erfährt, nicht einfach nur als ideologische Verführung funktioniert, sondern eine spezifische Struktur der jeweiligen Stadt plausibel ins Bild setzt. Somit bietet sich die Bildanalyse, ein bislang in den Sozialwissenschaften noch zweitrangiges, wenn auch zunehmend wichtigeres Verfahren, an, um Thesen über die Eigenlogik einer Stadt zu generieren. Auch hier muss, wie bereits bei den Geschmackspräferenzen in Bezug auf gebaute Stadtbilder, konstatiert werden, dass keine Disziplin bisher wirklich die Frage bearbeitet hat, welche Inszenierungen in welcher Stadt geliebt, verworfen, vervielfältigt, kurz: akzeptiert oder abgelehnt werden und ob es darin soziale und kulturelle, das heißt auch geschlechtsspezifische Brechungen oder Verschiebungen gibt. Grafische und gebaute Städtebilder stehen in einem engen Verweisungszusammenhang (so eng, dass gebaute Welt als bildhaft erlebt wird). Grafische Bilder (alte Fotografien vom Frankfurter Römer, Veduten von Dresden etc.) dienen als Vorlage für Rekonstruktionen, so wie umgekehrt der gestaltete Raum im Bild vermarktet und damit zum Ort erkoren wird. Wie das gebaute, so ist auch das grafische Stadtbild eine Konstruktion, die daraufhin gelesen und interpretiert werden kann, welcher Charakter einer Stadt in der Bilderzählung erzeugt und verdichtet wird. Wenn die Stadtsoziologie und angrenzende Disziplinen (hier insbesondere Architektur und Stadtplanung als bildproduzierende Verfahren) die homogenisierenden Konstruktionen in Bildern klar benennen können, so kann auch die Inszenierung des Eigenen daraufhin befragt werden, wann es gelingt, in der Bildsprache die Eigenlogik einer Stadt so zu verdichten, dass am Ende unisono der Eindruck entsteht, dies sei ein typisches Bild der Stadt. Gerade in der kritischen Auseinandersetzung mit der Homogenisierung von Bild- und Blickstrategien kann es gelingen, auch die differenzierenden, heterogenisierenden Potenziale von Bildern zu erfassen und für die Analyse einer eigenlogischen Funktionsweise zu nutzen. Zugespitzt formuliert: Nicht jedes Bild macht in jeder Stadt Sinn. Sinn wird im Rückgriff auf die Logik des Eigenen erzeugt. Eine Soziologie der Städte kommt an den Bildern nicht vorbei. Obwohl die Soziologie sich im Spannungsfeld von Textanalyse und Wirklichkeitsbeobachtung und -erhebung konstituiert hat und deshalb die Bildanalyse lange Zeit für randständig erachtet wurde, trifft man in der Stadt heute auf eine Konstellation, in der Bilder, genauer Stadtbilder, eine wirkungsmächtige Potenz darstellen und sich ein noch lange nicht ausgeschöpftes Potenzial anhand dessen verstehen lässt, welche Strukturlogik die jeweilige Stadt zusammenhält.

4. Perspektiven

Eine Soziologie der Städte, so sollte deutlich werden, muss unterscheiden zwischen einer bildhaften Erzählung über das Eigene, den Ausruf »So bin ich, so will ich sein!«, und einer Struktur, die die Stadt wie eine Grammatik durchzieht, welche allen Handlungen zugrunde liegt und diese ermöglicht. Das bedeutet nicht, dass Stadtbilder, seien sie grafischer oder gebauter Gestalt, »nur« Inszenierungen sind. Gegen die Tendenz, »schicke Stadtimages« (Frank 1999, S. 526) als Verflachungen und Oberflächenphänomene zu begreifen und gegen »lokale Identität« abzugrenzen, setze ich das Argument, dass Bilder in sich gleichermaßen Tendenzen der Homogenisierung und der Heterogenisierung bergen. Gerade diejenigen Bilder, die regelmäßig und massenhaft hergestellt werden, stehen für sich gleichende, sich einander annähernde ästhetische Strategien und führen zur Nivellierung der Differenzen im gebauten Raum etc. Sie sind aber auch und gerade aufgrund ihrer hohen Akzeptanz ein wichtiges Kommunikationsmittel über lokale Deutungsweisen. Ihre Plausibilität variiert in Abhängigkeit vom Ort: Alt-Basel lässt sich nicht in Köln realisieren, und die Frankfurt-Postkarte funktioniert als Bild nicht in München. Wie das Bewerbungsfoto, so ist auch das Stadtbild ein individualisierendes Mittel im Wettkampf und zugleich Selbstvergewisserung. Es ist nicht selbst konstitutive Struktur, kann aber Material werden, um diese Struktur empirisch zu isolieren.

Im Unterschied zum Bewerbungsfoto ist das gebaute Stadtbild jedoch mit einer Authentizitätsbehauptung aufgeladen, während das Bewerbungsfoto als Präsentationsstrategie gelesen wird. Wenn in China, zum Beispiel in Thames Town, von britischen Architekten britische Stadtteile mit gregorianischen Ziegelsteinbauten, gusseisernen Straßenlaternen, roten Telefonhäuschen und einem Pub mit Holzschild nachgebaut werden, dann wird dieser Vorgang sogar in den *Tagesthemen* kritisiert: »China fälscht ganze Dörfer« (vergleiche dazu Kaltenbrunner 2007). Auf der Homepage der Stadt dagegen wird der Ort mit englischer Atmosphäre als »einzigartig« hervorgehoben: »Live in Thames Town, and enjoy the distinctly English atmosphere of this unique place!«

Von Fälschung ist aber weder beim Berliner Nikolaiviertel die Rede, das atmosphärisch Alt-Berlin nachempfunden ist, mit der Rekonstruktion eines historischen Viertels

Abb. 13: Thames Town, China. Quelle: ⟨http://www.flickr.com/photos/ chijs/263422920/⟩. *Foto: Marc Van der Chijs.*

jedoch nur wenig zu tun hat, noch bei der Kopie des Leibnizhauses, das in Hannover nicht nur vollständig rekonstruiert, sondern sogar an anderer Stelle platziert wurde. Von Gerhard Vinken kann man lernen, dass die Altstadt eine »Variante der Stadtmodernisierung« (Vinken 2007, S. 109) ist. Das heißt, etwas als Altstadt zu bezeichnen setzt erstens eine moderne Gesellschaft voraus, die in der Stadt ein Quartier zur Altstadt erklärt und als solche auch inszeniert, und baut zweitens darauf auf, dass dieses Alte von etwas Neuem abzugrenzen ist, dass sich also nicht viele historische Schichten widersprüchlich überlagern, sondern dass das Alte klar vom Neuen zu unterscheiden ist. Stadtbilder, die auf dem Konzept »Altstadt« aufbauen, kritisieren das Globale und Technizistische der Moderne mit der Behauptung des charakteristischen Eigenen, des vormodern Authentischen.

Wenn chinesische Bauherren Altstadt ohne diese Setzung des Authentischen realisieren lassen, untergraben sie jede romantische Vorstellung vom Alten als dem emotional hochaufgeladenen Eigenen. Es kommt der Verdacht auf, dass es kein Original in dieser Architektur gibt und sie sich in einer Praxis des Zitierens, Variierens und Kontextualisierens erschöpft. Der wacker verborgene Herstellungsakt, das heißt die mühevolle Arbeit, das investierte Geld für die Rekonstruktion bzw. Angleichung der Häuser im Quartier, die Korrekturen und Anbauten, liegt nicht mehr vollständig im Dunkeln. Im Unterschied zu Stadtbildern, die auf moderne Architektur setzen und sich als technologische Leistung verstehen, arbeiten historisch motivierte Stadtbilder mit dem Hauch der Ewigkeit. Kein Reiseführer würde mit Stolz verkünden: Hier wurde nach dem Zweiten Weltkrieg das Goethe-Haus mit neuesten technologischen Verfahren rekonstruiert. Der Wiederaufbau orientierte sich an der historischen Vorlage, fügte aber dem Zeitgeschmack der 1950er Jahre entsprechend auch neue Elemente ein.

Das Bild der Altstadt funktioniert also dann am besten, wenn man nicht mehr erkennt, welcher Aufwand betrieben wurde, um es in dieser einheitlichen Form herzustellen. Dass es in Europa undenkbar scheint, rein aus ästhetischen Gründen das Stadtbild von Frankfurt am Main mit einem Nachbau von Schloss Neuschwanstein oder das von München mit dem des thailändischen Marmortempels Wat Benjamabopit zu vervollkommnen, belegt, wie stark Städte um das Eigene ringen. In Europa wird dieses Eigene häufig in der Konstruktion einer historischen Linie begründet, und ein Zusammenhang mit der Frage, ob man optimistisch oder pessimistisch in die Zukunft blickt, liegt nahe. In Deutschland geben (bei 1000 Befragten) 73 Prozent der Bevölkerung an, dass sie annehmen, der nächsten Generation werde es schlechter gehen, in Frankreich sagen das 80 Prozent, in Italien 69 Prozent. In China glauben das gerade 6 Prozent (vergleiche PEW, Global Attitudes Project 2007). Wer nicht an die Zukunft glaubt, wird über die Vergangenheit Gewissheit suchen. Mit anderen Worten: Auch Städte ohne Altstadtkonstruktion können »Eigenes« ins Bild setzen. Stadtbildfragen sind kein Privileg allein der europäischen Stadt. Die Bildstrategien zu lesen, ohne Europa im Bild zu suchen, wird die Herausforderung an eine Soziologie der Städte sein, die nicht nur in nationalen, sondern auch in globalen Skalierungen denkt.

Im Stadtbild, so die These, hat das Eigene einen Artikulationsort gefunden. Die unzweifelhaft vorhandene Differenz zwischen Städten wird im Stadtbild visualisiert. Wenn es gelingen soll, dass diese Visualisierungen langfristig widersprüchlicher sein dürfen und die eigene Setzung weniger kraftvoll verleugnen müssen, wenn es womöglich (in Deutschland zum Beispiel) gesellschaftlich wieder wünschenswert erscheint, nach neuen Bildsprachen in der Architektur zu suchen, anstatt pittoreske Innenstädte als Eigenes zu entwickeln, dann kann ein tragfähiges gesellschaftliches Wissen um die eigenlogischen Strukturen einer Stadt, das die Komplexität der Stadt nicht leugnet, die Suche nach dem Eigenen auf die Strukturebene verschieben. Das Stadtbild in seiner hohen Aufladung als das Eigene wird als Kommunikationsmittel in diesem Prozess verstanden. Was eine Stadt als kulturelle Formation systematisch von einer anderen unterscheidet, ist nicht ihr Bild, sondern ihre Struktur. Das Bild kann aber diese Struktur kommunizieren, reproduzieren, wiederherstellen und mitgestalten. Authentizität muss dabei als strategische Behauptung gelesen werden, und zwar sowohl beim grafischen als auch beim gebauten Bild.

Das Darmstädter Staatstheater hat mit dem Umbau versucht, die Dissonanz zwischen Raumerfahrung und Raumerwartung zu harmonisieren, und zeitgenössisch beliebte, von Computergrafik inspirierte, mit Bildschirmassoziationen aufgeladene Rundungen gegen die kubische Form gesetzt. Die Auftraggeber wählen damit den Weg, die Potenz der Materialität abzufedern und Bildqualitäten in den Vordergrund zu rücken. Die Zuschauer bescheinigen nun dem Neubau »mangelnde Authentizität«. Die Frage ist, ob nicht gerade die Kunst den nicht zu kittenden Gegensatz zwischen Traditionssuche und moderner, funktionaler Architektur zu jenem irritierenden Stolperstein werden lassen könnte, den Kunst häufig sucht, um zu irritieren und zu bewegen. Bislang würdigen nicht einmal diejenigen Theatergänger, die avantgardistische Inszenierungen präferieren, den Bau von Rolf Prange für seine Distanz zum durchschnittlichen oder populären Geschmack. So bleibt undiskutiert, ob im Staatstheater als Ort der Kunst nicht gerade die Spannung zwischen der von Gerhard Vinken analysierten Erwartung an eine homogenisierende Inszenierungsbebauung und der Widerstand gegen die harte funktionale Materialität produktiv hätte genutzt werden können. Ob also, wenn sich Raumkonstitutionen aus der Dualität von Handeln und Struktur ergeben, dann nicht gerade die Kunst die Aufgabe hätte, gezielt gegenkulturelle Raumkonstitutionen (vergleiche zum Begriff der gegenkulturellen Räume Löw 2001a, 183 ff.) und damit Raumverunsicherungen zu produzieren und infolgedessen zu thematisieren. Wie die Umfrage zeigt, besänftigen Versuche, durch neue Bildangebote die Widersprüche zu glätten, zwar die Bürger, aber befriedigend gelöst werden solche Konflikte damit nicht.

V.
Berlin und München – Sex und Liebe

»Die typischen Ausstrahlungen der großen Städte der Welt haben sich seit jeher stark voneinander unterschieden. Überall wirken andere Formen und Farben auf ihre Bewohner ein, und Luft und Licht, Sonnenbestrahlung und Feuchtigkeit, der Ruß der Kamine, die Enge oder Weite der Straßen, der Klang der menschlichen Stimme, der Schall der Geräusche haben in jeder Großstadt ihren eignen spezifischen Wert.«

Walther Kiaulehn, *Berlin – Schicksal einer Weltstadt*

Um die Konzeption einer Soziologie der Städte nachvollziehbarer zu machen, skizziere ich in diesem Kapitel die Umrisse einer konkreten und vergleichenden Städte-Analyse, die allerdings nicht mehr als vorbereitenden Charakter hat und daher nicht den Erwartungen an eine über Jahre ausgearbeitete Vergleichsstudie gerecht wird. Durch exemplarische Auswertungen wird es jedoch möglich sein, erste Thesen zu formulieren, die die Perspektiven exemplarisch verdeutlichen, welche sich über Eigenlogikstudien im zuvor entfalteten Sinne öffnen. Ich wähle hierzu Berlin, jene einzige deutsche Stadt, die im Ruf steht, international ansatzweise konkurrenzfähig zu sein (vergleiche Zukin 1998). Die Beschäftigung mit Berlin leitet mich zügig nach München, so dass die Städte abschließend auch in Relation zueinander behandelt werden können. Ich setze an den jeweiligen Branding- und Bildstrategien an in der Annahme, dass sich aus der Art und Weise, wie eine Stadt versucht, die eigenen Besonderheiten zu präsentieren, Rückschlüsse auf ihre Eigenlogik ziehen lassen. In den vorangegangenen Kapiteln wurde gezeigt, dass Bilder einer Stadt und City-Brandings nicht mit eigenlogischen Strukturen identisch sind, aber dennoch Strukturelemente verdichten. Auch wenn Konkurrenzkämpfe zwischen Städten zentral über Bilder und Slogans geführt werden, so bleibt doch eine systematische Differenz zwischen Bild und Bildbetrachtung bzw. Bilderfahrung (beim gebauten Bild) sowie zwischen Markenzeichen und Marke erhalten. Viele andere Ausgangspunkte für die Analyse wären denkbar gewesen, zum Beispiel die Architektur und Stadtplanung in München, die Romane über Berlin oder Interviews mit Bewohnern und Touristen. In diesem Fall ist es jedoch so, dass die von den Städten selbst initiierten Kampagnen sich deshalb so gut für eine Eigenlogikstudie eignen, weil dort die Habitualisierung der Städte selbst zum Thema gemacht wird.

1. Berlin

Berlin erlebte innerhalb von vier Jahren zwei große Werbekampagnen und zwei Versuche, der Stadt einen einprägsamen Spruch in die Textur zu schreiben. 2004 startete die Kampagne »Mir geht's Berlin!«.
Berlin wird hier als Ganzkörperzustand inszeniert, der einen in Trance versetzt. Berlin wird als ein Gefühl präsentiert. Es kann einem gut oder schlecht gehen; und nun kann es einem auch »Berlin gehen«. Mit dem »gehen« als Tätigkeitsbeschreibung wird eine doppelte Bewegung angesprochen: eine emotionale und eine räumliche. Adressaten der Kampagne sind potenzielle Besucher der Stadt. Sie sollen nach Berlin gehen, um Berlin zu fühlen. Diese Aufforderung, Berlin zu besuchen, wird bildlich unterstrichen. Nicht nur erfährt man das »Berlin-Gefühl« offenkundig in der Abgeschiedenheit eines Hotels, man erhält dazu auch Informationen über preiswerte Hotelzimmer. Mit der Aufforderung »Jetzt buchen!« wird deutlich, dass die Kampagne sich an Touristen richtet und nicht an Einheimische. Auf dem Bild sieht man eine Dame, die mehr schwebt als

1. Berlin

Abb. 14: Werbebild des Presse- und Informationsamtes für Berlin. Quelle: ⟨http://www.berlin.de/rbmskzl/rathausaktuell/archiv/2003/07/04/13597/⟩.

liegt. Wer Berlin erfährt, so die Botschaft, wird leicht. Er oder sie hebt ein wenig ab, gewinnt Distanz, schwebt über den Dingen.

Die Stadt selbst kommt über zwei Attribute ins Bild: durch eine Nachbildung des Brandenburger Tors sowie den Berliner Bären in Teddybär-Gestalt. Das Brandenburger Tor steht heute als Symbol für die Vereinigung von Ost und West. Die Berlin Tourismus Marketing GmbH, welche seit 1993 die Aufgabe hat, weltweit für das touristische Angebot des Landes Berlin zu werben, erklärt im Rahmen der Präsentation einer WelcomeCard, das heißt einer Fahrkarte für den öffentlichen Nahverkehr mit Vergünstigungen in touristischen und kulturellen Einrichtungen, das Brandenburger Tor wie folgt: »Das Brandenburger Tor ist das Wahrzeichen der Stadt; zugleich ist es ein Symbol der Teilung und Wiedervereinigung. Der Südflügel beherbergt eine von insgesamt 5 Touristeninformationen, den Berlin

Infostore. Hier bekommen Sie alles, was Sie für Ihren Aufenthalt benötigen. Im nördlichen Torhaus können Sie im ›Raum der Stille‹ innehalten und neue Energie tanken.«¹ Mit dem Brandenburger Tor kommt die Teilung Berlins in den Blick, allerdings in der Behauptung der erfolgreichen Vereinigung. Anders als zum Beispiel die Mauer, die klar die Trennung zum Ausdruck gebracht hätte, wird mit dem Brandenburger Tor (Wieder-)Vereinigung zum Thema. Das Brandenburger Tor ist darüber hinaus ein nationales Symbol, da es den Sieg über Napoleon I. zum Ausdruck bringt und daran erinnert, dass im Schloss von Versailles das deutsche Kaiserreich proklamiert sowie der preußische König zum ersten deutschen Kaiser (Wilhelm I.) ausgerufen wurde. Das Brandenburger Tor bringt also mit der Teilungsproblematik auch die Hauptstadtthematik ins Spiel. Berlin, so die Botschaft, ist von größter nationaler Bedeutung.

Der Berliner Bär ist bekanntlich das Wappentier der Stadt und stellt hier in seiner kuscheligen Form das Gegengewicht zum Brandenburger Tor dar. In der Waagschale liegen somit links die Erinnerung an Kriege und Teilung und rechts ein Kinderspielzeug, die flauschige Miniaturnachbildung eines Bären. Für Kinder hat der Teddybär oft eine tröstende Funktion. Er vermittelt Geborgenheit und Schutz. Der Teddybär, auch ein Sammlerobjekt für Erwachsene, steht im Assoziationskontext von Niedlichkeit, Kindlichkeit, Geborgenheit.

Berliner Werbefachleute und Politiker preisen die Stadt an, indem sie das Symbol für Teilung und Sieg auf der offenen Hand präsentieren, was gleichzeitig mit dem Festhalten an dem Sicherheit spendenden Bären einhergeht. Der erste Interpretationsschritt zeigt demnach Berlin in einem

---

1 Siehe ⟨www.berlin-welcomecard.de⟩.

Kontext von nationaler Aufgabe, Teilungsproblematik, Verunsicherung und kindlicher Versicherung. Berlin bedeutet Verlust an Bodenhaftung. Berlin ist nicht Alltag, sondern tranceartiger Ausnahmezustand. Dieser Eindruck wird dadurch verstärkt, dass die Stadt nur symbolisch anwesend ist; der Alltag Berlins bleibt ausgesperrt. Die Vorhänge sind geschlossen, nichts an dem abgebildeten Hotelzimmer ist typisch. So drängt sich die Frage auf, ob »Mir geht's Berlin!« überhaupt Berlin braucht. Kann es mir nicht auch in anderen Städten und Hotelzimmern »Berlin« gehen? Die Stadt ist hochgradig imaginär in der Präsentation. So wie Gefühle gedacht werden, nämlich als Vorgänge im Individuum, wird auch Berlin in den Frauenkörper verlagert. Dass es eine gutaussehende Frau ist, mag dabei helfen, sich mit ihr zu identifizieren. Das hoch geschlitzte Kleid, die Blickführung entlang der Schwebenden, eine Frau allein über einem Hotelbett schwebend – all dies führt zu einer latenten Sexualisierung der Berlin-Darstellung und erhöht so den Aufmerksamkeitswert.

Die Kampagne scheint allerdings nicht von durchschlagendem Erfolg gekrönt gewesen zu sein, denn nur wenige Jahre später (2008/2009) startet eine neue Imagekampagne unter dem Motto »Be Berlin! Sei Berlin!« Rund 300 Werbeagenturen und viele Einzelpersonen waren zuvor dem Aufruf gefolgt, einen Werbeslogan für die Stadt zu finden. Eine Jury von zwölf ausgewählten Personen aus Wirtschaft, Wissenschaft, Stadtentwicklung und Kultur begutachtete unter der Leitung des Regierenden Bürgermeisters Klaus Wowereit die Vorschläge, von denen viele einen 2004 von Wowereit geprägten Satz, Berlin sei arm, aber sexy, aufgreifen: »Wir sind Berlin – Arm, aber sexy« oder auch – so eine Empfehlung des Alternativ-Magazins *Zitty* – »Fickst du meine Stadt, fick ich Deine Stadt!«. Schließlich entscheidet man sich für die Aufforderung,

Berlin zu sein. Was zuvor als potenziell transitorischer Körperzustand kommuniziert wurde (»Mir geht's Berlin!«), wird nun zur Existenzfrage. Die Kampagne soll sich in der ersten Phase nicht an Besucher richten, welche mit dem Hotelzimmerbild samt Preisangabe für das Doppelzimmer noch eindeutig als Zielgruppe anvisiert wurde, sondern an die Bewohner der Stadt. Sie sollen nun »lernen«, selbstbewusst auf Berlin Bezug zu nehmen, um auf diese Weise für ihre Stadt zu werben; erst später soll die Kampagne auf die nationale und internationale Ebene ausgeweitet werden.

Auf der die Aktion begleitenden Homepage ist zu lesen: »Berlin ist einzigartig, tolerant, weltoffen, lebens- und liebenswert. Berlin ist Alltag und wilde Party, Kiez und Kultur. Zuweilen rau, aber immer ehrlich und mit Herz. Und Berlin ist immer in Bewegung. Keine andere Stadt der Welt verändert sich so rasant, leicht und unkompliziert und behält dabei trotzdem ihren so eigensinnigen und unverwechselbaren Charakter. Dieses Bewusstsein soll nun bei den Berlinerinnen und Berlinern neu gestärkt werden« (Berlin Partner GmbH im Auftrag des Berliner Senats 2008 unter ⟨www.sei.berlin.de⟩). Die Botschaft beginnt und endet mit der Einzigartigkeitsbehauptung. Die Selbstbeschreibung konzentriert sich auf wenige Kernelemente: Berlin wird ausschließlich über Kultur definiert (Alltagskultur, Partykultur, Stadtteilkultur, Hochkultur). Ökonomie spielt überhaupt keine Rolle. Berlin wird charakterisiert über Eigenschaften proletarischer und kleinbürgerlicher Milieus (»rau«, »ehrlich«, »mit Herz«). Trotz Weltoffenheit und rasantem Wandel bleibt die Stadt offenbar diesem ihrem »Charakter« treu.

Anders als in der ersten Kampagne werden jetzt Berliner und Berlinerinnen mit ihren Lebensgeschichten in Szene gesetzt, zum Beispiel Tim Raue und die Geschichte seines Aufstiegs aus einer Kreuzberger Straßengang zum Kulinarischen Direktor der Adlon-Gruppe oder die Schüler der Rütli-Schule in Neukölln, die nun ihre eigene Mode machen und damit erfolgreich ihr Image verbessern. Unter dem Motto »Sei Berlin!« werden Geschichten von Menschen erzählt, die unter mehr oder weniger schwierigen Bedingungen ihr Leben erfolgreich meistern.

Berlin präsentiert sich als aktive Kulturstadt mit eigensinnigem Charakter, und die Bürger werden nun mit Nachdruck aufgefordert, diese reizende Stadt endlich auch »zu sein«. Im Unterschied zu allen anderen Städteslogans beschreibt Berlin in der Kampagne nicht die Stadt, sondern die Notwendigkeit, dass ihre Einwohner die Stadt verkörpern müssen. Sie scheinen das bislang nicht zu tun. Auch diese Kampagne thematisiert eine Teilung, allerdings nicht die zwischen Ost und West. Wowereit kritisiert in seiner Eröffnungsrede zur »Hauptstadtkampagne« das »gespaltene Bild, das Berlin abgibt« (Wowereit 2008, S. 3). Die Stadt, so argumentiert er, gelte international als »cool«, auf die Berliner selbst jedoch sei der Funke noch nicht übergesprungen. Nach dieser Diagnose gibt es eine zwar pulsierende Metropole und ein internationales Publikum, das darum weiß, aber die Berliner selbst haben das Coole und Pulsierende noch nicht habitualisiert. Jetzt fordert der Senat von seinen Bürgern, dass sie Berlin in einer Weise wahrnehmen und existenziell verkörpern sollen, wie die Politik und die Welt Berlin sieht: »Seid mit ganzem Herzen Berliner!« (Wowereit 2008, S. 2). Be Berlin! Die Einheimischen sollen endlich Berlin sein!

Allerdings vermitteln die in Szene gesetzten Vorbilder eine andere Botschaft als die Selbstbeschreibung der Stadt, wie sie auf der Homepage zur Kampagne nachzulesen ist: Wenn man Berlin ist, wenn man es schafft, zum Werbeträger für Berlin zu werden, dann ist man nämlich nicht nur cool, sondern auch wirtschaftlich erfolgreich. Der Senat stellt somit an den Anfang seiner Kampagne die Behauptung einer Divergenz von Stadt und Bürgern. Nun sollen die Bürger sich der Stadt anpassen. Dabei werden sie über eine Vorbildpräsentation vor die unlösbare Aufgabe gestellt, in einer Weise Berlin zu sein, wie Berlin nicht ist. Sie sollen nämlich den Aufstieg vom Schmuddelkind zum Star bewältigen. Was hier als Berlin in Erscheinung tritt, ist wieder hochgradig ambivalent: eine Stadt, die behauptet etwas zu sein, was andere werden sollen, und wenn sie es sind, dann sind sie eben gerade nicht wie jene Stadt. »Be Berlin!« präsentiert sich in Wahrheit als eine gigantische Erziehungsmaßnahme für seine Bürger, die gerade nicht versucht, die Eigenlogik der Stadt zu begreifen und die Potenziale des praktischen Wissens zu nutzen, sondern aufgrund ihrer Widersprüche und Teilungen unlösbare Aufforderungen formuliert.

Schaut man sich im Vergleich dazu an, auf welche Weise etwa Reiseberichte Einschluss – verstanden als ein die heterogenen Facetten zusammenbindender Sinnzusammenhang – organisieren, so findet man dort durchaus Narrationen, die sich von denen aus dem Bereich des Marketings unterscheiden. Dies lässt sich am Beispiel einer Zeitschrift veranschaulichen, die sich an junge Leserinnen wendet und sehr regelmäßig Reiseberichte über Städte publiziert, was den Vergleich zu anderen Städten besonders gut ermöglicht, nämlich *Maxi*.

»Sind Sie reif für Berlin?«, fragt die Zeitschrift *Maxi* die Leserin bereits auf der Titelseite. Reif, so schlage ich nach, bedeutet »gefestigt im Leben stehend«, »hohen Ansprüchen genügend«, aber auch »voll entwickelt«. »Reif« hat einen intellektuellen und einen körperlich/erotischen Anklang. Mit roten Lettern und durch die Schlagzeile »Lust auf Berlin« wird »reif« von den Zeitungsmachern in einen

1. Berlin

Abb. 15: Berlin-Reportage *Maxi*, Oktober 1998, S.12.

Zusammenhang mit Erotik gesetzt. Wer in Berlin sein will, sollte gefestigt sein – und erwachsen genug für das erotische Leben.
Über der in weißer Schrift geschriebenen Zeile »Sind Sie reif« ist eine junge Frau platziert; im Blümchenkleid und mit einem Vogel auf der offenen Handfläche schaut sie mir – der Leserin einer Frauenzeitschrift – verführerisch in die Augen. Manch eine wird Sophie Rois erkennen, die als Schauspielerin durchaus für Grenzüberschreitungen bekannt ist. »Berlin« ist dagegen in blutroten Buchstaben geschrieben. Diagonal gegenüber sieht man eine Frau mit Glatze. Sie trägt blickdichte schwarze Leggings, ihr Oberkörper ist nackt und ihre Brustwarzen sind mit rotem Pflas-

ter überklebt. Breitbeinig und lässig hängt sie in einer leeren Badewanne. Ihr Blick geht in meine Richtung, ohne dass ich mich angeschaut fühle. Er geht durch mich hindurch. Diese Frau sitzt nicht für mich breitbeinig dort, sondern sie ist auf sich selbst bezogen. Im Hintergrund hängt eine männliche Barbiepuppe, nackt an den Füßen aufgehängt, mit Blick zur Wand, die wiederum mehr schlecht als recht einen nackten Frauenpo verdeckt.

Relativ unspektakulär wirken daneben die beiden Männer: der eine – auf Kopf und Hände reduziert – jungenhaft grinsend, der andere nach oben blickend, Aufstieg demonstrierend, wohlgenährt.

Anders als bei den Postkarten der alpinen Stadt München, des maritimen Hamburgs und des postmodernen Frankfurts (vergleiche Kapitel 4 in diesem Buch) liegt die *Leistungsfähigkeit jener Bilder einer Großstadt,* wie sie die Zeitschrift *Maxi* abdruckt, gerade in der *Sexualisierung des Städtischen.* Die bildlichen Elemente, entlang deren sich die Wahrnehmung der *Maxi*-Montage organisiert, führen zunächst von Frau zu Frau. Die Kontrastperspektive ist geschickt gewählt. Ohne Milieugrenzen zu überspringen, bieten sich der Betrachterin zwei konträre Szenen, die jedoch gleichermaßen sexuelle Kontexte visualisieren. Das Motiv »Frau mit Vogel« ist als sexualisierte Darstellung lange eingeführt und der Link zur Hure über den Begriff »vögeln« ist weit verbreitetes Wissen. Die Naturmetaphorik, unterstützt durch das Blümchenkleid, das etwas überstrapazierte Bild der Friedenstaube, die Platzierung über den Dächern der Stadt mit Engelsassoziationen bindet die erste Protagonistin in ein romantisches Setting ein. Ihr Blick ist zu direkt, um unschuldig zu sein. Die Worte »Sind Sie reif für« beschreiben das Bild. Diagonal gegenüber steht das weit ungewöhnlichere Bild. Eine halbnackte Frau wird präsentiert, deren Beine weit gespreizt sind und die damit stark sexualisiert wird. Der Blick ins Leere, der magere Körper, die fehlenden Haare, die roten Pflaster auf den Brustwarzen, die wie ein Verbotsschild wirken – all diese Elemente verhindern, dass das Begehren sich eindeutig auf diese Frau richtet. Und doch ist auch sie in ihrer Körperhaltung und Kontextualisierung sexualisiert. Durch den nackten Frauenpo als zweites Bildzentrum bzw. bezogen auf die Collage im Ganzen fast mittig, durch die Nylonstrümpfe werden Tabugrenzen berührt und Pfade in Richtung »lesbisches Leben« gelegt. Der nackte Mann kommt als Ken (Barbies Freund) ins Bild und wird gesichtslos abgehängt. Damit wird auf Aspekte pornografischer Domina-Inszenierungen angespielt. Eine Dominanz der Farben Rot und Schwarz unterstreicht diese Lesart.

Zeitgenössische Sexualität beginnt nach Sven Lewandowski mit einer Ausgangsunterscheidung zwischen Begehren und Befriedigung (Lewandowski 2004). Damit kläre sich einerseits, was zur Sexualität gehört, nämlich alles, was über diese Unterscheidung kommunikativ verhandelt werden kann, andererseits werde eine Binnendifferenzierung eingeführt, die die Kommunikation regelt. Weniger systemtheoretisch formuliert Zygmunt Bauman einen ähnlichen Gedanken. Ihm zufolge trenne die romantische Strategie der Moderne Erotik und Sex. Während der Sex an die Semantik der romantischen Liebe geknüpft werde, führte die Erotik lange Zeit, so Bauman, das Dasein einer Kammerzofe der Liebe (Bauman 1998). Heute habe zwar Erotik als Qualität von Beziehungen selbstreferentielle Autonomie erlangt, die Differenzwahrnehmung – so kann man folgern – existiert jedoch weiter.

Die beiden Frauenfiguren in der Berlin-Collage besetzen die beiden konstitutiven Pole der Sexualität: Begehren/Erotik hier, Befriedigung/Sex dort, wobei die nichterotische, nichtbegehrende Darstellung der glatzköpfigen Frau Sexualität aus dem Kontext der Zweierbeziehung herauszieht. Die Frau mit der respektlos aufgehängten Barbiepuppe adressiert ihre Sinnlichkeit nicht eindeutig an Männer und bricht nicht nur durch die mögliche lesbische Lesart, sondern vor allem durch ihre Selbstbezüglichkeit mit traditionellen Frauenbildern. Damit werden neue Verknüpfungen möglich, die durch die Sprache nahegelegt werden: Die Stadt – Berlin – ist das Objekt ihrer Begierde. Auf den folgenden Seiten ist dann schwarz auf weiß zu lesen: »Ich lebe total drogenfrei. Kein Kaffee, kein Tee, kein Zucker, keine Zigaretten. Meine Droge ist Berlin.« Sophie Rois wiederum wirkt durch die stark metaphorische Aufladung und durch den Verzicht auf pornografische Rahmung allegorisch, schließlich haben wir es hier mit einer auf Breitenwirkung zielenden Frauenzeitschrift zu tun und nicht mit einem Pornoheft. Die Berlin-Darstellung von *Maxi* kommuniziert somit einen Erregungszustand, ohne sie an konkrete Personen zu binden.

Die Bilder der Zeitschrift *Maxi* liegen im Spannungsfeld von Neudefinition und Reproduktion. Sie thematisieren die Stadt für die Leserinnen als einen sexualisierten Raum und stellen zumindest in einem Bildelement Sexualität dar, die nicht in erster Linie anderen gefallen soll, sondern die selbstbezogen ist. Dennoch schiebt sich gerade durch die Männer in der Collage die Verbindung von Sexualität und Erotik mit Frauenkörpern in die Lektüre des Bildes. Die Männer im Bild sind nicht der Blickfang. Der Blick wird vielmehr durch den Schriftzug von »Sind Sie reif für« zu »Berlin?« geleitet, also gewissermaßen von Frau zu Frau. Auf dem dritten Bild sieht man die beiden Männer, in deren Hintergrund nicht die üblichen Berliner Mietshäuser erscheinen, sondern eines der wenigen Hochhäuser. Der dazugehörige Text lautet: »Weltstadt im Werden. Chaotisch, aber voller Chancen. Testen Sie Ihre Berlin-Perspektive: Neue Jobs, witzige Szene-Treffs – hier geht alles.« Die abgebildeten Männer tragen schwarze Anzüge. Der eine lehnt über dem Geländer, beinah körperlos, man sieht nur seine Arme und sein Gesicht. Er lächelt jungenhaft und selbstsicher. Daneben steht in Siegerpose, ganz aufrecht, ein kräftiger Mann, der seinen Blick in den Himmel richtet und keinen Zweifel daran lässt, dass er »aufsteigen« wird. Er schaut nicht zu den Frauen, sondern nach oben. Wenn in Berlin »alles« geht, sowohl was die Szene-Treffs als auch die Jobs betrifft, dann stehen die beiden Männer symbolisch eindeutig auf der Seite der Arbeit, während die beiden Frauen so überhaupt nicht nach Arbeit aussehen. Die Männer sind oberhalb der Stadt platziert. 80 Prozent des Hintergrunds wird vom Himmel ausgefüllt. Berlin ist für diese Männer keine graue Häuserschlucht, sondern der Himmel – blau, offen und unendlich.

Ganz anders die Bilder der Frauen. Ihre Räume sind bebaut, zerklüftet und strukturiert. Unverputzte Wasserrohre, eine Blümchentapete, eine alte Wohnzimmerlampe und Teppichreste verwischen den Unterschied zwischen Badezimmer und Wohnzimmer. Den Hintergrund für die Frau mit Vogel gibt Ostberlin ab. Man sieht Straßen, Abzweigungen, Hochhäuser, Mehrfamilienhäuser, Kirche, ein Stück vom Funkturm, ein paar Bäume. Mit anderen Worten: Die Frauen sind viel stärker in Räume eingebunden als die Männer. Traditionelle Deutungsmuster werden in der Collage thematisiert: Die Verknüpfung von Raum und Frau bzw. von Zeit und Mann. Und selbst wenn heute Vorsicht in Bezug auf einfache Gendercodes geboten ist, so wird doch eine Lesart eindeutig nahegelegt: Die Frauen sexualisieren die städtischen Innen- und Außenräume von Berlin, während die Männer für die Arbeit zuständig sind und den Blick nach oben richten.

Berlin ist zwar arm – jeder siebte Berliner Haushalt bezieht Wohngeld –, aber Berlin ist es dennoch gelungen, so die *Maxi*-Narration, diese Armut in einen kreativen Kontext zu rücken. Im Berlin-Bericht der *Maxi* wird gerade nicht die repräsentative Seite der Stadt in Szene gesetzt, also nicht das Brandenburger Tor, das rote Rathaus oder der Kurfürstendamm, sondern die Stadt wird vielmehr von ihrer ärmlichen Seite gezeigt anhand von kaum renovierten Badezimmern und Mietshäusern. Über die Genderinszenierung leistet das hier produzierte Städtebild eine spezifische Berlin-Stilisierung, und die Bilder erzählen eine Geschichte, die die Hauptstadt als Möglichkeitsraum öffnet. »Hier geht alles«, verkündet die Bildinschrift. Berlin wird in der Bildpolitik zur Metropole, weil es die äußerste Herausforderung birgt, und es gehört sicherlich zu den Zielen des Artikels, die Stadt über die Inszenierung außergewöhnlicher Herausforderungen in die Liga der scheinbar ganz besonderen Städte einzureihen: »Wer sich in Paris bewährt, hat sich vor der Menschheit bewährt«, behauptete Graf Keyserling, und Frank Sinatra sang über New York: »If I can make it there, I'm gonna make it anywhere« (zitiert nach Lindner 2005b, S. 25). »Sind Sie reif für Berlin?«, fragt eine erfolgreiche Frauenzeitschrift ihre Leserin und präsentiert nicht das leicht zu erschließende, sondern das anstrengende, herausfordernde Berlin. Sie setzt damit – ganz schleichend – Berlin in den Status einer Metropole. Anders als in anderen Berichten von *Maxi* über deutsche Großstädte arbeitet der Berlin-Artikel mit der Inszenierung einer Herausforderung, die es nur in Berlin zu geben scheint und die es legitimiert, Berlin als Metropole zu denken. Damit nimmt Berlin, und diese Praxis der Darstellung lässt sich auch in *Merian*-Heften und in zahlreichen anderen Städteführern finden, eine Sonderstellung ein. *Maxi* produziert Metropolenbilder und schreibt damit am Ruf der Stadt mit.

In Berlin, so der Subtext der Montage, bedeutet Armut nicht Verelendung, sondern Kreativität mit einem Schuss Exzentrik, Jugendlichkeit und Lebensfreude, vorausgesetzt, man weiß seine Chance zu nutzen. Auch Wowereit greift mit seinem viel zitierten Satz »Berlin ist arm, aber sexy«[2] 2004 in einem namentlich gekennzeichneten Artikel für die Illustrierte *Gala* dieses Narrativ auf. Der Satz dient heute als Interpretationsfolie für viele Phänomene der Hauptstadt. So berichtet die *Süddeutsche Zeitung* von der Berlin Fashion Week mit den Worten: »Bislang reicht es nur zum nachlässig Angezogensein. Doch genau das lässt die Stadt für ausländische Besucher so sexy wirken« (*Süddeutsche Zeitung*, 31. Januar 2006, S. 10). *DIE ZEIT* spricht in Bezug auf Berlin von »Armut als Standortvorteil« (*DIE ZEIT*, 6. Juli 2006) und erläutert diesen mit »billig plus Mythos«, und die *Frankfurter Rundschau* titelt gleich: »Geile Stadt. Berlin gilt als Kapitale des Sex« (*Frankfurter Rundschau*, 23. Februar 2006). Auf einer eigenen Homepage – ⟨www.armabersexy.de⟩ – werden unter der Überschrift »Arm, aber sexy. Ber-

Abb. 16: Arm-Aber-Sexy-Tasche. Foto: Veronika Gabler.

---

2 Eine Google-Suche ergibt 231 000 Treffer.

lin« junge Menschen gezeigt, die mit »leeren Taschen« in Berlin leben: »Deshalb sind wir hier. Wir haben leere Taschen, aber alle Möglichkeiten. Das ist unser Luxus. Deshalb sind wir hier« (⟨http://armabersexy.de/frameset. htm⟩). Wie zuvor *Maxi*, so ruft auch diese Homepage Berlin als die Stadt unendlicher Möglichkeiten auf, setzt sie damit in den Konnex von Paris und New York, baut diesen Möglichkeitsraum jedoch streng auf die Armutsannahme auf. Entsprechend kann man für 5 Euro eine als Luxustasche klassifizierte Papiertüte bestellen (oder in Boutiquen, die Namen wie »Edelramsch« tragen, erstehen), die den Aufdruck »ARM ABER SEXY« trägt.

Wowereit spricht aus, was schon Jahre zuvor in Reiseberichten à la *Maxi* thematisiert wird. Obwohl er als Autor des Slogans gilt, greift er nur auf, was über Berlin erzählt wird. Berlin hat tatsächlich ein ernstzunehmendes Armutsproblem. Auf je 100 Einwohner im erwerbsfähigen Alter kommen nur 42,1 Personen, die einer Erwerbsarbeit nachgehen können (siehe Bundesamt für Bauwesen und Raumordnung 2007). Davon arbeiten im Dienstleistungssektor 34,6 Prozent, das heißt deutlich weniger als in anderen deutschen Großstädten – Problemlagen, die in den Mythen des coolen, kreativen Berlins nicht thematisiert werden. Wowereit unternimmt nun den Schritt, alle Bewohner anzusprechen und für die Identifikation mit dem Berlin der Kreativen zu werben. Damit bricht er mit dem Mythos, Berlin sei über das Coole bereits beschreibbar. Doch anstelle die Teilungen und Trennungen selbst zum Thema zu machen, fordert er Anpassung an hegemoniale Konzepte der Kulturstadt. Sexualisierung ist der Modus, der es – in gezielter Anknüpfung an die Mythenbildung der so genannten wilden 1920er Jahre in Berlin – ermöglichen soll, gleichzeitig das Arme in einen attraktiven Kontext zu stellen und Berlin zur Metropole zu stilisieren.

Abb. 17:
Klaus Wowereit vor dem Plakat zur Berlin-Kampagne.
Quelle: ⟨http://www.berlin.de/rbms kzl/rathausaktuell/archiv/2004/02/ 05/18200/index.html⟩.

Die Webseiten des Presse- und Informationsamtes des Landes Berlin, »Rathaus aktuell«, bebildern den Abdruck des *Gala*-Artikel des Regierenden Bürgermeisters mit einer Fotografie von Klaus Wowereit beim Start der Werbekampagne »Mir geht's Berlin!«, die ihn vor dem Plakat zur Kampagne (siehe Abb. 17) zeigt. Auf der leicht unscharfen Wiedergabe auf der Website sieht man eine auf dem Rücken liegende Frau mit weit geöffneten Armen. Dass sie schwebt, kann man hier nicht erkennen.

Wer nur die Information abrufen möchte, in welchem Kontext Wowereit von »arm, aber sexy« spricht, der findet den offen homosexuellen Bürgermeister in einem eindeutig heterosexuell kodierten Setting wieder (zur Heterosexualisierung von Berufen vergleiche McDowell 1995). Das Presseamt stellt den Bürgermeister, so jedenfalls suggeriert es die Wiedergabe des Plakats im Netz, vor das Bild einer hingebungsvollen Frau, das mit »Berlin« unterschrieben ist. Wowereit beginnt seinen Artikel mit den Worten »Eine Liebeserklärung an Berlin ...« – und bildlich transportiert wird der sexualisierte Inbegriff bzw. der über den Frauenkörper hergestellte Assoziationskontext des empfangenden Berlins.

Dass Städte, insbesondere Großstädte systematisch mit Erotik und Sexualität verknüpft werden, ist keine neue Einsicht. Wer Sigrid Weigel bei ihrem Gang durch die Literatur folgt, ist nicht nur über das Ausmaß der Sexualisierungen in Städtedarstellungen erstaunt, sondern auch über die gleichzeitige Nichtbeachtung dieser sexualisierten Beschreibungen in der literaturwissenschaftlichen Forschung (Weigel 1990, S. 149 ff.). Für die Großstadt der Moderne stellt Weigel fest, dass trotz aller planerischen Versuche, Übersichtlichkeit, Zentrierung und Geometrisierung zu erhalten oder herzustellen, gerade die Ambivalenzen in der Stadtbildgestaltung dazu führen, dass Städte tendenziell ihre ordnungsstiftende Signatur verlieren. In der Literatur werde dies vor allem mit dem Bild des Wucherns der Großstadt beschrieben. Der Stadtroman binde sich genuin an die Erfahrung von Kontrollverlust, und gerade dieser sei hochgradig sexualisierbar.

Zwei Erzählstränge, so wissen wir heute, prägen die Sexualisierung der Stadt von der Industrialisierung bis in die Nachkriegszeit: Entweder verführen käufliche Frauen die Männer der feinen Gesellschaft in der Großstadt, oder die Stadt selbst wird als eine sich hingebende, sich öffnende, verschlingende Frauenfigur imaginiert. In beiden Fällen wird die Hure zum Inbegriff der großstädtischen Fantasie. Emile Zolas Nana zum Beispiel tritt als »blonde Venus« in der Pariser Operette auf und nimmt Zug um Zug die Männerwelt ein: »Jäh und unerwartet bäumte sich in dem gutherzigen Kind das Weib auf, beklemmend und ängstigend, mit dem Wahnsinnsausbruch ihres Geschlechtes, und ließ sie das unbekannte Reich des Verlangens schauen. Nana lächelte unentwegt, aber es war ein böses Lächeln, das Lächeln eines männerfressenden Weibchens. [...] Unmerklich hatte Nana das Publikum erobert, hatte von ihm Besitz ergriffen, und jetzt waren ihr die Männer samt und sonders hörig und verfallen« (Zola 1976/1880, S. 38 ff.). Wolfgang Borchert wählt 70 Jahre später eine andere Erzählstrategie, wenn er die Stadt selbst als Prostituierte beschreibt: »Die Hure Großstadt hat uns zugeplinkt – / an ihren weichen und verderbten Armen / sind wir durch Lust und Leid gehinkt / und wollten kein Erbarmen« (Borchert 1982/1949, S. 20).

Diese Sexualisierung der Städte gilt auch für die Filmproduktionen der ersten Hälfte des 20. Jahrhunderts. Katharina Sykora unterscheidet zwischen zwei Spielarten der Erzählung über die Sexualisierung der Stadt: die sich freimütig hingebende, erotische Frau und die bedrohliche, weil verschlingende unersättliche Frau (vergleiche Sykora 1993). Die nationalsozialistische Filmindustrie konnte nahtlos an diese Diskursmuster anschließen, die Gefahren der Großstadt mit dem heimischen, reinen Landleben kontrastieren und die Großstadt sukzessive unter das Motto stellen: »Die Stadt muss Heimat werden« (Warth 2000, S. 54). Filme wie *Der verlorene Sohn* oder *Die Umwege des schönen Karl* präsentieren die moderne Großstadt als eine hocherotische Femme fatale, die zur Bedrohung für die völkische Gemeinschaft wird. Nur die Heimkehr aufs Land oder die Umdeutung der Stadt zum imaginären Ort der Heimat kann die Gemeinschaft und die patriarchale Männlichkeit retten: vor der Frau, der Verführung, dem unkontrollierten Sex und vor dem Moloch Stadt.

Während die Idee von der Stadt als Mutter vor allem in Phasen der Neugründung und des Wiederaufbaus aktualisiert wird, findet sich viel häufiger die Fantasie von der Stadt als Hure und damit als Inbegriff des Unkontrollierten bzw. als Warnung vor dem als moralisch verwerflich aufgeladenen Kontrollverlust (vergleiche auch Walkowitz 1992; Hubbard 1998). In der Imagination der Stadt als Hure bzw. als Ort der käuflichen Frauen, die die Moral des Gemeinwesens bedrohen (gemeint sind nicht nur die Prostituierten, sondern auch die neuen Gruppen der berufstätigen Frauen – Angestellte und alleinstehende Fabrikarbeiterinnen –, die nur in der Stadt Arbeit finden), verdichten sich die Befürchtungen und die Faszinationen der sich entwickelnden modernen Großstadt. Die Sexualisierung der Stadt im Topos der Hure bündelt die Erfahrung mit der modernen Großstadt als Sitz der Geldwirtschaft, als Ort der Anonymisierung und der neuen Sexualpraktiken, angefangen von der ständig wachsenden Gruppe jener Frauen, die sexuelle Dienstleistungen für Geld anbieten, über die zahlreichen Nachtclubs für sich ausdifferenzierende gesellschaftliche Teilgruppen und ihre sexuellen Begierden sowie für sich verändernde Geschlechterinszenierungen, unter anderem durch die steigende Erwerbstätigkeit von Frauen und die politischen Erfolge der ersten Frauenbewegung. Mit anderen Worten: Die moderne, industrialisierte Großstadt wird sexualisiert, indem die öffentlich sichtbare sexuelle Vielfalt mit einem Deutungsmuster verknüpft wird, das bestimmte Charakteristika der Moderne kaum besser fokussieren könnte: die käufliche Frau, die Hure. Sie konvertiert, so die Konstruktion, soziale Beziehungen in Geld, stellt eine Gefahr für die körperliche und seelische Unversehrtheit der Bürger dar und ist doch das Objekt, nach dem sich viele sehnen.

In ihrer Studie über die sozialen Konstruktionen der Stadtplanung zeigt Susanne Frank, wie die (amerikanische) Suburbanisierung in den Anfängen von einer polaren Geschlechteranordnung begleitet wurde (Frank 2003). Die Städte galten als männliches, die Vororte als weibliches Territorium. Diese Ordnung geriet im Verlauf der ersten Frauenbewegung ins Wanken. Eine Pionierrolle spielte dabei Betty Friedans 1963 erschienenes Buch *The Feminine Mystique* (dt. 1970: *Der Weiblichkeitswahn oder die Selbstbefreiung der Frau. Ein Emanzipationskonzept*), in dem sie die These vertrat, dass die Monotonie der Vororte die Frauen verrückt und stumpf mache. Die zweite Frauenbewegung wartete dann mit der Forderung auf, (bürgerliche) Frauen nicht länger aus der Erregungskultur der Großstadt auszuschließen. Heute, so fasst Frank zusammen, trennt sich die suburbane von der städtischen Lebenswelt entlang der Konstruktion von domestizierter und ungebändigter Weiblichkeit. Die große Stadt wird mit einer sexualisierten Zuschreibung unterlegt, nun auch für und von Frauen. Und man kann es auch andersherum formulieren: Um eine Stadt als Großstadt, gar als Metropole zu inszenieren, bedarf es der über Frauenkörper sexualisierten Darstellung.

Die Sexualisierung von Städten, insbesondere von Großstädten, ist inzwischen umfassend nachgewiesen worden, auch wenn Henning Bech noch 1995 feststellt: »In den meisten Untersuchungen über die Stadt und das Problem der Urbanisierung scheint ›Sexualität‹ ein unanständiges Wort zu sein. Es taucht weder im Stichwortverzeichnis und kaum im Text auf« (Bech 1995, S. 5; siehe auch Bech 1997). Der dänische Soziologe vertritt die Auffassung, dass die moderne Stadt immer und überall, unvermeidlich, grundsätzlich und durchgängig sexualisiert. Sexualisierung, so Bech, entstehe durch einen Zustand der Erregung, der aus dem Übermaß an Angeboten, dem Überfluss, der Möglichkeitsvielfalt und der Freiheit resultiere. Die Mischung aus Konsumismus, Oberflächenorientierung und Nichteinmischung versetze die Stadt in einen permanenten Reizzustand. Typisch hierfür sei zum Beispiel die Kunstform des sexualisierten An- und Zurückblickens, in der Schwulenkultur *cruising* genannt. Die Betonung des Sehens und des Gesehenwerdens, die Orientierung auf Oberflächen, die Distanz und Fremdheit sowie die ständigen potenziellen Berührungen einander Fremder machen die Stadt zum idealen Umfeld permanenter Sexualisierung (vergleiche Mooshammer 2005). Auch Iris Marion Young entwirft das heterogene, erotische Stadtleben als Alternative zum liberalen Individualismus und zum Gemeinschaftsideal. In der dörflichen Gemeinschaft hörten Personen auf, andere zu sein, wohingegen das Stadtleben die Zugehörigkeit von Personen und Gruppen zu Räumen und Institutionen fördere, ohne darüber zur Einheit zu verschmelzen. Es existierten vielfältige, auch wechselnde Gemeinschaften, so dass jeder immer sich wieder in der Position des Zugehörigen und des Fremden befände. Für Young ist Differenz etwas Erotisches, weil es bedeutet, aus der eigenen Routine herausgezogen zu werden, das Neue, Fremde, Überraschende zu treffen und Interesse an Menschen zu entwickeln, die als anders erfahren werden. Die Erotik der Stadt entspringe aus der Ästhetik ihrer materiellen Existenz: aus Lichtern, Gebäuden und Architekturstilen, aus der Differenz zwischen den dort lebenden Menschen sowie aus der »sozialen und räumlichen Unerschöpflichkeit« (Young 1992/1993, S. 106). Für Ash Amin und Nigel Thrift ist die Stadt schließlich ein Fokus und eine Produzentin von Erfahrung und Begierde. Nicht nur, dass die Stadt alle Sinne reize, sie schaffe unerwartete Kombinationen aus sinnlichen Erfahrungen und damit eine Vielfalt an Körpererfahrungen (vergleiche auch Bauman 1995, z.B. S. 265).

Wie viele andere Phänomene wird auch die Sexualisierung von Städten als homogener und sogar homogenisierender Prozess gedacht: »Urbane Sexualisierung ist ein modernes Allgemeines, sie obstruiert alle Betonungen des Besonderen und Lokalen, sie ist eine homogenisierende Herausforderung der allseits zelebrierten Differenz« (Bech 1995, S.20). Sie gilt als das verbindende Merkmal der großen Städte, aber auch als das homogenisierende Produkt heterogener und deshalb stimulierender Alltagserfahrung.[3] Die Akteure in den Städten können sich dem

---

3 »Für den Erwachsenen ist die Großstadt das, was für das Kind der Rummelplatz ist«, schreibt György Konrad und führt weiter aus: »Warum geht der Kleinstädter in die Großstadt? Weil er sich in der Kleinstadt langweilt« (Konrad 1986, S. 267).

sexualisierenden Diskurs zwar prinzipiell nicht entziehen, aber die Formen der Sexualisierung können von Stadt zu Stadt variieren und auch aktive Entdramatisierungen einschließen (vergleiche die nachfolgenden Ausführungen zu den München-Inszenierungen).

Maxi, Klaus Wowereits *Gala*-Artikel und Kulturschaffende in einem studentisch-alternativen Milieu erzählen von einem pulsierenden, sexuell aufgeladenen, sexualisiertmetropolitanen Berlin, das Armut in kulturelle Kompetenz zu übersetzen weiß. Ein sexualisiertes Lebensgefühl wird als das Gemeinsame aller Berliner behauptet, obgleich Wowereit weiß, dass die Mehrzahl der Bürger ihre Stadt so nicht wahrnehmen. Da er bzw. die kulturelle Elite der Stadt jedoch ihren wirtschaftlichen Erfolg genau in der Verkörperung dieses sexualisierten, einzigartigen, kulturell innovativen Berlins sehen, soll dieses Lebensgefühl geweckt und als das bislang fehlende Gemeinsame, als Identifikation der Berliner mit Berlin, etabliert werden. Damit soll der Bruch zwischen Stadt und Bevölkerung gekittet werden, der sich tatsächlich im 20. Jahrhundert tief in die städtische Textur eingeschrieben hat. Wie Werner Schiffauer zeigt, war Berlin durch die spezifische Insellage von einem Fortzug der Berliner und einem Zustrom von Kulturschaffenden und Studierenden geprägt, so dass an manchen Institutionen, etwa an der Freien Universität, die Einheimischen deutlich in der Minderzahl waren. Dies hatte gleichzeitig ein Defizit an lokalen Bezügen der politischen Akteure und die Verfestigung von Milieu-Spaltungen zur Folge: »In Berlin, wo die legitimen Interpreten der Kultur in der Mehrheit von außerhalb kamen, fehlte ein derartiger [zum Beispiel mit dem Stadtbezug der Frankfurter Bürger] vergleichbarer lokaler Bezug völlig. Die Berliner Linke befasste sich mit globalen Problemen, nicht mit der Stadt« (Schiffauer 1997, S. 120). Dazu passt, dass Klaus Wowereit noch heute den

Berlin-Blick internationaler Popgrößen wie Madonna und der Rolling Stones (Wowereit 2008, S. 3) zum Maßstab für die Eigenwahrnehmung stilisiert.

Die Konflikte aufgrund auseinanderdriftender milieuspezifischer Perspektiven auf die Stadt sind für Berlin allerdings nichts Neues. Berlin ist traditionell eine Stadt der Beamten, Arbeiter und Immigranten. Ein starkes und selbstbewusstes Bürgertum, wie es sich etwa in Hamburg, Frankfurt am Main oder München entwickelt hat, sucht man in Berlin vergebens (vergleiche Schiffauer 1997, S. 121). Nach dem Zweiten Weltkrieg und aufgrund der Verlegung von Bundestag und Bundesregierung nach Bonn nahm mit den kulturellen und politischen Funktionen auch die Bedeutung des Beamtentums ab. In Westberlin bleiben zwei soziale Gruppen prägend: die Arbeiter, darunter viele türkische Migranten, und die Kulturschaffenden, Studierenden und Aussteiger. In Ostberlin hingegen übten aufgrund der Hauptstadtfunktion die politischen Funktionäre und das organisierte Proletariat den größten Einfluss aus. Wenn heute der Regierende Bürgermeister und sein Team versuchen, 3,5 Millionen Kiezbewohner davon zu überzeugen, dass Berlin eine »lockere, entspannte und dem Leben zugewandte, dynamische Stadt« (Wowereit 2008, S. 3) sei, die alle verkörpern können (»Sei Berlin!«), dann reproduziert sich darin der Kampf der kulturellen Eliten um die hegemoniale Deutungsmacht über den städtischen Alltag und das Potenzial der Stadt. Faktisch wiederholt sich in der Feststellung des bisherigen Unvermögens, Berlin zu sein, die milieuspezifische Teilungsgeschichte der Stadt, welche die Spaltung in Ost und West noch dupliziert. Die Kampagne stellt nicht nur eine unmögliche Anforderung, nämlich die Stadt auf spezifische Weise zu verkörpern und zugleich wirtschaftlich erfolgreich zu sein, sondern fordert auch das mögliche Gemeinsame als Anpassungsleistung.

1. Berlin

Obwohl Wowereit nicht müde wird darauf hinzuweisen, dass Berlin durchaus in der Lage sei, mit London, Paris und New York zu konkurrieren (ebd., S. 3), zielen seine Positionierungsbemühungen doch in erster Linie in Richtung München. Der Slogan »Berlin ist arm, aber sexy« ist nicht nur Berlin-Beschreibung, sondern auch Abgrenzungsbewegung. Ich zitiere aus dem *Gala*-Artikel: »Aber wir müssen weiter für Berlin als Hauptstadt werben. Warum das so ist, erkläre ich am Beispiel Fußball-WM: München tritt um das Internationale Pressezentrum und um die kulturelle Eröffnungsfeier mit uns in einen Städtewettstreit ein, als ginge es um die Bundesgartenschau. Das hätte Marseille mit Paris nie gemacht!« (Wowereit 2004, Dokument des Presse- und Informationsamtes des Landes Berlin). Die Abgrenzungskämpfe zwischen Preußen und Bayern sind bekanntlich gut etabliert und Thema nicht nur an Stammtischen oder in Fußballstadien. So konzipierten das Haus der Bayerischen Geschichte in Augsburg und die Generaldirektion der Staatlichen Archive Bayerns 1999 eine später auch in Berlin zu sehende Wanderausstellung mit dem Titel »Preußen in Bayern«, deren zentrales Ziel es war, die historischen Wurzeln dieser sorgfältig gepflegten Rivalität freizulegen. Es zeigte sich, dass die wechselseitigen Vorurteile erst relativ spät und nach Jahrhunderten guter Beziehungen mit dem Aufstieg Preußens und dem Abstieg Bayerns Ende des 19. Jahrhunderts zu sprießen begannen und durch

Abb. 18: Karikatur von Bruno Paul im *Simplicissimus*, Jahrgang 3, Heft 21 (August 1898), S. 165.

Zeitschriften wie *Jugend* oder *Simplicissimus* verbreitet und popularisiert wurden.

Der Künstler Bruno Paul ließ in seiner Karikatur als Bayern verkleidete Berliner, die zur Sommerfrische nach Bayern gereist sind, sagen: »Ich hatte nicht gedacht, daß man in den Straßen dieser Stadt doch so viele jebildet aussehende Leute treffen würde.« Worauf der Mitreisende antwortet: »Janz einfach zu erklären: drei Ferien-Sonderzüge aus Berlin anjekommen« (Hauser 1999, S. 2). Verhandelt wurden in solchen Karikaturen häufig das Zusammentreffen von hochnäsigen Preußen und angeblich unterentwickelten Bayern bzw. der metropolitane An-

Abb. 19: Frage in Münchner Imagestudie. Die Befragten werden aufgefordert, die leere Sprechblase zu füllen.
Quelle: 〈http://www.mattheusen.org/baw_mafo/fragebogen.html〉.

spruch Berlins als Kunst- und Kulturstadt im Kontrast zum stark bäuerlich geprägten bayrischen Königreich. Heute, ich habe es in der Einleitung bereits erwähnt, verabreden sich die Bürgermeister von München und Berlin, um öffentlich über die Vor- und Nachteile der jeweiligen Stadt zu streiten. Wowereit fordert – wie in dem *Gala*-Artikel – die Münchner öffentlich auf, Berlin als ihre Hauptstadt anzuerkennen, und Münchner Politiker, die zur Fußballweltmeisterschaft nach 34 Jahren »Weltstadt mit Herz« einen neuen (nämlich englischsprachigen) Slogan suchen, geben eine Imagestudie in Auftrag, in der die Frage aufgeworfen wird, ob München nicht als heimliche Hauptstadt anzusehen sei.[4]

2. München

Während Berlin innerhalb von vier Jahren zwei Imagekampagnen für die Stadt lancierte, vergehen in München 34 Jahre zwischen zwei Kampagnen. 2500 DM lobte München 1972 anlässlich der bevorstehenden Olympischen Spiele für einen guten Werbespruch aus. Der Slogan »Weltstadt mit Herz« entstammt der Feder einer Sekretärin, die sich an dem Wettbewerb beteiligte. Erst 2006, zur FIFA-Fußballweltmeisterschaft, fiel die Entscheidung, dass München sich internationaler – sprich: auch auf Englisch – präsentieren müsse. Der gestiegene Stellenwert des Stadtmarketings lässt sich schon daran bemessen, dass München nun 1,3 Millionen Euro investierte (vergleiche die Pressemitteilung des Bundes der Steuerzahler in Bayern e.V. 2005), um ein neues Branding anlässlich der Fußballweltmeister-

---

4 Vergleiche auch Bauer/Piper, die ein Kapitel ihrer Geschichte von München mit »Heimliche Hauptstadt oder Provinz« betiteln (in Bauer/Piper 1993).

schaft 2006 zu finden. Das neue Markenzeichen heißt nun »München mag Dich/Munich loves you«. Während die Berliner Imagekampagne – nach offizieller Verlautbarung – zunächst nach innen wirken und die Berliner und Berlinerinnen überzeugen soll, ihre Stadt »zu sein«, behauptet München mit »München mag Dich/Munich loves you« eine Identität der Stadt. Es gibt eine Einheit – München –, die in der Lage ist, andere zu lieben. Berlin dagegen fordert auf, erst mal Berlin zu sein.

»Der Wunsch, eine Großstadt ›mit Herz‹ zu sein«, bringt nach Werner Schiffauer (1997, S. 119) konsequent den Wunsch auf den Punkt, harmlose Großstadt sein zu wollen. Man will nicht Herausforderung, pulsierendes Zentrum, Sex und Abenteuer sein, sondern liebenswert und liebesfähig. Das Herz-Motiv wird in der neuen Werbekampagne wieder aufgegriffen, indem das Wort »mag« beziehungsweise »love« durch das Herz ersetzt wird. Das Herz kann dann je verschieden gestaltet werden, zum Beispiel kann es aus Leder sein wie ein Fußball. Die offizielle Darstellung wählt jedoch den Himmel und die Türme der Frauenkirche, also das standardisierte Münchenmotiv:

Das Herz von München ist nun nicht mehr einfach nur da (»Weltstadt mit Herz«), sondern es wird aktiv (»Munich loves you«). Die Stadt wird zum Individuum erklärt, das in der Lage ist, Menschen aus aller Welt zu lieben.

Abb. 20: Werbeslogan der Stadt München.
Quelle: Landeshauptstadt München, Referat für Arbeit und Wirtschaft.

2. München 215

Abb. 21: Werbeplakat der Stadt München.
Quelle: Landeshauptstadt München, Referat für Arbeit und Wirtschaft.

Diese Liebe ist insbesondere an den innerstädtischen Orten spürbar, so suggerieren die Plakate, und es werden vier Orte ausgewählt, die diese Liebesfähigkeit spürbar machen sollen: dem Anlass entsprechend die Allianz Arena als Fußballstadion, der Biergarten, die Pinakothek der Moderne und ein Badesee.

Während also Berlin mit Menschen wirbt, empfiehlt München seine Orte. Im Zentrum der bildlichen Darstellung steht das etwa in einen Baum geritzte Herz (siehe Abb. 21). Die Menschen kommen in München zur Ruhe. Sie lesen ein Buch oder sie sprechen und flirten bei einem Weißbier miteinander. In München dominiert, nach dieser Inszenierung, die Natur. Alte Bäume stehen dort herum und dürfen bestiegen werden (und der Gastwirt beschwert sich nicht, wenn man sein Helles in einer Astgabel trinkt), selbst der See spiegelt ruhig das Geschehen. »Das Herz schlägt in Berlin doppelt so schnell wie anderswo«, sagt Wowereit

Abb. 22: München-Reportage, *Maxi*, Mai 2000, S. 160.

(2008, S. 1) und schwärmt vom schnellen Rhythmus der Stadt. In München wirbt man mit Gemütlichkeit und Ruhe. Die Geschichte, die mit dem München-♥-you-Werbeplakat erzählt werden soll, ist einfach aufgebaut: Keine Symbole, die ein schwebendes Fotomodell in Händen hält, sondern ein lässig gekleidetes Paar beim Bier auf einem Ast.

Auch *Maxi* berichtet über München im größten denkbaren Gegensatz zu Berlin. Zwölf Jahre und viele Berlin-Artikel später veröffentlicht die Zeitschrift im Mai 2000 einen München-Reisebericht. Eine volle Seite reserviert sie für die Abbildung von zwei Jungen in Tracht:

Lachend oder lächelnd werden die Knaben dargestellt. Die Abbildung formuliert kein Problem, sondern ungetrübte exotische Praxis. »So ist München: Bayerische Tradition schon bei den ›Buam‹ (deutsch: Knaben). Und im Hintergrund die Berge« lautet die Bildbeschriftung. München wird über Traditionspflege eingeführt, und dadurch wird von der ersten Seite an nahegelegt, dass München über seine Nähe zu dörflich-ländlichen Strukturen zu entziffern ist. Nicht nur der sozialwissenschaftlich geschulte Leser wird unmittelbar begreifen, dass Menschen mit volkstümlichen Kulturpräferenzen eher auf dem Land als in der Stadt leben (vergleiche Kapitel 1 in diesem Buch). Vor das Bild der Stadt, das auf der nächsten Seite im Heft folgt, wird die ländliche Tradition gesetzt, und zwar als lebendige, bereits von der Jugend gepflegte Praxis. Mün-

2. München

Abb. 23: München-Reportage, *Maxi*, Mai 2000, S. 161.

chen, so fasst es die Bildeinschrift zusammen, ist eine in der Vergangenheit (Tradition) verwurzelte Stadt, exotisch oder zumindest einigermaßen fremd für den Rest der Deutschen (Münchner sprechen eine Sprache, die man ins Deutsche übersetzen muss, siehe Buam/Knaben), und sie konstituiert sich vor dem Hintergrund mächtiger, als Natur wahrgenommener Phänomene – den Bergen.

Auf der nächsten Seite der *Maxi*-Reportage findet sich dann nicht, wie in Berlin, eine Inszenierung ungewöhnlicher Einblicke. Hier wird nicht der Blick hinter die Kulissen auf das arme, aber kreative Umfeld in Szene gesetzt, sondern das gewählte Motiv entspricht perfekt der Postkartenperspektive auf München. Wie ich bereits in Kapitel 3 dargestellt habe, wird München häufig als Stadt präsentiert, in der sich Kulturkompetenz und Naturverbundenheit zu einem harmonischen Ganzen verbinden.

Abb. 24: *München*. Postkarte/MD Edition München, Nr. EM 75.

München erscheint wie vor einer Traumkulisse. München ermöglicht Perfektion, so die Überschrift, in der Verbindung von Land und Stadt. Die Stadt scheint eingebettet in die natürliche, alpine Umgebung. Im Herz der Postkarte wie auch in der Herzfüllung im Slogan »München mag Dich« (siehe oben, Abb. 20) sammeln sich die Türme der christlichen Gotteshäuser. Kein Hochhaus, so das Ergebnis eines Bürgerentscheids, den die Initiative »Unser München« organisierte, darf die Frauenkirche überragen (vergleiche Prigge/Schwarzer 2006, S. 247 f.). Vor der Kälte der schneebedeckten Berge scheint das Herz Münchens noch wärmer zu glühen. Unverwechselbar, so die Narration, wird München durch die landschaftliche Rahmung und durch die (für den Fremden als exotisch gefasste) Besinnung auf (christliche) Traditionalisierung.

Maxi verzichtet bei ihrer Münchenrepräsentation auf die Darstellung von Frauenkörpern. Angesichts des Wissens um die Sexualisierung der Städte (sowohl aus der sozial- und kulturwissenschaftlichen Literatur, wie oben dargestellt, als auch durch die Werbungsforschung, vergleiche zusammenfassend Schierl 2005) sticht die aktive Desexualisierung von München ins Auge. Kein weibliches Model wird präsentiert, sondern stattdessen Kinder, vor allem männliche Kinder, die über Kindlichkeit Unschuld vermitteln, was nahtlos an Land- und Dorfimagines anschließt. Über die bildliche Platzierung von Jungenkörpern entfernt sich die Münchendarstellung dezidiert von Sexualisierungspotentialen. Werner Kroeber-Riel (1996) konnte für Automobilwerbung zeigen, dass die Positionierung eines als attraktiv klassifizierten Frauenkörpers neben einem Fahrzeug dieses sportlicher, ansprechender, attraktiver, aber auch weniger sicher erscheinen lässt. Übertragen auf die *Maxi*-Städtedarstellungen heißt das, dass Berlin durch die Frauendarstellungen großstädtisch, unsicher, attraktiv, kreativ erscheint, wohingegen München als sicher, ländlich und exotisch dargestellt wird. Die *Maxi*-Präsentationen der beiden deutschen Großstädte könnten gegensätzlicher nicht sein.

Es scheint, als sei in München gelungen, was in nationalsozialistischen Filmen noch zum Problem erhoben wurde: die Versöhnung der Stadt mit dem Land. Der Moloch der Großstadt braucht nicht mit dem reinen Landleben kontrastiert zu werden, sondern die Weltstadt, die einen liebt, ist selbst Heimat und charakterisiert durch Tradition. Diese Pflege traditionsbewusster Alltagskultur ist nicht nur Image, sondern auch gezielt geförderte Praxis. 1979 wird Volker D. Laturell zum »Volkskulturpfleger« ins Kulturreferat der Stadt berufen: »1993 gab es allein über 240 Laienchöre und Gesangsvereine, über 50 Laienorchester, Zitherclubs usw., über 50 Bläserensembles und Blaskapellen, rund 250 Volksmusik-Instrumental-Gruppen und -Solisten, rund 100 Volksmusik-Gesangs-Gruppen und

-Solisten, über 40 Tanzmusiken, rund 100 Volkstanz- und Amateurtanzgruppen, über 140 Volks- und Amateurtheater, Laienspielgruppen u.ä., 60 Trachtenvereine und 25 Heimat- und Brauchtumsvereine (ohne Landsmannschaften)« (Bauer/Piper 1993, S. 402). An die Stelle der Bilder von verführerischen und verführenden Frauen rücken Bilder der Einübung in patriarchale Männlichkeit: kleine Jungen, die mit Gamsbart am Hut und breiter Krawatte erste Symbole der Männlichkeit tragen und in der Lederhose lokale Praktiken einüben.

3. Der Konnex Berlin – München

Bayern, so wird immer wieder betont, entwickelte sich wesentlich »aus dem Gegensatz zum protestantischen Norden, vor allem zu Preußen, dessen Dominanz spätestens seit der Reichsgründung den katholischen Süden in die Defensive drängte und damit die Ausformung quasinationaler Eigenständigkeitsmerkmale beförderte« (Krauss 1997, S. 10). In der Abgrenzung voneinander bleiben München und Berlin bis heute eng aufeinander bezogen. Längst jedoch ist es nicht nur Bayern, das sich von Preußen abgrenzen muss, sondern Berlin entwickelt sich ebenfalls in der Orientierung an München weiter. Regelmäßig wird in den Reiseberichten der Journalisten, in den Reden der Bürgermeister und in den Slogans der Städte der Kontrast zwischen der sehr schnellen und der sehr ruhigen, der sexuellen und der liebenden Stadt aufgefächert. Während Berlin für Sex steht, steht München für Liebe. In München verliebt man sich, mit Berlin geht man ins Bett: »Wenn du ein paar Zentimeter über den Dingen schwebst. Weil Du dich gerade verliebt hast. Und zwar in eine Stadt. Dann weißt du: München mag dich« (siehe unten, Abb. 27). Auch Berlin versetzt in Trance, allerdings im Hotelzimmer. Die Berührung mit Berlin lässt abheben, in Münchenbildern werden gerne Berge und Seen als Erdverbundenheit inszeniert. In Berlin verweisen die Narrative auf den Rest der Welt, der Berlin cool findet; in München auf die Heimat, die auf Tradition gründet. Luft und Erde, Sex und Liebe, Geschwindigkeit und Ruhe, Globalität und Lokalität: die Qualitäten scheinen zwischen München und Berlin klar aufgeteilt zu sein. Der Topos der »heimlichen Hauptstadt« und Klaus Wowereits Kämpfe, als Hauptstadt auch in München anerkannt zu werden, verweisen darauf, dass die Städte nicht nur durch die Abgrenzung Strukturen bilden, sondern vor Ort auch nationales Selbstverständnis verhandelt wird. Am Fall von München und Berlin stellt sich die Frage, wie Deutschland sein will: Ungemütlich und schnell, cool und vernetzt in die Zentren der Welt oder gemütlich und ruhig, territorial und traditional? Welche Hauptstadt repräsentiert Deutschland: die heimliche oder der amtliche Regierungssitz? Welche ist wie Deutschland? Berlin geht in seiner Kampagne kein Risiko ein und präsentiert mit dem Brandenburger Tor nationale Symbolik. München setzt Volkskultur dagegen. Der Kampf der beiden Städten, der, wie *Maxi* zeigt, ein Kampf ist, der auch an anderen Orten mitverfolgt und mitgepflegt wird, demonstriert, dass die Städte nicht nur nationale Probleme lokal filtern, sondern dass an der Materialität und Symbolik der Stadt auch das nationale Projekt verfolgt wird. Mehr noch, es zeigt sich, wie die Frage des Nationalen in und an Berlin als Teil globaler Anerkennungszusammenhänge thematisiert wird, in München dagegen in Tradition eingemeindet wird. Wer »Weltstadt mit Herz« sein will, wird Teil der Welt durch Konzentration auf das eigene Zentrum. Wer dagegen mit »Sei Berlin!« propagiert, dass die Bevölkerung lernen solle, sich mit den Augen der Welt zu sehen, denkt die Stadt aus dem Netz der Beziehungen heraus.

All das ist nicht neu, sondern gut gepflegte Routine. Schon in den 1920er Jahren war Berlin mit der Parole »Tempo, Tempo!« (Kiaulehn 1981, S. 20) an Schnelligkeit orientiert, wobei die Doppelnennung die Geschwindigkeitsaufforderung noch intensivieren sollte. Berlin versprach sich, durch Geschwindigkeit schnell zur Weltstadt zu werden bzw. den Anschluss an die weltweite Metropolenentwicklung nicht zu verlieren. Der Historiker David Clay Large erklärt Berlins Entwicklung aus der »atemberaubenden Wandlungsfähigkeit« der wilhelminischen Epoche und der »Geschichtsvergessenheit im Umgang mit sich selbst« (Clay Large 2002, S. 62). Bis heute sei Berlin von einem »Klima der Fieberhaftigkeit« geprägt (ebd., S. 602).

Traditionell wird Berlin ferner hauptsächlich entlang der Achse Stadt–Welt thematisiert, während in München die Verbindungslinie Stadt–Land dominiert. »Ein Bezug, wie er in München zu Bayern, in Stuttgart zu Schwaben und in Frankfurt zu Hessen gegeben war, fehlt völlig – Westberlin war alles, bloß nicht brandenburgisch« (Schiffauer 1997,

Abb. 25: Titelblatt Extraheft *München* der Zeitschrift *Maxi*, August 2003.

S. 120). Dementsprechend rücken in Bezug auf München in den geschichtswissenschaftlichen Arbeiten auch andere Gruppen in den Blick, etwa Gastwirte, die Marita Krauss (Krauss 1997, S. 353 ff.) als ländliche Elite interpretiert. Bayerische Wirtshäuser, so Krauss, sind Orte des Politisierens und Polemisierens, aber auch Orte persönlicher Katastrophen und sozialer Degradierung. Die Wirte wurden zu »Vermittlern zwischen Stadt und Land, das Wirtshaus zum ›Zentrum der Urteilsbildung‹« (ebd., S. 359). Diese Kultur der Wirtshäuser wird heute als Freizeitkultur präsentiert. Die Erzählungen rund um München sind stets Erzählungen über Biergarten- und Gaststubenarrangements. Hier das gemütliche Beisammensitzen im gut besuchten Biergarten im Englischen Garten, dort der menschenleere, unwirtliche, großstädtische Alexanderplatz.

Konfrontiert man diese Erzählungen mit empirischen Daten etwa in Bezug auf die Flächennutzung, so zeigt sich ein überraschendes Bild. Obwohl München intensiv mit den Erholungsflächen wirbt, stehen pro Einwohner nur

Abb. 26: Titelblatt Extraheft *Berlin* der Zeitschrift *Maxi*, Mai 2003.

25 m² für Sport, Freizeit und Parkanlagen zur Verfügung, in Berlin dagegen sind es 30 m². Betrachtet man den Anteil der Erholungsfläche an der genutzten Fläche der Stadt, so wird der Kontrast noch deutlicher: 1,1 Prozent in München, 11,5 Prozent in Berlin. München ist darüber hinaus die dynamischere Stadt: Pro 1 000 Einwohner ziehen in München im Schnitt 63,2 Personen im Jahr zu und 56,8 fort. Dagegen werden in Berlin nur 34,5 Personen ansässig und 31,5 verlegen ihren Wohnsitz in eine andere Stadt. München ist also entgegen den traditionsreich aufgeladenen Bildern nicht einfach ein Ort, an dem man mit Lederhose und Dirndl aufwächst und bleibt, sondern große Gruppen von Menschen siedeln sich jährlich an und wandern jährlich ab – doppelt so viele wie in Berlin. Die bayerische Landeshauptstadt ist zudem eine sehr geschäftige Stadt: Während in München auf je 100 Einwohner im erwerbsfähigen Alter 61,3 Beschäftigte kommen, sind es in

Abb. 27: Werbeplakat der Stadt München.
Quelle: Landeshauptstadt München, Referat für Arbeit und Wirtschaft.

Berlin nur 42,1. Davon arbeiten im Dienstleistungssektor in München 45,6, in Berlin nur 34,6 (alle Zahlen: Bundesamt für Bauwesen und Raumordnung 2007). Images der Ruhe und des hohen Freizeitwerts werden in einer wirtschaftlich höchst erfolgreichen, von großer Mobilität gekennzeichneten Stadt gerne geprägt, um im Städtewettbewerb mit hohen Standards an Lebensqualität zu trumpfen (z. B. Rogerson 1999; Begg 1999). In München scheint das perfekt gelungen zu sein.

Verschiedene Untersuchungen weisen nach, dass die Qualität des Ortes ein wesentlicher Faktor für die Ansiedlung bzw. den Verbleib von Unternehmen ist. So haben Stuart Hart, Daniel Denison und Douglas Henderson (1988) in einer Studie mit 665 Führungskräften aufgezeigt, dass neben Markteinschätzungen die »Qualität der Stadt« und ihr Entwicklungspotenzial der entscheidende Faktor für Ansiedlungspolitik ist (vergleiche auch Stover/Leven 1992; Berger/Blomquist/Waldner 1987). Dementsprechend spielt die »Qualität des Lebens am Standort« heute eine gewichtige Rolle in jedem Städteranking, wobei die dafür als ausschlaggebend betrachteten Parameter je nach Studie andere sein können: Mal sind es die Freizeit- und Erholungseinrichtungen oder die gemessene soziale Sicherheit, mal die Angebote auf dem Gebiet der Kunst und Kultur, die Bildungseinrichtungen oder die Lebenserhaltungskosten (zusammenfassend Rogerson 1999, siehe auch Kapitel 6 unten). Klar ist, dass die schwer zu fassende Einheit »Lebensqualität« für die Stadtentwicklungsprozesse und die Außendarstellungen der Stadt umso wichtiger wird, je stärker sich Städte um den Ausbau des Dienstleistungssektors bemühen. Hans Heinrich Blotevogel benennt in Anlehnung an die einflussreiche Studie von Richard Florida (Florida 2005) drei Faktoren, die in Bezug auf die Attraktivität einer Stadt Hand in Hand gehen müssen: »Erstens:

›Place matters‹, das meint die Vorzüge größerer Städte mit attraktiver Stadtlandschaft und hohem Freizeitwert. Zweitens: ›Community matters‹, das meint die Offenheit und Toleranz einer sozial und kulturell vielfältigen Stadtgesellschaft. Drittens: ›Economy matters‹, das bezieht sich auf die günstige ökonomische Struktur mit Anteilen wissensintensiver Branchen im Industrie- und Dienstleistungssektor« (Blotevogel 2007, S. 9 f.).

Im März 2008 veröffentlich die *Frankfurter Allgemeine Sonntagszeitung* auf mehreren Seiten und darüber hinaus ausführlich auf ihrer Internetseite erstmalig die Ergebnisse einer bei der Beratungsfirma Roland Berger in Auftrag gegebenen Studie zum Thema Kreativitätspotenziale von Städten: »Städte im Wettbewerb«. Grundlage der Studie sind statistische Daten über ökonomische, politische und gesellschaftliche Konstellationen in den Städten, ergänzt durch Experten-Interviews. Als Parameter zur Messung der Wettbewerbspotenziale von Städten wurden angelegt: 1. Technologie (Technologieintensive Gründungen, Patentintensität, Stellen im Bereich Forschung und Entwicklung), 2. Talent (Abschneiden bei der Exzellenzinitiative, Anteil Hochqualifizierter an der Bevölkerung, Bundessieger bei »Jugend forscht«, sozialversicherungspflichtig Beschäftigte in kreativen Berufen etc.) sowie 3. Toleranz (Anteil ausländischer Studierender, internationale und bilinguale Schulen, Wahlergebnisse rechtskonservativer Parteien, eingetragene Lebenspartnerschaften etc.).

Sieger bei »Städte im Wettbewerb« (*Frankfurter Allgemeine Sonntagszeitung*, 9. März 2008) wurde München, dicht gefolgt von Stuttgart. Beide Städte sind führend im Bereich der Technologien. Der Anteil der Beschäftigten im Kreativbereich ist zwischen allen Städten im Rating recht ausgeglichen, wobei die beiden süddeutschen Städte auch bei Wettbewerben wie »Jugend forscht« und der Exzellenzinitiative ganz vorne liegen. Nur beim Parameter »Toleranz« wird das Bild vielfältiger: Beim Anteil ausländischer Studenten liegt Stuttgart vorne (15 Prozent), gefolgt von Frankfurt am Main (13,6 Prozent) und Düsseldorf (12 Prozent), während zum Beispiel Leipzig weit abgeschlagen nur einen Anteil 5,5 Prozent aufweisen kann. Berlin hat zwar absolut gesehen die meisten internationalen Schulen (bilingual und mit internationalen Abschlüssen), aber proportional zur Einwohnerzahl betrachtet hat Frankfurt am Main deutlich mehr Angebote. Der Anteil der eingetragenen Lebenspartnerschaften an den im gleichen Zeitraum abgeschlossenen Ehen ist in Hamburg am höchsten (5,6 Prozent), dicht gefolgt von Frankfurt (4,3 Prozent) und Berlin (4,2 Prozent). Stuttgart hat mit 1,7 Prozent einen geringen Anteil. München zählt die Eintragungen als einzige Erhebungsstadt nicht.

Abb. 28: Roland Berger Strategy Consultants: Städteranking.
Grafik: Frankfurter Allgemeine Sonntagszeitung.

Ohne auf die vielfältigen Probleme von Städterankings an dieser Stelle eingehen zu wollen (vergleiche dazu auch Kapitel 6 in diesem Buch), zeigt der Index doch sehr deutlich den hohen Anteil an sozialversicherungspflichtig Beschäftigten in kreativen Berufen und den hohen Anteil an Beschäftigten mit Hochschulabschluss in München. München gelingt es offenbar, sich mit seinem Branding einen zusätzlichen Wert beizumessen. Die Stadt tritt als idealer

Freizeitort auf. Lebensqualität, so die Erzählung, wird hier groß geschrieben. Es gibt zwar keine Hinweise darauf, dass die Freizeitqualitäten von München die von Berlin übertreffen, aber München wirbt damit und wird damit eindeutig assoziiert. Diese klare Fokussierung auf die Präsentation der Lebensqualität in den Bereichen Freizeit und Kultur bei gleichzeitigem Ausbau des Dienstleistungssektors entspricht genau dem, was als Voraussetzung für ein erfolgreiches Abschneiden im Städtewettbewerb gilt.

München, so das Ergebnis dieser ersten Annäherung, ist eine Stadt, in der ein Ensemble an Wissensbeständen und Ausdrucksformen existiert, das seinen inneren Zusammenhang in der Vorstellung von der Bändigung des Großstädtischen durch Ruhe und Erholung, durch »Herz« findet, in einer Vorstellung, die zugleich auch kühl kalkulierter Wirtschaftsfaktor ist. München, so sagt man, sei immer gerne den Weg des geringeren Widerstands gegangen, wie sich schon an der Herrschaftspraxis der Wittelsbacher im 19. Jahrhundert zeige, die, wie Marita Krauss schreibt, sich von jener des eher rigoristisch agierenden preußischen Staats deutlich unterschieden habe und durch »eine geringe Gewaltbereitschaft auf fast allen Ebenen der Verwaltung, mehr Toleranz gegenüber lokalen Widersetzlichkeiten, mehr Beobachtung statt Eingriff und stets die Bemühung, niemanden unnötig zu reizen oder zu erbittern«, charakterisiert gewesen sei (Krauss 1997, S. 383).[5] München hat auch die Industrialisierung nur langsam vollzogen, was die Stadt lange rückständig erscheinen ließ, heute aber zum Erfolgsfaktor wird, weil der Dienstleistungsbereich in München, wie man an der Rolle der Gastwirte sieht, immer eine wichtige, zwischen den Klassen sowie zwischen Stadt

---

5 Vergleiche dazu ebenso die Schilderungen zu München im Nationalsozialismus von M. Rainer Lepsius (in Lepsius 2008, S. 16 ff.).

und Land vermittelnde Funktion hatte. Die unterschiedlichsten gesellschaftlichen Gruppen greifen in München heute routiniert auf das Wissensrepertoire zurück, dessen gemeinsamer Sinn über die Vermarktung des Provinziellen im Wettkampf der Städte hergestellt wird. Dies ist möglich, weil München die Rolle des langsamen (ruhigeren) Anderen lange eingeübt hat und Berlin, der wichtigste Konkurrent, sich völlig anders versteht. Die Verdichtung auf das Motiv der Lebensqualität bei gleichzeitigem ökonomischen Erfolg ermöglicht Sätze wie »Munich loves you«. Die Liebesfähigkeit der eigenen Stadt zu behaupten – die Fähigkeit, den Fremden zu lieben, nicht die Aufforderung, geliebt werden zu wollen – zeugt von einer Logik der Sicherheit. Die eigenlogische Schließung im Bild der Ruhe und Bodenständigkeit erweist sich somit in München als gewichtiges ökonomisches Potenzial.

Berlin stellt sich ganz anders dar und wird völlig anders interpretiert. In Berlin scheint alles unruhig und unsicher zu sein. Nicht zuletzt die Häufigkeit der Kampagnen, die starke Sexualisierung und die unsichere Identitätsbehauptung in dem Slogan »Be Berlin!« deuten darauf hin, dass die eigenlogische städtische Vergesellschaftung in Berlin mit Bezug auf eine tiefe Unsicherheit über das Eigene der Stadt erfolgt. Die Bilder, die von der Stadt kursieren, zeigen unfertige Plätze und provozierende Frauen. Auch die nun werbewirksam eingesetzten Lebensgeschichten des Aufstiegs berichten nicht nur vom Erfolg, sondern setzen das schwierige Schicksal an den Anfang der Erzählung. Berlin ist es gelungen, als etwas Besonderes angesehen zu werden. Die Herausforderung und die Unsicherheit stehen im Zentrum der Darstellung. Seit Einführung der deutschen Single-Charts 1959 wurde keine Stadt so oft besungen wie Berlin. Während in diesem Zeitraum keine einzige Single über München entstanden ist, existieren gleich zehn, die

»Berlin« im Titel tragen und es unter die 100 bestverkauften geschafft haben (vergleiche ZEIT Magazin, 15. Mai 2008). Mit Berlin, das zeigt das Beispiel, muss man sich beschäftigen – und sei es musikalisch.

In Berlin existieren keine Wirte oder vergleichbare Gruppen als Vermittler; Berlin lebt in seinen Spaltungen und Teilungen. So irritierend die Aufforderung »Sei Berlin!« angesichts der Verkörperungszumutung erscheint, so deutlich wird darin doch Klaus Wowereits Versuch, Handlungen in ihrem praktischen und körperbezogenen Sinn auf ein gemeinsames Berlin zu beziehen. Er beweist damit einen praktischen Sinn für die komplizierte Lage der Stadt. Aber: Berlins Eigenlogik, so möchte ich zuspitzen, ist auf die Spaltung bezogen. Doxisch ist die Gewissheit, dass in Berlin zusammenkommt, was nicht zusammenwächst. Die Berliner Mauer ist dabei nur der berühmteste Ausdruck dieses Prozesses.[6] Mit allen Regeln der Kunst wird Berlin als widersprüchlich, uneindeutig, luftig, in ständiger Bewegung begriffen inszeniert. Das verschafft Berlin internationale Anerkennung in den Bereichen der Kunst und der Kultur sowie den Ruf, Weltstadt (ohne Provinz) zu sein. Ökonomisch erfolgreich ist Berlin nicht. So bemerkenswert Wowereits Gespür für die Notwendigkeit ist, dass die Berliner einen körperlich-praktischen Sinn für diesen Ort benötigen, so typisch ist es für diese Stadt, dass die Aufforderung als Double Bind formuliert wird. »Sei Berlin!« ist die Aufforderung, erfolgreich zu sein, wie die Stadt es nicht ist, mit der Begründung, dass wenigstens die anderen in der Welt wissen, wie Berlin wirklich ist.

---

6 Vergleicht man diese Entwicklung mit Prozessen in Tokio oder New York, so zeigt sich, dass Teilung und Spaltung nichts zwangsläufig aus Größe resultieren; siehe zum Beispiel Zaremba 2006, die die Differenz dieser Städte anhand von Medienkunstwerken analysiert.

VI.
Ausblick: Typologien und Transformationen

Manche Städte, so der Wirtschaftswissenschaftler Iain Begg, *performen* einfach besser als andere (Begg 1999, S. 798). Und das Medium, um sich in den unübersichtlichen Wettbewerbskonstellationen zwischen Städten (scheinbar) Orientierung zu verschaffen, ist das Städteranking und -rating. Robert J. Rogerson zufolge (in Rogerson 1999) lässt sich das öffentliche Interesse an Städteranglisten auf den *Places Rated Almanac* (Boyer und Savageau 1981) zurückführen. Die hohen Verkaufszahlen sowie die Wieder- und Neuauflagen des Buches deuten darauf hin, dass nicht nur Firmen, sondern auch Privathaushalte den Almanach etwa bei der Entscheidung über Investitionen oder der Planung von Umzügen und Reisen zu Rate gezogen haben. Darüber hinaus begann sich die Stadtpolitik an der Publikation auszurichten. Dass Pittsburgh darin zum »best place to live« gewählt wurde, veränderte schlagartig die Wahrnehmung der nordamerikanischen Stadt.

Bemerkenswert ist, dass in diesen wie in den meisten nachfolgend publizierten Ratings und Rankings nicht nur die ökonomische Performanz einer Stadt gemessen wird, sondern auch der »quality of life factor« einbezogen wurde.[7] Wie bereits im letzten Kapitel deutlich wurde, wird Lebensqualität über ökologische, soziale und kulturelle Qualitäten des Ortes operationalisiert: über Faktoren wie Umweltverschmutzung, ruhige Atmosphäre, Lebensstiloptionen, Genussmöglichkeiten, Gesundheitsversorgung,

---

7 Vergleiche das World's Best Cities Ranking des *Fortune Magazine* oder den Guinness's Top Towns Guide bzw. die Northern Lights Study von Breheny/Hall/Hart 1987.

Sicherheit, öffentlicher Personennahverkehr, Bildungseinrichtungen, Kultureinrichtungen, selten indes über das Arbeitsplatzangebot, weil Jobs meistens unter ökonomischen Faktoren, nicht unter Lebensqualität gefasst werden (siehe Rogerson 1999, S. 978). Nicht nur Städte wie München (vergleiche oben, Kapitel 5) werben also mit Lebensqualität, sondern auch wissenschaftliche und kommerzielle Studien zu Vor- und Nachteilen von Standorten berücksichtigen bei ihrer Bewertung die Beschaffenheit und Eigenschaften von Orten. Klar ist dann auch, dass Wettbewerbsfähigkeit auf Qualitäten basiert, die sich nur schwer quantitativ messen lassen. Es liegt nahe, schreibt Iain Begg, »dass die Wettbewerbsfähigkeit einer Stadt durch ein Zusammenspiel der Eigenschaften der Stadt als Ort und der Stärke bzw. Schwäche der Firmen oder anderer ökonomischer Akteure in der Stadt geformt ist« (Begg 1999, S. 798 f., Übers. M.L.). Die Stadt auch als Ort erfassen zu können wird als neue Herausforderung gesehen.

Die hohe Aufmerksamkeit, die mit Städterankings erzielt werden kann, verdeutlicht die Attraktivität des Gegenstands »Stadt« als Medium der Reflexion über Alltagsroutinen. Intensiv diskutiert wurde die wissenschaftliche Qualität vieler Rankings und Ratings (vergleiche zur Kritik an Rankings Lever 1999 oder Mäding 2001). Eilig auf geringer Datenbasis und anhand von scheinbar austauschbaren Merkmalen zusammengestellte Listen sichern den Zeitschriften zwar hohe Auflagenzahlen, haben aber keinerlei wissenschaftlichen Aussagewert. Dennoch fließen in einen Teil solcher Ratings durchaus fundierte Überlegungen ein, wie sich die Interessen der Einwohner, Besucher oder Firmen an die Organisation städtischen Alltags erfassen lassen und welche Leistungen bzw. welche Qualitäten eine spezifische Stadt aufzuweisen vermag. Insofern sind Ratings durchaus ein Anhaltspunkt für die Analyse der Potenziale einer Stadt, allerdings mit der Problematik, dass Ungleichheiten durch das Ausrufen von Siegern und Verlierern eher verstärkt als gemildert werden. Inhaltlich gilt es ferner zu bedenken, dass diese Art von Listung immer nur den Jetzt-Zustand erfasst. Prognostisch sind die Aufstellungen nicht belastbar, weil längerfristige Entwicklungen von Städten nicht einbezogen werden. Schließlich muss festgestellt werden, dass die Messung der Wettbewerbspotenziale einer Stadt weder erklärt noch erklären will, warum eine Stadt konkurrenzfähiger ist als eine andere. In Ratings und Rankings werden Kriterien für Erfolg definiert, Punkte zugeordnet und Häufigkeiten gezählt. Zum Beispiel wird im Roland-Berger-Kreativitätsindex von 2008 der Faktor »Talente«, die in einer Stadt wirken, unter anderem über das Abschneiden in der bundesweiten Exzellenzinitiative gemessen. Für das Einwerben einer Graduiertenschule bekommt eine Stadt einen Förderpunkt, für ein Exzellenzcluster drei, für die Prämierung eines erfolgversprechenden Zukunftskonzeptes fünf Förderpunkte. Anschließend wurden die Punkte mit der Anzahl der an der Hochschule eingeschriebenen Studenten ins Verhältnis gesetzt. Auf diese Weise erhält München 15 Punkte, die in die Gesamtbewertung der Stadt eingehen, Berlin hingegen nur 8,6, wobei allein die Entscheidung, den Erfolg der Wissenschaftler an die Zahl der Studierenden zu koppeln, das Ergebnis entscheidend beeinflusst. Waren München und Berlin zunächst fast gleichermaßen erfolgreich, steht München im Endergebnis viel besser da. Die Gründe, die zu erfolgreicherem oder erfolgloserem Abschneiden führen, werden jedoch kaum analysiert.

Man mag den harten Konkurrenzkampf zwischen Städten bedauern, und es lassen sich genügend rein akademische Gründe dafür finden, Studien zur Eigenlogik der Städte auf die wissenschaftliche Agenda zu setzen. Ich möchte aber ausdrücklich betonen, dass Eigenlogikstudien darüber hinaus eine Chance bieten, einem blinden Aktionismus in Reaktion auf festgestellte Defizite einzelner Städte und wiederholtes Scheitern durch bloßes Reproduzieren etablierter Strukturen entgegenzuwirken. Gerade wenn die Ungleichheit der Städte auch als Ungleichheit der Lebensbedingungen gesehen wird,[8] können durch die Analyse der einer Stadt zugrunde liegenden Strukturen und durch den Nachweis von deren Reproduktionsgesetzlichkeit auch Strategien zur Veränderung aufgezeigt werden, welche die Bedingungen und Potenziale vor Ort nutzen, anstelle notorisch die Suche nach internationalen Sponsoren zu empfehlen (kritisch dazu auch Yeoh 2005).

Über die wichtigsten Erfolgsfaktoren für Stadtentwicklung besteht kein Zweifel: Investment in Infrastruktur und Bildung, Förderung kleinerer Firmen, ein guter Strategieplan, sinnvolle politische Steuerung, eine unterstützende soziale Umgebung und Ähnliches. Die Frage ist: »Wie kocht man daraus ein Menü, das schmackhaft und zufriedenstellend ist?« (Begg 1999, S. 806; Übers. M.L.). Der Vorschlag, den ich mit diesem Buch unterbreiten möchte, lautet: Wir sollten das »Kochen« zum Gegenstand machen. Von Ulrich Oevermann stammt der Satz, »daß der routinemäßige Alltag eigentlich nichts anderes ist als die permanente Stillstellung von Transformationsmöglichkeiten« (Oevermann 1999, S. 84). Die Routinen, die sich in Städten einschleichen und zu doxischen Gewissheiten führen, verdecken die Veränderungsoptionen. In ihnen stecken Chancen wie Blockaden, die es zu begreifen gilt.

8 Vergleiche dazu die zum Teil vorbildlichen Analysen in dem von Lobao/Hooks/Tickamyer 2007 herausgegebenen Band *The Sociology of Spatial Inequality*.

Jede Stadt verfügt über ein Kapital, das sich weder transformieren noch einkaufen lässt. Wie bereits erwähnt, unterscheidet der Geograf Hans Heinrich Blotevogel in der Analyse des Standortwettbewerbs zwischen kreativem, sozialem bzw. kulturellem und geografischem Kapital (Blotevogel 2007, S. 10). Das implizite, nicht kodifizierte Wissen, das die »Kreativen« einer Stadt erzeugen und einsetzen, sei das kreative Kapital einer Stadt, während der Bestand an lokalspezifischen Werten, informellen Formen des Zusammenlebens und informellen Institutionen als das soziale bzw. kulturelle Kapital bezeichnet werden könne. Die geografische Lage und das landschaftliche Umfeld sowie die Qualität der gebauten Stadt bilden das geografische Kapital. Allen drei Kapitalsorten ist gemeinsam, dass es sich um lokalisierte Faktoren handelt.

Entfernt man sich gedanklich ein Stück von der herausragenden Bedeutung der Kreativen, so kann man es allgemeiner fassen: In lokalspezifischen Bewertungs-, Wahrnehmungs- und Handlungsschemata werden die Regeln einer Stadt reproduziert. Die Eigenlogik einer Stadt wird aus einem komplexen, vielfältig verwobenen Ensemble an Wissensbeständen und Ausdrucksformen gebildet, das auf regelgeleiteten, routinisierten und über symbolische wie auch materielle Ressourcen stabilisierten Handlungsformen basiert. So entstehen Sinnprovinzen, in denen alle, die sich in einer Stadt dauerhaft oder temporär bewegen und handeln, agieren – seien es Bewohner, Touristen, Politiker, Unternehmer oder Künstler. Veränderungen des städtischen Ganzen werden denkbar, wenn die grundlegenden Strukturen verändert werden. Diese Strukturen bilden sich nicht isoliert vor Ort, sondern sind das Resultat aus dem historisch motivierten Bezug und dem Prozess des Sich-in-Beziehung-Setzens zu anderen Städten.

Typenbildungen von Städten gibt es schon lange. Sie

folgen häufig dem Muster ökonomisch-funktionaler Hierarchien (siehe exemplarisch Le Galès 2002; Parkinson u. a. 2004; Hutchins/Parkinson 2005). Ausgehend von den Überlegungen Saskia Sassens (u. a. in Sassen 1996) haben zum Beispiel Beaverstock, Smith und Taylor die Vernetzung von 122 Städten anhand der Firmenhauptsitze weltweit operierender unternehmensorientierter Dienstleister (Buchführung, Werbung, Bankenwesen, Wirtschaftskanzleien) empirisch analysiert, wobei 55 Städten der Status einer World City zuerkannt wird und unter diesen wiederum zwischen Alpha-, Beta- und Gamma-Städten differenziert wurde: Zehn Städte qualifizieren sich aufgrund ihres Vernetzungsgrades als Alpha-World-Cities (alle in den drei globalisierten Wachstumsregionen Nordamerika, Europa und Südostasien; siehe Beaverstock u. a. 1999). Vergleicht man dies mit der Standortverteilung der Medienindustrie bei gleichen Auswertungsstrategien und ausgehend von der Annahme, dass die Wahl der Firmensitze der Medienindustrie den lokal bedeutsamen Zentren kultureller Produktion folgt (siehe Krätke 2002 und 2003), so zeigt sich, dass es mit Los Angeles, New York, London und München zwar Überschneidungen zwischen vernetzten Alpha-World-Cities gibt, unter Kulturgesichtspunkten aber auch Amsterdam und Paris in das Netzwerk integriert sind, welche unter einem Konnex unternehmensorientierter Dienstleistungen herausfallen.

Stefan Krätke verdichtet die Vielfalt der Städte zu sechs Typen. Er spricht von Global Cities, europäisch-metropolitanen Stadtregionen, national bedeutenden Stadtregionen, Städten mit einer Spezialisierung auf innovative Produktstrukturen, Städten mit einer Spezialisierung auf standardisierte Massenfertigung und marginalisierten Stadtregionen (in Krätke 1995). In diesem Modell befinden sich München und Berlin auf Augenhöhe zueinander, und zwar sowohl in

Bezug auf die Konzentration von Unternehmenszentralen und Finanzzentren mit europaweitem Geschäftsfeld als auch bezüglich der Ansammlung von hochrangigen unternehmensorientierten Dienstleistungen und innovativen Produktionsstrukturen. Beide Städte sind hier keine Global Cities (oder World Cities) wie London und Paris, aber auch nicht »nur« national bedeutende Stadtregionen wie Düsseldorf oder Dortmund. Ein solches Modell erklärt zwar die Reichweite der Wirkungen einer Stadt, die eklatanten Differenzen bei vergleichbarer Wirkung kommen jedoch nicht in den Blick.

Darum bemüht sich wiederum die Clusteranalyse von Rolf Prigge und Thomas Schwarzer. Sie versuchen, Städte nach ihren Entwicklungspotenzialen zu erfassen, und zwar über einen Zeitraum von zehn Jahren (1990-2000) mit prognostischem Anspruch. Hiernach lassen sich deutsche Städte vier Typen zuordnen: Eine durchschnittliche Entwicklung (Cluster A) durchlaufen Bremen, Hamburg, Hannover, Köln oder Nürnberg: »Bei den meisten Indikatoren der Bevölkerungsentwicklung, der Wirtschafts- und Beschäftigungsentwicklung sowie der sozialen, politischen und finanziellen Lage kennzeichnen diese Städte durchschnittliche Werte« (Prigge/Schwarzer 2006, S. 207). Im Vergleich zu den anderen deutschen Städten verläuft die Entwicklung also auf einem mittleren Niveau. Ganz anders die Gruppe mit polarisierender Prosperität (Cluster B), der zum Beispiel Düsseldorf und Frankfurt am Main angehören. Die Bevölkerungsentwicklung ist stabil, die Wirtschaftsentwicklung gut, aber nicht alle profitieren davon. Zwar schrumpfen diese Städte nicht, da sie viele Personen im erwerbsfähigen Alter anziehen können, aber der Anteil an alten und sehr jungen Menschen liegt unter dem Durchschnitt. Tendenzen zur sozialen Spaltung sind dort beobachtbar. Nun kommt Berlin ins Spiel (zusammen mit Dortmund, Dresden, Duisburg, Essen, Leipzig – Cluster C). Die Diagnose lautet: Prekärer Strukturwandel und Schrumpfung. Alters- und Wirtschaftsentwicklung verlaufen gleichermaßen negativ. Schließlich stößt man bei München und Stuttgart (Cluster D) auf eine ausgewogene Prosperität. Es gibt keinen Trend zur Altersverschiebung, die wirtschaftliche Lage ist gut und es lassen sich kaum Anzeichen sozialer Spaltung erkennen.

Mit Typisierungen wie dieser lassen sich zentrale Probleme von Städten im Vergleich zu anderen Städten benennen und Wettbewerbsstärken aufzeigen. Ungeklärt bleibt, inwieweit die Stärken und Schwächen gerade aus der Relationierung resultieren. Solange es nur sozialwissenschaftliche Typenbildungen gibt, die nach wissenschaftlich gesetzten Kriterien Städte miteinander in Beziehung setzen, so lange bleibt verdeckt, wie Städte sich aneinander orientieren und in der gelebten Konkurrenzbeziehung alte Routinen pflegen, statt neue Wege zu finden. Eine Typenbildung auf der Basis von Städtecharakterisierungen, die das In-Beziehung-Setzen (die Konnex-Bildung) ebenso ernst nimmt wie die Routinen des Bauens, Planens, Regierens, wie die alltäglichen Erzählungen, die Bilder und die Körperpraktiken, würde die Landkarte der Städte neu zeichnen.

Die Annahme, Raum als relationale Anordnung sozialer Güter und Lebewesen an Orten zu fassen, hat in den letzten Jahren zu neuen Erkenntnissen in sehr verschiedenen Disziplinen geführt. Insbesondere historisch arbeitende Disziplinen wie die Archäologie und die Geschichtswissenschaft, aber auch die Musikwissenschaft, die Planungswissenschaft, die Geografie und die Erziehungswissenschaft, die Theologie und die Kunstwissenschaft haben sich von einer prozessorientierten Betrachtung von Raumkonstitutionen anregen lassen. Und auch in der Soziologie wächst die Aufmerksamkeit für die Herstellung sozialer Ordnung über Raumbildung.[9]

Mit dem vorliegenden Buch soll ein neuer Anknüpfungspunkt an die Raumsoziologie etabliert werden. Für die Analyse einer konkreten Stadt sind die Raumstrukturen als durch Regeln festgeschriebene und in Ressourcen abgesicherte, auch materielle Grenzziehungen ein wesentlicher Anhaltspunkt zur Rekonstruktion ihrer Eigenlogik. Städte unterscheiden sich in den für sie typischen Raumstrukturen. Das ist methodisch hoch relevant, aber in mehrfacher Hinsicht auch eine planungswissenschaftliche Selbstverständlichkeit. Deshalb habe ich in meinen Ausführungen dem Raum als Prinzip der Fokussierung von Koexistenz mehr Aufmerksamkeit gewidmet als den Raumstrukturen in Städten. Soziologisch ergibt die Rede von *dem Raum* nur als Abstraktion Sinn, empirisch hingegen findet man Räume immer nur im Plural. Anders als die Theorie der Zeit zwingt die Raumtheorie zur Reflexion des Gleichzeitigen. Damit rücken neben der Stadt als moderne Organisationsform auch die Städte in ihrer Differenz, das heißt als sich unterscheidende Formen, in den Blick.

Will man die Möglichkeit unterschiedlicher Praktiken je nach Stadt(typ) ausloten, dann benötigt man eine Definition der Stadt, die die Qualitäten nicht bereits vorgibt. Man braucht nicht von vorneherein Attribute anlegen und etwa von der europäischen Stadt im Unterschied zur amerikanischen Stadt oder von der schrumpfenden im Unterschied

---

9 Siehe unter anderem: Maran 2006 (Archäologie); Rau/Schwerhoff 2004, Dürr 2006, Kirchhof 2008 (Geschichtswissenschaft); Rode-Breymann 2007 (Musikwissenschaft); Kröniger 2007 (Planungswissenschaft), Lange 2007, Reutlinger 2008, Deinet/Reutlinger 2005 (Geografie und Erziehungswissenschaft); Woydack 2005 (Theologie); Butin 2006 (Kunstwissenschaft); Ruhne 2003, Rodenstein 2006, Steets 2007, Meier 2007 (Soziologie).

zur wachsenden Stadt sprechen. Mit anderen Worten, die Bestimmung der Stadt erfolgt raumsoziologisch als Form der Grenzziehung und Verdichtung und ermöglicht damit den nächsten Schritt: das Erfassen und Unterscheiden der Qualitäten der Grenzziehung und Verdichtung. Der Formbegriff verweist auf Städte als räumliche Anordnungen, die sich durch ihre Dichte von anderen Gebilden unterscheiden. Die Qualität der Dichte kann völlig verschieden sein, aber im Unterschied zum Land oder zur so genannten Zwischenstadt sind Städte dichter und heterogener. Damit sind Städte auch begrenzte Gebilde: Nicht alles ist Stadt. In die Erfahrbarkeit von Stadt und Nichtstadt ist das Prinzip des Einschlusses eingelagert. Neben die vielfältigen, empirisch analysierbaren städtischen Räume und Raumstrukturen setze ich (wie auch Berking 2008 oder Gehring 2008) die Annahme, dass Städte als spezifische Formen der Verdichtung gedacht werden müssen, die über eine dichte Koppelung heterogener Elemente Grenzen zum Umland ziehen und das über die Form entstehende Innen als prinzipiell zugänglich entwerfen. Einschluss wird somit zum folgenreichen Prinzip der modernen Städte, weil sich auf diese Weise die Möglichkeit zur Etablierung lokal spezifischer Sinnzusammenhänge öffnet. Gerade weil Städte heterogen sind, haben stadtspezifisch geteilte Eigenlogiken nichts mit der Minimierung sozialer Ungleichheit zu tun. Einschluss meint also nicht Gleichheit, sondern gemeinsame Routinen.

Der durch Offenheit charakterisierten Anordnung *Stadt* traue ich wie allen Räumen zu, dass sie nicht nur passives Objekt ist, verstehbar als Spiegel oder Niederschlag der Gesellschaft, sondern dass sich Körper in dieser Verdichtung anders bewegen als in einer anderen, dass Interaktionen hier anders verlaufen als dort und Erzählungen mal mehr und mal weniger Sinn evozieren (vergleiche für das

Medium Architektur auch Delitz 2008). Städte entwickeln als sozial konstruierte Phänomene, so lautet eine Grundannahme dieses Buches, Eigenlogiken, welche sich auf die Erfahrungsmuster derer, die in ihnen leben, auswirken. Eine Soziologie der Städte, praxeologisch angelegt, versucht die Eigenlogik der Städte im Implizierten zu rekonstruieren: in den Körpern, in der Materialität der Stadt, in den aufgespannten Räumen, in Städtebildern und Brandings. Das Eigenlogische ist somit selbst strukturell; es ist eingelagert in den Alltag und wird über Routinen gelebt.

In einer sozialen Lage, in der die Konkurrenz zwischen Städten deutlich zugenommen hat, wird die Inszenierung des Eigenen zum Wettkampfprinzip. Bilder als symbolische Verdichtungsleistungen werden im Standortwettbewerb zur Strategie, um Erzählungen zu platzieren. Sie überlagern die Materialität der Räume, sie schreiben sich förmlich in die Materialität ein. Bilder werden damit – ebenso wie Brandings – zu einer wesentlichen Quelle der Analyse von Eigenlogik. Für die Sozialwissenschaften ergibt sich daraus die Anregung, neben den Texten nun auch den Bildern mehr Aufmerksamkeit zu schenken und bildanalytische Verfahren im Methodenkanon stärker zu berücksichtigen.

Trotz aller Aufmerksamkeit für die Besonderheit einer Stadt zeigt sich in der konkreten Analyse, dass die Inszenierung des Eigenen nicht mit der eigenlogischen Struktur einer Stadt verwechselt werden darf. Es handelt sich vielmehr um ein Abhängigkeitsphänomen: Es gibt für Städte typische Weisen, das Eigene zu inszenieren. Diese Weisen sind mal repräsentativer für die Bevölkerung, mal treffen sie nur die Interessen einzelner Gruppen. Sie sind erfolgreicher und weniger erfolgreich, kreativer oder langweiliger, mutiger oder sicherer, bezeichnender oder illusionärer – je nach Stadt.

Ebenso wenig wie die Eigenlogik einer Stadt mit ihrem Branding oder einem Stadtbild identisch ist, so wenig ist sie Ergebnis der Globalisierung. Homogenisierung und Heterogenisierung sind Prozesse, die in jeder Stadt beobachtbar sind. Das Verhältnis von Homogenisierung zu Heterogenisierung, die Art und Weise, wie die beiden Prozesse ineinandergreifen oder aneinander vorbei wirken, macht wesentlich die Spannung eines Ortes aus. Lokales, Nationales und Globales bilden gleichermaßen Bezugspunkte des Handelns und der Erfahrung. So wie München sich stark mit Bezug auf das Lokale entwirft, so denkt Berlin sich über das Globale. Beide Städte entwickeln sich in ihren eigenlogischen Reproduktionen aber nicht nur vor Ort, sondern in wechselseitiger Abgrenzung. Die Soziologie der Städte muß daher die Logik der Praxis, wie sie in den vielfältigen Routinen des Alltags verborgen ist, in der Beziehungsdynamik der Städte in den Blick nehmen, um auf diese Weise die Strukturen der Eigenlogik begreifbar, eine Typologie der Städte vorstellbar und Transformationsmöglichkeiten sichtbar machen zu können.

Literaturverzeichnis

Aaker, David A. (1991): Managing Brand Equity: Capitalizing on the Value of a Brand Name. New York: Free Press.

Abu-Lughod, Janet (1999): New York, Chicago, Los Angeles. Minneapolis: University of Minnesota Press.

Adorno, Theodor W. (1983, orig. 1956): Gemeindestudien, in: Adorno, Theodor W./Institut für Sozialforschung (Hg.): Soziologische Exkurse. Frankfurt am Main: Europäische Verlagsanstalt, 133-150.

Albrow, Martin (1996): The Global Age: State and Society beyond Modernity. Cambridge: Polity Press.

Amin, Ash/Thrift, Nigel (2002): Cities. Reimagining the Urban. Bristol: Polity Press.

Anderson, Nels (1956): Die Darmstadt-Studie. Ein informeller Rückblick, in: König, René (Hg.): Soziologie der Gemeinde (Sonderheft 1 der KZfSS). Opladen: Westdeutscher Verlag, 144-171.

Aring, Jürgen (2004): Modernisierung der Raumordnung. ⟨http://bfag-aring.de/pdf-dokumente/Aring_2005_Modernisierung_Raumordnung.pdf⟩ [Stand: 22.9.2008].

Arthur, W. Brian (1989): Competing Technologies, Increasing Returns, and Lock-In by Historical Events, in: Economic Journal 99, 116-131.

Arthur, W. Brian (1994): Increasing Returns and Path Dependence in the Economy. Ann Arbor: University of Michigan Press.

Baecker, Dirk (2002): Platon, oder die soziale Form der Stadt, in: polis: Zeitschrift für Architektur und Stadtentwicklung 14, 12-16.

Barber, Benjamin (1995): Jihad vs. McWorld. New York: Ballantine Books.

Bartetzky, Arnold (2006): Gebaute Geschichtsfiktionen. Architektonische Rekonstruktionsprojekte der letzten Jahrzehnte in Mittel- und Osteuropa, in: Klein, Bruno/ Sigel, Paul (Hg.): Konstruktionen urbaner Identität. Zitat und Rekonstruktion in Architektur und Städtebau der Gegenwart. Berlin: Lukas Verlag, 63-86.

Bauer, Reinhard/Piper, Ernst (1993): München. Geschichte einer Stadt. München/Zürich: Piper.

Bauman, Zygmunt (1973): Culture as Praxis. London: Routledge.

Bauman, Zygmunt (1995): Postmoderne Ethik. Hamburg: Hamburger Edition.

Bauman, Zygmunt (1998): Über den postmodernen Gebrauch der Sexualität, in: Schmidt, Gunter/Strauß, Bernhard (Hg.): Sexualität und Spätmoderne. Über den kulturellen Wandel der Sexualität. Stuttgart: Ferdinand Enke Verlag, 17-35.

Beaverstock, Jon/Smith, Richard/Taylor, Peter (1999): A Roster of World Cities. ⟨http://www.lboro.ac.uk/gawc/rb/rb5.html⟩ [Stand: 22.9.2008].

Bech, Henning (1995): Citysex. Die öffentliche Darstellung der Begierden, in: Soziale Welt 46, 5-26.

Bech, Henning (1997): When Men Meet: Homosexuality and Modernity. Chicago: University of Chicago Press.

Bechtolsheim, Hubert von (1980): Leningrad. Biographie einer Stadt. München: Prestel Verlag.

Beckert, Jens (1996): Was ist soziologisch an der Wirtschaftssoziologie? Ungewissheit und die Einbettung wirtschaftlichen Handelns, in: Zeitschrift für Soziologie 25, 125-146.

Begg, Iain (1999): Cities and Competitiveness, in: Urban Studies 36, 795-809.

Belting, Hans (2001): Bild-Anthropologie. München: Wilhelm Fink Verlag.

Belting, Hans (2005): Das echte Bild. Bildfragen als Glaubensfragen. München: C. H. Beck.
Berger, Johannes (2006): Die Einheit der Moderne, in: Schwinn, Thomas (Hg.): Die Vielfalt und Einheit der Moderne. Wiesbaden: VS Verlag für Sozialwissenschaften, 201-225.
Berger, Mark C./Blomquist, Glenn C./Waldner, Werner (1987): A Revealed-preference Ranking of Quality of Life for Metropolitan Areas, in: Social Science Quarterly 68, 761-778.
Berger, Peter, L./Luckmann, Thomas (1970): Die gesellschaftliche Konstruktion der Wirklichkeit. Eine Theorie der Wissenssoziologie. Frankfurt am Main: Fischer.
Berking, Helmuth (1998): »Global Flows and Local Cultures«. Über die Rekonfiguration sozialer Räume im Globalisierungsprozeß, in: Berliner Journal für Soziologie 8, 381-392.
Berking, Helmuth (2006): Raumtheoretische Paradoxien im Globalisierungsdiskurs, in: Berking, Helmuth (Hg.): Die Macht des Lokalen in einer Welt ohne Grenzen. Frankfurt am Main/New York: Campus, 7-22.
Berking, Helmuth (erscheint 2008): »Städte lassen sich an ihrem Gang erkennen wie Menschen«. Skizzen zur Erforschung der Stadt und der Städte, in: Berking, Helmuth/Löw, Martina (Hg.): Eigenlogik der Städte. Frankfurt am Main/New York: Campus.
Berking, Helmuth/Schwenk, Jochen u. a. (2007): Hafen-Städte. Eine komparative Untersuchung zur Eigenlogik von Bremerhaven und Rostock. Abschlussbericht des empirischen Lehrforschungsprojektes »Soziologie des Ortes« unter Leitung von Helmuth Berking und Jochen Schwenk. Darmstadt (Veröffentlichung in Vorbereitung).
Berking, Helmuth/Löw, Martina (Hg.) (2005): Die Wirklichkeit der Städte. Sonderband 16 der Zeitschrift Soziale Welt. Baden-Baden: Nomos Verlag.

Berking, Helmuth/Löw, Martina (Hg.) (erscheint 2008): Eigenlogik der Städte. Frankfurt am Main/New York: Campus.

Beyer, Jürgen (2006): Pfadabhängigkeit. Über institutionelle Kontinuität, anfällige Stabilität und fundamentalen Wandel. Frankfurt am Main/New York: Campus.

Beyme, Klaus von/Durth, Werner/Gutschow, Niels/Nerdinger, Winfried/Topfstedt, Thomas (Hg.) (1992): Neue Städte aus Ruinen. Deutscher Städtebau der Nachkriegszeit. München: Prestel Verlag.

Blanke, Bernhard (Hg.) (1991): Staat und Stadt. Opladen: Westdeutscher Verlag.

Blotevogel, Hans Heinrich (2007): Die Bedeutung der Metropolregionen in Europa, in: MIR Aktuell 2007/1, 7-10.

Bockrath, Franz (erscheint 2008): Städtischer Habitus – Habitus der Stadt, in: Berking, Helmuth/Löw, Martina (Hg.): Eigenlogik der Städte. Frankfurt am Main: Campus.

Boehm, Gottfried (1994): Die Wiederkehr der Bilder, in: Boehm, Gottfried (Hg.): Was ist ein Bild? München: Wilhelm Fink Verlag, 11-38.

Bommer, Bettina C. (1991): Zur Anlage der Urbanethnologie. Ansätze zur Konzeption des Forschungsgebietes im Rahmen der Zeitschrift Urban Anthropology und einige grundsätzliche Fragen, in: Kokot, Waltraud (Hg.): Ethnologische Stadtforschung. Berlin/Hamburg: Reimer Verlag, 15-27.

Borchert, Wolfgang (1982, orig. 1949): Großstadt, in: Borchert, Wolfgang: Das Gesamtwerk. Hamburg: Rowohlt, 20.

Bourdieu, Pierre (1974): Zur Soziologie der symbolischen Formen. Frankfurt am Main: Suhrkamp.

Bourdieu, Pierre (1982): Die feinen Unterschiede. Frankfurt am Main: Suhrkamp.
Bourdieu, Pierre (1991a): Sozialer Raum und ›Klassen‹. Frankfurt am Main: Suhrkamp.
Bourdieu, Pierre (1991b): Physischer, sozialer und angeeigneter physischer Raum, in: Wentz, Martin (Hg.): Stadt-Räume. Die Zukunft des Städtischen. Frankfurt am Main/New York: Campus, 25-34.
Bourdieu, Pierre (1993): Sozialer Sinn. Kritik der theoretischen Vernunft. Frankfurt am Main: Suhrkamp.
Bourdieu, Pierre (1996): Die Praxis der reflexiven Anthropologie. Einleitung zum Seminar an der École des hautes études en sciences sociales. Paris. Oktober 1987, in: Bourdieu, Pierre/Wacquant, Loic J. D. (Hg.): Reflexive Anthropologie. Frankfurt am Main: Suhrkamp, 251-294.
Bourdieu, Pierre (1997): Ortseffekte, in: Bourdieu, Pierre u. a. (Hg.): Das Elend der Welt. Zeugnisse und Diagnosen alltäglichen Leidens an der Gesellschaft. Konstanz: UVK Verlag, 159-167.
Bourdieu, Pierre/Wacquant, Loic J. D. (1996): Reflexive Anthropologie. Frankfurt am Main: Suhrkamp.
Boyer, Christine M. (1994): The City of Collective Memory: Its Historical Imagery and Architectural Entertainments. Cambridge: The MIT Press.
Boyer, Richard/Savageau, David (1981): Places Rated Almanac: Your Guide to Finding the Best Places to live in America. Chicago: Rand McNally.
Breheny, Michael/Hall, Peter/Hart, Douglas (1987): Northern Lights: A Development Agenda for the North in the 1990s. London: Derrick Wade and Partners.
Brenner, Neil (1999): Beyond State-centrism? Space, Territoriality, and Geographical Scale in Globalization Studies, in: Theory and Society 28, 39-78.

Briesen, Detlef (1997): Die symbolischen Grenzen der Stadt. Städtische Identitätskonstitution am Beispiel der Zwillingsstadt Düsseldorf-Köln in den letzten zwei Jahrhunderten, in: Lennartz, Stephan (Hg.): Auf der Suche nach regionaler Identität. Geschichtskultur im Rheinland zwischen Kaiserreich und Nationalsozialismus. Bergisch-Gladbach: Thomas-Morus-Akademie, 31-56.

Bundesamt für Bauwesen und Raumordnung (2007): INKAR. Indikatoren und Karten zur Raum und Stadtentwicklung. CD-ROM.

Butin, Hubertus (2006): Franka Hörnschemeyer. Katalog. Köln: Walther König.

Castells, Manuel (1972): La Question Urbaine. Paris: Maspero.

Castells, Manuel (1996): The Rise of the Network Society. Cambridge/Oxford: Blackwell.

Castells, Manuel (2001): Das Informationszeitalter. Teil 1 der Trilogie. Der Aufstieg der Netzwerksgesellschaft. Opladen: Leske + Budrich.

Cheshire, Paul C./Gordon, Ian R. (Hg.) (1995): Territorial Competition in an Integrating Europe. Aldershot: Avebury.

Christmann, Gabriela B. (2004): Dresdens Glanz, Stolz der Dresdner. Lokale Kommunikation, Stadtkultur und städtische Identität. Wiesbaden: Deutscher Universitäts-Verlag.

Clay Large, David (2002): Berlin. Biographie einer Stadt. München: C. H. Beck.

Coleman, Simon/Crang, Mike (2002): Grounded Tourists, Travelling Theory, in: Coleman, Simon/Crang, Mike (Hg.): Tourism: Between Place and Performance. Oxford: Berghahn Books, 1-17.

Crang, Mike/Thrift, Nigel (Hg.) (2000): Thinking Space. London/New York: Routledge.

Crary, Jonathan (1996): Techniken des Betrachters. Sehen und Moderne im 19. Jahrhundert. Dresden/Basel: Verlag der Kunst.
Crary, Jonathan (2002): Aufmerksamkeit. Wahrnehmung und moderne Kultur. Frankfurt am Main: Suhrkamp.
Croon, Helmuth/Utermann, Kurt (1958): Zeche und Gemeinde. Untersuchungen über den Strukturwandel einer Zechengemeinde im nördlichen Ruhrgebiet. Tübingen: Mohr.
Dangschat, Jens (1996): Raum als Dimension sozialer Ungleichheit und Ort als Bühne der Lebensstilisierung? Zum Raumbezug sozialer Ungleichheit und von Lebensstilen, in: Schwenk, Otto G. (Hg.): Lebensstil zwischen Sozialstrukturanalyse und Kulturwissenschaft. Opladen: Leske + Budrich, 99-135.
Dangschat, Jens (1998): Segregation, in: Häußermann, Hartmut (Hg.): Großstadt – Soziologische Stichworte. Opladen: Leske + Budrich: 207-219.
Darmstädter Presseamt (2002): Darmstädter Dokumente 18/2002.
David, Paul A. (1985): Clio and the Economics of QWERTY, in: American Economic Review 75, 332-337.
David, Paul A. (2001): Path Dependence, its Critics and the Quest for »Historical Economics«, in: Garrouste, Pierre/Ioannides, Stavros (Hg.): Evolution and Path Dependence in Economic Ideas: Past and Present. Cheltenham/Northhampton: Edward Elgar, 15-41.
de Certeau, Michel (1988): Kunst des Handelns. Berlin: Merve Verlag.
Dehio, Georg/Riegl, Alois (1988): Konservieren, nicht restaurieren. Streitschriften zur Denkmalpflege um 1900. Braunschweig/Wiesbaden: Vieweg.
Deinet, Ulrich/Reutlinger, Christian (2005): Aneignung, in: Kessl, Fabian u. a. (Hg.): Handbuch Sozialraum.

Wiesbaden: VS Verlag für Sozialwissenschaften, 295-312.

Delitz, Heike (2008): Architektur als »Medium des Sozialen«. Dissertation TU Dresden (Veröffentlichung in Vorbereitung).

Didi-Huberman, Georges (1999, orig. 1992): Was wir sehen blickt uns an. Zur Metapsychologie des Bildes. München: Wilhelm Fink Verlag.

DiMaggio, Paul J./Powell, Walter, P. (1983): The Ironic Cage Revisited: Institutional Isomorphism and Collective Rationality in Organizational Fields, in: American Sociological Review 48, 147-160.

Donald, Stephanie H./Gammack, John G. (2007): Tourism and the Branded City. Film and Identity on the Pacific Rim. Aldershot: Ashgate.

Döring, Jörg/Thielmann, Tristan (Hg.) (2008): Spatial Turn. Das Raumparadigma in den Kultur- und Sozialwissenschaften. Bielefeld: transcript.

Durkheim, Emile (1984, orig. 1895): Die Regeln der soziologischen Methode. Frankfurt am Main: Suhrkamp.

Dürr, Renate (2006): Politische Kultur in der Frühen Neuzeit: Kirchenräume in Hildesheimer Stadt- und Landgemeinden 1550-1750. Heidelberg: Verein für Reformationsgeschichte/Gütersloher Verlagshaus.

Dürrschmidt, Jörg (2002): Globalisierung. Bielefeld: transcript.

Durth, Werner (1988, orig. 1977): Die Inszenierung der Alltagswelt. Zur Kritik der Stadtgestaltung. Braunschweig/Wiesbaden: Verlag Friedrich Vieweg & Sohn.

Durth, Werner/Gutschow, Niels (1988): Träume in Trümmern. Planungen zum Wiederaufbau zerstörter Städte im Westen Deutschlands 1940-1950, 2 Bände. Braunschweig/Wiesbaden: Verlag Friedrich Vieweg & Sohn.

Eade, John (1996): Introduction, in: Eade, John (Hg.): Living the Global City. Globalization as a Local Process. London/New York: Routledge, 1-19.

Eade, John (2002): Adventure Tourists and Locals in a Global City. Resisting Tourist Performances in London's ›East End‹, in: Coleman, Simon/Crang, Mike (Hg.): Tourism. Between Place and Performance. New York: Berghahn Books, S. 128-139.

Eckert, Andreas (1996): ›Unordnung‹ in den Städten. Stadtplanung, Urbanisierung und koloniale Politik in Afrika, in: Rothermund, Dietmar (Hg.): Periplus: Jahrbuch für außereuropäische Geschichte. Münster: Lit Verlag, 1-20.

Eisenstadt, Shmuel N. (2006): Multiple Modernen im Zeitalter der Globalisierung, in: Schwinn, Thomas (Hg.): Die Vielfalt der Moderne. Wiesbaden: VS Verlag für Sozialwissenschaften, 37-62.

Elster, John (1979): Ulysses and the Sirens: Studies in Rationality and Irrationality. Cambridge: Cambridge University Press.

Elze, Günter (2000): Breslau. Biographie einer deutschen Stadt. Leer: Rautenberg.

Entrikin, J. Nicholas (1997): Place and Region 3, in: Progress in Human Geography 21, 263-268.

Fenster, Tovi (2003): The Global City and the Holy City. Narratives on Knowledge, Planning and Diversity. Harlow u. a.: Pearson.

Ferber, Christina von (1956): Die Gemeindestudie des Instituts für Sozialwissenschaftliche Forschung Darmstadt, in: KZfSS, Sonderheft 1, 1956, 152-171.

Florida, Richard (2005): Cities and the Creative Class. London/New York: Routledge.

Foucault, Michel (1991): Andere Räume, in: Wentz, Martin (Hg.): Stadt-Räume. Die Zukunft des Städtischen. Frankfurt am Main/New York: Campus, 65-72.

Frank, Susanne (1999): »Angriff auf das Herz der Stadt«. Festivalisierung, Imagepolitik und lokale Identität: Die Rollplatz-Debatte in Weimar, Kulturstadt Europas 1999, in: Tourismus Journal 3, 513-530.

Frank, Susanne (2003): Stadtplanung im Geschlechterkampf. Opladen: Leske + Budrich.

Frank, Susanne (2005): Eine kurze Geschichte der europäischen Stadtpolitik – erzählt in drei Sequenzen, in: Altrock, Uwe/Güntner, Simon/Huning, Sandra/Peters, Deike (Hg.): Zwischen Anpassung und Neuerfindung. Raumplanung und Stadtentwicklung in den Ländern der EU-Osterweiterung. Berlin: Verlag Uwe Altrock, 307-322.

Frank, Susanne (2007): Stadtsoziologie. Literaturbesprechung zu Bernhard Schäfers (2006): Stadtsoziologie. Stadtentwicklung und Theorien – Grundlagen und Praxisfelder. Wiesbaden, in: KZfSS 59, 548-549.

Frers, Lars (2008): Einhüllende Materialitäten. Bielefeld: transcript.

Friedan, Betty (1970): Der Weiblichkeitswahn oder die Selbstbefreiung der Frau. Ein Emanzipationskonzept. Hamburg: Rowohlt.

Friedmann, John (1986): The World City Hypothesis, in: Development and Change 17, 69-83.

Friedrichs, Jürgen (1977): Stadtanalyse. Reinbek bei Hamburg: Rowohlt.

Friedrichs, Jürgen (1988): Stadtsoziologie – wohin?, in: KZfSS. Sonderheft 29, 7-17.

Friedrichs, Jürgen/van Kempen, Ronald (2004): Armutsgebiete in europäischen Großstädten – eine vergleichende Analyse, in: Siebel, Walter (Hg.): Die europäische Stadt. Frankfurt am Main: Suhrkamp, 67-84.

Fürst, Dietrich (2000a): Die Notwendigkeit, über Planung wieder nachzudenken, in: Fürst, Dietrich/Müller, Bernhard (Hg.): Wandel der Planung im Wandel der Gesellschaft. Dresden: IÖR, 1-7.

Fürst, Dietrich (2000b): Wandel der Regionalplanung im Kontext des Wandels des Staates?, in: Fürst, Dietrich/Müller, Bernhard (Hg.): Wandel der Planung im Wandel der Gesellschaft. Dresden: IÖR, 9-29.

Fürst, Dietrich/Kujat, Joachim (Hg.) (2004): Raumplanerische Herausforderungen durch Veränderungen in Handeln, Logistik und Tourismus. Hannover: Akademie für Raumforschung und Landesplanung.

Garud, Raghu/Karnøe, Peter (2001): Path Creation as a Process of Mindful Deviation, in: Garud, Raghu/Karnøe, Peter (Hg.): Path dependence and Creation. Mahwah: Lawrence Erlbaum Associates, 1-38.

Gehring, Petra (2007): Gebauter Nahraum und innere Fremde. Nachdenken über die Stadt, in: Busch, Kathrin/Därmann, Iris/Kapust, Antje (Hg.): Phänomenologie der Responsivität. Festschrift für Bernhard Waldenfels. München: Wilhelm Fink Verlag, 74-85.

Gehring, Petra (erscheint 2008): Was heißt Eigenlogik? Zu einem Paradigmenwechsel für die Stadtforschung, in: Berking, Helmuth/Löw, Martina (Hg.): Eigenlogik der Städte. Frankfurt am Main/New York: Campus.

Giddens, Anthony (1988): Die Konstitution der Gesellschaft. Grundzüge einer Theorie der Strukturierung. Frankfurt am Main/New York: Campus.

Giddens, Anthony (1995): Konsequenzen der Moderne. Frankfurt am Main: Suhrkamp.

Gieryn, Thomas F. (2002): What buildings Do, in: Theory and Society 31, 35-74.

Gilmore, Fiona/Dumont, Serge (2003): Brand Warriors China: Creating Sustainable Brand Capital. London: Profile Books.

Gilroy, Paul (1991): The Black Atlantic. Modernity and

Double Consciousness. Cambridge: Harvard University Press.

Glick-Schiller, Nina/Caglar, Ayse/Guldbrandsen, Thaddeus C. (2006): Jenseits der »Ethnischen Gruppe« als Objekt des Wissens: Lokalität, Globalität und Inkorporationsmuster von Migranten, in: Helmuth, Berking (Hg.): Die Macht des Lokalen in einer Welt ohne Grenzen. Frankfurt am Main/New York: Campus, 105-144.

Glock, Birgit (2005): Umgang mit Schrumpfung. Reaktionen der Stadtentwicklungspolitik in Duisburg und Leipzig, in: Gestring, Norbert/Glasauer, Herbert/Hannemann, Christine/Petrowsky, Werner/Pohlan, Jörg (Hg.): Jahrbuch StadtRegionen 2004/05. Wiesbaden: VS Verlag für Sozialwissenschaften, 71-89.

Glock, Birgit (2006): Stadtpolitik in schrumpfenden Städten. Duisburg und Leipzig im Vergleich. Wiesbaden: VS Verlag für Sozialwissenschaften.

Göpfert, Claus-Jürgen/Michels, Claudia (2007): Interview mit Dieter von Lüpke. »Ich erwarte, dass die neue Altstadt Identität stiftet«, in: Frankfurter Rundschau vom 19.5.2007, 24.

Göschel, Albrecht (2004): Lokale und regionale Identitätspolitik, in: Siebel, Walter (Hg.): Die europäische Stadt. Frankfurt am Main: Suhrkamp, 158-168.

Göschel, Albrecht (2006a): Der Forschungsverbund »Stadt 2030«: Planung der Zukunft – Zukunft der Planung, in: Deutsches Institut für Urbanistik (Hg.): Zukunft von Stadt und Region. Wiesbaden: VS Verlag für Sozialwissenschaften, 7-22.

Göschel, Albrecht (2006b): »Stadt 2030«: Das Themenfeld »Identität«, in: Deutsches Institut für Urbanistik (Hg.): Zukunft von Stadt und Region. Wiesbaden: VS Verlag für Sozialwissenschaften, 265-302.

Gottdiener, Mark/Lagopoulos, Alexandros Ph. (Hg.)

(1986): The City and the Sign. An Introduction to Urban Semiotics. New York: Columbia University Press.

Graham, Stephen/Marvin, Simon (2001): Splintering Urbanism. Networked Infrastructures, Technological Mobilities and the Urban Condition. London/New York: Routledge.

Grittmann, Elke (2003): Die Konstruktion von Authentizität: Was ist echt an den Pressefotos im Informationsjournalismus?, in: Knieper, Thomas/Müller, Marion G. (Hg.): Authentizität und Inszenierung von Bilderwelten. Köln: Herbert von Halem Verlag, 123-149.

Guinnane, Timothy/Sundstrom, William A./Whatley, Warren (2003): History Matters: Essays on Economic Growth, Technology, and Demographic Change. Stanford: Stanford University Press.

Habermas, Jürgen (1971): Theorie der Gesellschaft oder Sozialtechnologie? Eine Auseinandersetzung mit Niklas Luhmann, in: Habermas, Jürgen/Luhmann, Niklas (Hg.): Theorie der Gesellschaft oder Sozialtechnologie – was leistet die Systemforschung. Frankfurt am Main: Suhrkamp, 142-290.

Hacker, Katharina (1997): Tel Aviv. Eine Stadterzählung. Frankfurt am Main: Suhrkamp.

Hager, Jens (1967): Die Rebellen von Berlin. Studentenpolitik an der Freien Universität. Köln: Kiepenheuer & Witsch.

Hall, Peter (1995): Towards a General Urban Theory, in: Brotchie, John/Batty, Mike/Blakely, Ed/Hall, Peter/Newton, Peter (Hg.): Cities in Competition. Melbourne: Longman, 3-31.

Hall, Peter (1999): Cities in Civilization: Culture, Innovation, and Urban Order. London: Phoenix.

Hall, Stuart (1992): The Question of Cultural Identity, in: Hall, Stuart/Held, David/McGrew, Tony (Hg.): Modernity and its Futures. Cambridge: Polity Press in Zusammenarbeit mit Cambridge/Oxford: Blackwell, 273-325.

Hamm, Bernd (1980): Thesen zur Soziologie der Stadt – ein Ausweg aus der Banalität, in: Leviathan 8, 265-272.

Hamm, Bernd/Atteslander, Peter (Hg.) (1974): Materialien zur Siedlungssoziologie. Köln: Kiepenheuer & Witsch.

Hannerz, Ulf (1980): Exploring the City. Inquiries Toward an Urban Anthropology. New York: Columbia University Press.

Hannerz, Ulf (1998): Transnational Connections: Culture, People, Places. London/New York: Routledge.

Hard, Mikael (1994): Machines are Frozen Spirit. The Scientification of Refrigeration and Brewing in the 19th century. A Weberian Interpretation. Frankfurt am Main/Boulder: Westview Press.

Hart, Stuart/Denison, Daniel/Henderson, Douglas (1988): A Contingency Approach to Firm Location: The Influence of Industrial Sector and Level of Technology, in: Policy Studies Journal 17, 599-629.

Harvey, David (1973): Social Justice and the City. Cambridge/Oxford: Blackwell.

Harvey, David (1985): The Urbanization of Capital. Studies in the History and Theory of Capitalist Urbanization. Baltimore: John Hopkins University Press.

Harvey, David (1989): The Condition of Postmodernity. Cambridge/Oxford: Blackwell.

Harvey, David (1991): Geld, Zeit, Raum und die Stadt, in: Wentz, Martin (Hg.): Stadt-Räume. Die Zukunft des Städtischen. Frankfurt am Main/New York: Campus, 149-168.

Hasse, Jürgen (erscheint 2008): »Stadt« als schwimmender

Terminus, in: Berking, Helmuth/Löw, Martina (Hg.): Eigenlogik der Städte. Frankfurt am Main: Campus.

Hassemer, Volker (2008): Stadtentwicklung und Stadtmarketing nach 1990 – Die Perspektive eines kommunalen Verantwortungsträgers, in: Biskup, Thomas/Schalenberg, Marc (Hg.): Selling Berlin. Imagebildung und Stadtmarketing von der preußischen Residenz bis zur Bundeshauptstadt. Stuttgart: Franz Steiner Verlag, 335-344.

Haupt, Heinz-Gerhard/Kocka, Jürgen (1996): Historischer Vergleich: Methoden, Aufgaben, Probleme. Eine Einleitung, in: Haupt, Heinz-Gerhard/Kocka, Jürgen (Hg.): Geschichte und Vergleich. Ansätze und Ergebnisse internationaler vergleichender Geschichtsschreibung. Frankfurt am Main/New York: Campus, 9-45.

Hauser, Hans (1999): Bayern und Preußen. Weißwurst und Pickelhaube. ⟨http://www.luise-berlin.de/Bms/bmstxt99/9904gesb.htm⟩ [Stand: 17.6.2008].

Häußermann, Hartmut (1994): Das Erkenntnisinteresse von Gemeindestudien. Zur De- und Rethematisierung lokaler und regionaler Kultur, in: Derlien, Hans-Ulrich u. a. (Hg.): Systemrationalität und Partialinteresse. Festschrift für Renate Mayntz. Baden-Baden: Nomos Verlag, 223-245.

Häußermann, Hartmut/Kemper, Jan (2005): Die soziologische Theoretisierung der Stadt und die ›New Urban Sociology‹, in: Berking, Helmuth/Löw, Martina (Hg.): Die Wirklichkeit der Städte. Sonderband 16 der Zeitschrift Soziale Welt. Baden-Baden: Nomos Verlag, 25-53.

Häußermann, Hartmut/Siebel, Walter (1978): Thesen zur Soziologie der Stadt, in: Leviathan 6, 484-500.

Heinelt, Hubert/Kübler, Daniel (2005): Metropolitan Governance. Capacity, Democracy and the Dynamics of Place (ECPR Series in European Political Science). London/New York: Routledge.

Heinelt, Hubert/Mayer, Margit (1993): Politik in europäischen Städten. Fallstudien zur Bedeutung lokaler Politik. Basel u. a.: Birkhäuser.

Heintz, Bettina (2004): Emergenz und Reduktion, in: KZfSS 56, 1-31.

Held, Gerd (2005): Territorium und Großstadt. Die räumliche Differenzierung der Moderne. Wiesbaden: VS Verlag für Sozialwissenschaften.

Held, Gerd (erscheint 2008): Der städtische Raum als Voraussetzung des Sozialen, in: Berking, Helmuth/Löw, Martina (Hg.): Eigenlogik der Städte. Frankfurt am Main: Campus.

Hennig, Eike (2006): »Planning, Building, Breaking, Rebuilding«: Stadtforschung und die Norm der europäischen Stadt, in: Soziologische Revue 29, 26-35.

Herlyn, Ulfert (1989): Der Beitrag der Stadtsoziologie: Ein Rückblick auf die Forschungsentwicklung, in: Hesse, Joachim J. (Hg.): Kommunalwissenschaften in der Bundesrepublik Deutschland. Baden-Baden: Nomos Verlag, 359-385.

Herlyn, Ulfert/Schweitzer, Ulrich/Tessin, Wulf/Lettko, Barbara (1982): Stadt im Wandel. Eine Wiederholungsuntersuchung der Stadt Wolfsburg nach 20 Jahren. Frankfurt am Main/New York: Campus.

Herlyn, Ulfert/Tessin, Wulf (2000): Faszination Wolfsburg. 1938-2000. Opladen: Leske + Budrich.

Hibbert, Cristopher (1987): Rom. Biographie einer Stadt. München: C.H. Beck.

Hillier, Bill (2005): Between Social Physics and Phenomenology: Explorations Towards an Urban Synthesis? ⟨http://www.spacesyntax.tudelft.nl/media/Long%20papers%20I/hillier.pdf⟩ [Stand: 11.4.2008].

Hillier, Bill/Hanson, Julienne (1984): The Social Logic of Space. Cambridge: Cambridge University Press.

Hirsch, Paul M/Gillespie, James J. (2001): Unpacking Path Dependence: Differential Valuations Accorded History Across Disciplines, in: Garud, Raghu/Karnøe, Peter (Hg.): Path Dependence and Creation. Mahwah: Lawrence Erlbaum Associates, 69-90.

Hosagrahar, Jyoti (2005): Indigenous Modernities: Negotiating Architecture and Urbanism. London/New York: Routledge.

Hubbard, Phil (1998): Sexuality, Immorality and the City: Red-light Districts and the Marginalisation of Female Street Prostitutes, in: Gender, Place and Culture. A Journal of Feminist Geography 5, 55-76.

Hürlimann, Martin (1994): Wien. Biographie einer Stadt. Zürich/Freiburg: Atlantis.

Husserl, Edmund (1980, orig.1904/1905): Phantasie und Bildbewußtsein, in: Marbach, Eduard (Hg.): Husserliana. Band XXIII: Phantasie, Bildbewußtsein, Erinnerung. Zur Phänomenologie der anschaulichen Vergegenwärtigung. Texte aus dem Nachlaß (1898-1925). Dordrecht/Boston/London: Springer Verlag, 15-50.

Hutchins, Mary/Parkinson, Michael (2005): Competitive Scottish Cities? Placing Scotland's Cities in the UK and European Context. 〈http://openscotland.gov.uk/Resource/Doc/37428/0028677.pdf〉 [Stand: 16.4.2008].

Irle, Martin (1960): Gemeindesoziologische Untersuchungen zur Ballung Stuttgarts. Bad Godesberg: Bundesanstalt für Landeskunde und Raumforschung.

Jacobs, Jane (1996): Edge of Empire. Postcolonialism and the City. London/New York: Routledge.

Janowicz, Cedric (2007): Die Versorgung der Stadt: Zur Sozialen Ökologie urbaner Räume. Dissertation TU Darmstadt (Veröffentlichung in Vorbereitung).

Janowicz, Cedric (erscheint 2008): Afrikas ›gewöhnliche Städte‹ und ihre Eigenlogik, in: Berking, Helmuth/Löw,

Martina (Hg.): Eigenlogik der Städte. Frankfurt am Main/New York: Campus.

Jensen-Butler, Chris (1997): Competition between Cities, Urban Performance and the Role of Urban Policy: A Theoretical Framework, in: Jensen-Butler, Chris/Schachar, Arie/van Weesep, Jan (Hg.): European Cities in Competition. Aldershot: Avebury, 3-42.

John, Peter/Cole, Alistair (2000): When do Institutions, Policy Sectors, and Cities Matter? Comparing Networks of Local Policy Makers in Britain and France, in: Comparative Political Studies 33, 248-268.

Kaelble, Hartmut (1999): Der historische Vergleich. Eine Einführung zum 19. und 20. Jahrhundert. Frankfurt am Main/New York: Campus.

Kaltenbrunner, Robert (2007): Wessen Traum kann es sein?, in: Frankfurter Rundschau vom 11.4.2007. 17.

Keil, Roger/Brenner, Neil (2003): Globalisierung, Stadt und Politik, in: Scharenberg, Albert/Schmidtke, Oliver (Hg.): Das Ende der Politik? Globalisierung und der Strukturwandel des Politischen. Münster: Westfälisches Dampfboot, 254-276.

Kelle, Udo/Kluge, Susanne (1999): Vom Einzelfall zum Typus. Opladen: Leske + Budrich.

Keller, Kevin L. (2003): Strategic Brand Management: Building, Measuring and Managing Brand Equity. Upper Saddle River, NJ: Prentice Hall.

Kemp, Wolfgang (1992): Der Betrachter ist im Bild: Kunstwissenschaft und Rezeptionsästhetik. Berlin/Hamburg: Reimer Verlag.

Kiaulehn, Walther (1981): Berlin – Schicksal einer Weltstadt. München: Deutscher Taschenbuch Verlag.

King, Anthony D. (1990): Urbanism, Colonialism and the World-Economy. Cultural and Spatial Foundations of the World Urban System. London/New York: Routledge.

King, Anthony D. (1991): Global Cities. Post-Imperialism and the internationalization of London. London: Routledge.
King, Anthony D. (1996): Introduction: Cities, Texts and Paradigms, in: King, Anthony D. (Hg.): Re-Presenting the City: Ethnicity, Capital and Culture in the Twenty-First Century Metropolis. London: Macmillan Press, 1-19.
King, Anthony D. (2000): Postcolonialism, Representation and the City, in: Watson, Sophie/Bridge, Gary (Hg.): A Companion to the City. Cambridge/Oxford: Blackwell, 261-269.
King, Anthony D. (2003): Actually Existing Postcolonialism. Colonial Urbanism and Architecture after the Postcolonial Turn, in: Bishop, Ryan/Phillips, John/Jeo, Wei Wei (Hg.): Postcolonial Urbanism. London/New York: Routledge, 167-186.
King, Anthony D. (2005, orig. 1997): Die Politik des Sehens, in: Franzen, Brigitte/Krebs, Stefanie (Hg.): Landschaftstheorie. Köln: Verlag Walther König, 238-253.
Kirchhof, Astrid M. (2008): Das Dienstfräulein auf dem Bahnhof: Der Wirkungskreis von Frauen im öffentlichen Raum. Das Beispiel der Evangelischen Berliner Bahnhofsmission 1894-1939. Dissertation TU Berlin.
Klein, Bruno/Sigel, Paul (Hg.) (2006): Konstruktionen urbaner Identität: Zitat und Rekonstruktion in Architektur und Städtebau der Gegenwart. Berlin: Lukas Verlag.
Klotz, Heinrich (Hg.) (1984): Die Revision der Moderne. Postmoderne Architektur. 1960-1980. Deutsches Architekturmuseum, Frankfurt am Main. München: Prestel Verlag.
Knieper, Thomas (2005): Kommunikationswissenschaft, in: Sachs-Hombach, Klaus (Hg.): Bildwissenschaft. Dis-

ziplinen, Themen, Methoden. Frankfurt am Main: Suhrkamp, 37-51.

Knorr-Cetina, Karin (1981): The Micro-Sociological Challenge of Macro-Sociology: Towards a Reconstruction of Social Theory and Methodology, in: Knorr-Cetina, Karin/Cicourel, Aaron V. (Hg.): Advances in Social Theory and Methodology: Toward an Integration of Micro- and Macro-Sociologies. London/New York: Routledge, 1-48.

Kocka, Jürgen (2006): Die Vielfalt der Moderne und die Aushandlung von Universalien, in: Schwinn, Thomas (Hg.): Die Vielfalt und Einheit der Moderne. Wiesbaden: VS Verlag für Sozialwissenschaften, 63-69.

König, René (1959): Der Begriff Heimat in den fortgeschrittenen Industriegesellschaften, in: Jahrbuch deutscher Heimatbund, 22-26.

König, René (1965): Soziologische Orientierungen. Vorträge und Aufsätze. Köln: Kiepenheuer & Witsch.

König, René (Hg.) (1956): Soziologie der Gemeinde. Sonderheft 1 der Kölner Zeitschrift für Soziologie und Sozialpsychologie. Opladen: Westdeutscher Verlag.

Konrad, György (1986): Die Herausforderung der Großstadt, in: Bernen, Peter/Brix, Emil/Mantl, Wolfgang (Hg.): Wien um 1900. Aufbruch in die Moderne. München: Oldenbourg R. Verlag, 259-275.

Koolhaas, Rem (2000, orig. 1995): Whatever Happened to Urbanism?, in: Miles, Malcolm/Hall, Tim/Borden, Iain (Hg.): The City Cultures Reader. London/New York: Routledge, 327-329.

Koolhaas, Rem/OMA /Mau, Bruce (1995): S, M, L, XL. New York: The Monacelli Press.

Korte, Hermann (Hg.) (1974): Soziologie der Stadt. Weinheim/München: Juventa.

Krais, Beate/Gebauer, Gunter (2002): Habitus. Bielefeld: transcript.

Krämer-Badoni, Thomas (1991): Die Stadt als sozialwissenschaftlicher Gegenstand, in: Häußermann, Hartmut/Ipsen, Detlev/Krämer-Badoni, Thomas/Läpple, Dieter/Rodenstein, Mariane u. a. (Hg.): Stadt und Raum: Soziologische Analysen. Pfaffenweiler: Centaurus, 1-29.

Krätke, Stefan (1995): Stadt – Raum – Ökonomie: Einführung in aktuelle Problemfelder der Stadtökonomie und Wirtschaftsgeographie. Basel u. a.: Birkhäuser.

Krätke, Stefan (2002): Medienstadt. Urbane Cluster und globale Zentren der Kulturproduktion. Opladen: Leske + Budrich.

Krätke, Stefan (2003): Global Media Cities in a Worldwide Urban Network, in: European Planning Studies 11, 605-628.

Krauss, Marita (1997): Herrschaftspraxis in Bayern und Preußen im 19. Jahrhundert. Frankfurt am Main: Campus.

Kraushaar, Wolfgang (Hg.) (1998): Frankfurter Schule und Studentenbewegung. Eine Chronik 1945 bis 1995. Hamburg: Rogner & Bernhard.

Krehl, Reinhard/Steets, Silke/Wenzel, Jan (2005): Leipzig Protestatlas. Text Bild Karte. Leipzig: General Panel für Experimentale e.V.

Kroeber-Riel, Werner (1996): Bildkommunikation. München: Vahlen Franz GmbH.

Kröniger, Birgit (2007): Der Freiraum als Bühne. Zur Transformation von Orten durch Events und Inszenierungen. München: Meidenbauer.

Kunz, Alexa M./Schäfers, Bernhard (2007): Architektur und Stadt im Film, in: Schroer, Markus (Hg.): Gesellschaft im Film. Konstanz: UVK Verlag, 14-48.

Labica, Georges/Bensussan, Gérard (1986): Kritisches Wörterbuch des Marxismus. Hg. der deutschen Fassung Fritz Wolfgang. Berlin: Argument Verlag.

Lampugnani, Vittorio M./Noell, Matthias (2005): Stadtformen. Die Architektur der Stadt zwischen Imagination und Konstruktion. Zürich: gta Verlag.

Lange, Bastian (2007): Die Räume der Kreativszenen. Culturepreneurs und ihre Orte in Berlin. Bielefeld: transcript.

Läpple, Dieter (1991): Gesellschaftszentriertes Raumkonzept. Zur Überwindung von physikalisch-mathematischen Raumauffassungen in der Gesellschaftsanalyse, in: Wentz, Martin (Hg.): Stadt-Räume. Frankfurt am Main/New York: Campus, 35-46.

Läpple, Dieter (2005): Phönix aus der Asche. Die Neuerfindung der Stadt, in: Berking, Helmuth/Löw, Martina (Hg.): Die Wirklichkeit der Städte. Sonderband 16 der Zeitschrift Soziale Welt. Baden-Baden: Nomos Verlag, 397-413.

Latouche, Serge (1996): The Westernization of the World: The Significance, Scope, and Limits of the Drive towards Global Uniformity. Cambridge: Polity Press.

Latour, Bruno (1988): Mixing Humans and Nonhumans Together. The Sociology of a Door-Closer, in: Social Problems 35, 289-310.

Law, John (1999): Materialities, Spatialities, Globalities. Online-Veröffentlichung des Centre for Science Studies, Lancaster University auf ⟨http://www.lancs.ac.uk/fass/sociology/papers/law-hetherington-materialities-spatialities-globalities.pdf⟩ [Stand: 22.9.2008].

Le Galès, Patrick (2002): European Cities: Social Conflicts and Governance. Oxford: Oxford University Press.

Lederer, Arno (2006): Ein großes Haus, mitten in der Stadt, in: Hessisches Baumanagement (Hg.): Staatstheater Darmstadt in neuem Gewand. Frankfurt am Main: Selbstverlag, 38-39.

Lee, Martyn (1997): Relocating Location: Cultural Geography, the Specificity of Place and the City Habitus, in:

McGuigan, Jim (Hg.): Cultural Methodologies. London/Thousand Oaks/New Delhi: Sage, 126-141.

Lefèbvre, Henri (1970): La révolution urbaine. Paris: Gallimard.

Lefèbvre, Henri (1991, orig. 1974): The Production of Space. Cambridge/Oxford: Blackwell.

Lefèbvre, Henri (1996): Writings on Cities. Cambridge/Oxford: Blackwell.

Lepsius, M. Rainer (2008): Blicke zurück und nach vorne. M. Rainer Lepsius im Gespräch mit Adalbert Hepp und Martina Löw, in: Hepp, Adalbert/Löw, Martina (Hg.): M. Rainer Lepsius. Soziologie als Profession. Frankfurt am Main: Campus, 11-75.

Lever, William F. (1999): Competitive Cities in Europe, in: Urban Studies 36, 1029-1044.

Lewandowski, Sven (2004): Sexualität in den Zeiten funktionaler Differenzierung. Eine systemtheoretische Analyse. Bielefeld: Transcript.

Lindner, Rolf (2003): Der Habitus der Stadt – Ein kulturgeographischer Versuch, in: PGM. Zeitschrift für Geo- und Umweltwissenschaften 147, 46-53.

Lindner, Rolf (2005a): Urban Anthropology, in: Berking, Helmuth/Löw, Martina (Hg.): Die Wirklichkeit der Städte. Sonderband 16 der Zeitschrift Soziale Welt. Baden-Baden: Nomos Verlag, 55-66.

Lindner, Rolf (2005b): Die Kultur der Metropole, in: Humboldt Spektrum 12, 22-28.

Lindner, Rolf/Moser, Johannes (Hg.) (2006): Dresden. Ethnografische Erkundungen einer Residenzstadt. Leipzig: Leipziger Universitätsverlag.

Lobao, Linda/Hooks, Gregory/Tickamyer, Ann (Hg.) (2007): The Sociology of Spatial Inequality. Albany: State University of New York Press.

Lofland, Lyn H. (1991): History, the City and the Interac-

tionist: Anselm Strauss, City Imaginary and Urban Sociology, in: Symbolic Interaction 14, 205-223.
Löw, Martina u. a. (2004): »Wie machen wir's, dass alles frisch und neu und mit Bedeutung auch gefällig sei?« Eine empirische Untersuchung zu Freizeit- und Theaterkompetenzen von Darmstädter Bürgern und Bürgerinnen. ⟨http://raumsoz.ifs.tu-darmstadt.de/forschung/f002-projekte/bericht/theater_2.pdf⟩ [Stand 22.9.2008].
Löw, Martina (2001a): Raumsoziologie. Frankfurt am Main: Suhrkamp.
Löw, Martina (2001b): Gemeindestudien heute: Sozialforschung in der Tradition der Chicagoer Schule?, in: Zeitschrift für Qualitative Bildungs-, Beratungs- und Sozialforschung 1/2001, 111-131.
Löw, Martina (2005): Die Rache des Körpers über den Raum? Über Henri Lefèbvres Utopie und Geschlechterverhältnisse am Strand, in: Schroer, Markus (Hg.): Soziologie des Körpers. Frankfurt am Main: Suhrkamp, 241-270.
Löw, Martina/Steets, Silke/Stoetzer, Sergej u. a. (2007): Das Image des Staatstheaters Darmstadt. Eine empirische Untersuchung der Meinungen und Erfahrungen. ⟨http://raumsoz.ifs.tu-darmstadt.de/pdf-dokumente/studie2-image-theater.pdf⟩ [Stand: 1.5.2008].
Low, Setha M. (1999): Introduction: Theorizing the City, in: Low, Setha M. (Hg.): Theorizing the City: The New Urban Anthropology Reader. New Brunswick/New Jersey/London: Rutgers University Press, 1-33.
Luhmann, Niklas (1998): Die Kunst der Gesellschaft. Frankfurt am Main: Suhrkamp.
Lynch, Kevin (1984): Reconsidering The Image of the City, in: Rodwin, Lloyd/Hollister, Robert M. (Hg.): Cities of the Mind. New York/London: Plenum Press, 151-161.
Lynch, Kevin (1989, orig. 1965): Das Bild der Stadt. Basel u. a.: Birkhäuser.

Mackensen, Rainer (2000): Handeln und Umwelt. Opladen: Leske + Budrich.
Mackensen, Rainer/Hahn, Karl (1958): Beiträge zur Soziologie der Gemeinden. 4. Die kommunale Neuordnung des Ruhrgebiets, dargestellt am Beispiel Dortmunds. Opladen: Westdeutscher Verlag.
Mäding, Heinrich (2001): And the Winner is... Standpunkt: Städte-Rankings, in: Difu-Berichte (Deutsches Institut für Urbanistik) 2/2001, 2-3.
Mahoney, James (2000): Path Dependence in Historical Sociology, in: Theory and Society 29, 507-548.
Mak, Geert/de Keghel, Isabelle (2006): Amsterdam. Biographie einer Stadt. München: Btb.
Maran, Joseph (2006): Mycenaean Citadels as Performative Space, in: Maran, Joseph/Juwig, Carsten/Schwengel, Herman/Thaler, Ulrich (Hg.) (2006): Constructing Power Architecture, Ideology and Social Practice: Konstruktion der Macht Architektur, Ideologie und soziales Handeln. Münster: Lit Verlag, 75-91.
Marcus, Alan R. (Hg.) (2007): Visualizing the City. London/New York: Routledge.
Marcuse, Peter (2006): Die »Stadt« – Begriff und Deutung, in: Berking, Helmuth (Hg.): Die Macht des Lokalen in einer Welt ohne Grenzen. Frankfurt am Main/New York: Campus, 201-215.
Marx, Karl (1972, orig. 1890): Das Kapital. Band 1, in: Marx, Karl/Engels, Friedrich: Werke, Band 23. Berlin: Dietz.
Marx, Karl (1972, orig. 1847): Das Elend der Philosophie, in: Marx, Karl/Engels, Friedrich: Werke, Band 4. Berlin: Dietz.
Massey, Doreen (1993): Power-Geometry and a Progressive Sense of Place, in: Bird, John/Curtis, Barry/Putnam, Tim/Robertson, George/Tickner, Lisa (Hg.): Mapping

the Futures: Local Cultures, Global Change. London/New York: Routledge, 59-69.

Massey, Doreen (1999): Power-Geometries and the Politics of Space-Time. Heidelberg: Hettner-Lecture.

Massey, Doreen (2006): Keine Entlastung für das Lokale, in: Berking, Helmuth (Hg.): Die Macht des Lokalen in einer Welt ohne Grenzen. Frankfurt am Main/New York: Campus, 25-31.

Matthiesen, Ulf (2003): Kulinarik und Regionale Entwicklung unter besonderer Berücksichtigung von »Mark und Metropole«. Berlin: Humboldt-Universität.

Matthiesen, Ulf (2005): KnowledgeScapes: Pleading for a knowledge turn in socio-spatial research. ⟨http://www.irs-net.de/download/KnowledgeScapes.pdf⟩ [Stand: 22.9.2008].

Matthiesen, Ulf (2007): Wissensmilieus in heterogenen stadtregionalen Räumen Ostdeutschlands – zwischen Innovationsressourcen und kulturellen Abschottungen, in: Koch, Getraud/Warneken, Bernd J. (Hg.): Region – Kultur – Innovation. Wege in die Wissensgesellschaft. Wiesbaden: VS Verlag für Sozialwissenschaften, 83-122.

Matthiesen, Ulf (erscheint 2008): Eigenlogiken städtischer Wissenslandschaften. Zu Koevolutionsdynamik von Stadt- und Wissensentwicklung in urbanen KnowledgeScapes, in: Berking, Helmuth/Löw, Martina (Hg.): Eigenlogik der Städte. Frankfurt am Main: Campus.

Matthiesen, Ulf/Bürkner, Hans-Joachim (2004): Wissensmilieus – Zur sozialen Konstruktion und analytischen Rekonstruktion eines neuen Sozialraum-Typus, in: Matthiesen, Ulf (Hg.): Stadtregion und Wissen – Analysen und Plädoyers für eine wissensbasierte Stadtentwicklung. Wiesbaden: VS Verlag für Sozialwissenschaften, 65-89.

Mau, Steffen (2007): Transnationale Vergesellschaftung. Die Entgrenzung sozialer Lebenswelten. Frankfurt am Main/New York: Campus.

Mayer, Margit (1991): »Postfordismus« und »lokaler Staat«, in: Heinelt, Hubert/Wollmann, Hellmut (Hg.): Brennpunkt Stadt. Basel u. a.: Birkhäuser, 31-51.

Mayntz, Renate (1958): Soziale Schichtung und Sozialer Wandel in einer Industriegemeinde. Eine soziologische Untersuchung der Stadt Euskirchen. Stuttgart: Enke.

Mayntz, Renate (2002): Zur Theoriefähigkeit makro-sozialer Analysen, in: Mayntz, Renate (Hg.): Akteure – Mechanismen – Modelle: zur Theoriefähigkeit makro-sozialer Analysen. Frankfurt am Main/New York: Campus, 7-43.

McDowell, Linda (1995): Body Work: Heterosexual Gender Performances in City Workplaces, in: Bell, David/Valentine, Gill (Hg.): Mapping Desire: Geographies of Sexualities. London/New York: Routledge, 75-95.

McDowell, Linda (1997): Capital Culture. Gender at Work. Cambridge/Oxford: Blackwell.

McRobbie, Angela (1999): Kunst, Mode und Musik in der Kulturgesellschaft, in: Hoffmann, Justin/Osten, Marion von (Hg.): Das Phantom sucht seinen Mörder. Ein Reader zur Kulturalisierung der Ökonomie. Berlin: b_books, 15-42.

Meier, Hans Rudolf (2004): Das Bild vom Denkmal – Überlegungen zur Denkmalpflege nach dem »iconic turn«, in: Ausdruck und Gebrauch. Dresdner wissenschaftliche Halbjahreshefte für Architektur, Wohnen, Umwelt 4, 94-102.

Meier, Hans Rudolf (2006): Stadtentwicklung zwischen Denkmalpflege und Geschichtsfiktion, in: Sigel, Paul/Klein, Bruno (Hg.): Konstruktionen urbaner Identität. Zitat und Rekonstruktion in Architektur und Städtebau der Gegenwart, Berlin: Lukas Verlag, 161-174.

Meier, Hans-Rudolf (erscheint 2008): Von der »descriptio urbis« zu den »urban icons« – Imagination und Funktion von Stadtbildern aus denkmalpflegerischer Sicht, in: Brandt, Sigrid/Meier, Hans-Rudolf/Wölfle, Gunter (Hg.): StadtBild und Denkmalpflege. Konstruktion und Rezeption von Bildern der Stadt. Dresden.

Meier, Lars (2007): Die Strategie des Einpassens – Deutsche Finanzmanager in London und Singapur. Dissertation TU Darmstadt. (Veröffentlichung in Vorbereitung)

Mersch, Dieter (2006): Visuelle Argumente. Zur Rolle der Bilder in den Naturwissenschaften, in: Maasen, Sabine/Mayerhauser, Torsten/Renggli, Cornelia (Hg.): Bilder als Diskurse, Bilddiskurse. Weilerswist: Velbrück, 95-116.

Mitchell, William J. T. (1994): Picture Theory. Essays on Verbal and Visual Representation. Chicago/London: University of Chicago Press.

Mitchell, William J. T. (2008): Bildtheorie. Frankfurt am Main: Suhrkamp.

Molotch, Harvey/Freudenburg, William R./Paulsen, Krista (2000): History Repeats Itself, but How? City Character, Urban Tradition, and the Accomplishment of Place, in: American Sociological Review 65, 791-823.

Mooshammer, Helge (2005): Cruising: Architektur, Psychoanalyse und Queer Cultures. Köln/Weimar/Wien: Böhlau.

Moravánszky, Ákos (Hg.) (2003): Architekturtheorie im 20. Jahrhundert. Eine kritische Anthologie. Wien/New York: Springer Verlag.

Morley, David (1997): Where the Global Meets the Local: Aufzeichnungen aus dem Wohnzimmer. ⟨http://www.montage-av.de/pdf/061_1997/06_1_David_Morley_Where_the_Global_Meets_the_Local.pdf⟩ [Stand: 22.9.2008].

Müller, Michael (erscheint 2008): Raum-Bild-Vermittlung, in: Brandt, Sigrid/Meier, Hans-Rudolf/Wölfle, Gunter (Hg.): StadtBild und Denkmalpflege. Konstruktion und Rezeption von Bildern der Stadt. Dresden.
Müller, Michael/Dröge, Franz (2005): Die ausgestellte Stadt. Zur Differenz von Ort und Raum. Basel u. a.: Birkhäuser.
Mumford, Lewis (1979, orig. 1961): Die Stadt. Geschichte und Ausblick. München: DTV.
Nadler, Laura (1994): Comparative Consciousness, in: Borofsky, Robert (Hg.): Assessing Cultural Anthropology. New York: McGraw-Hill Education, 84-96.
Nassehi, Armin (2002): Dichte Räume. Städte als Synchronisations- und Inklusionsmaschinen, in: Löw, Martina (Hg.): Differenzierung des Städtischen. Opladen: Leske + Budrich, 211-232.
Neckel, Sieghard (1997): Zwischen Robert E. Park und Pierre Bourdieu. Eine dritte »Chicagoer Schule«? Soziologische Perspektiven einer amerikanischen Forschungstradition, in: Soziale Welt 47, 71-84.
Neckel, Sighard/Dröge, Kai (2002): Die Verdienste und ihr Preis: Leistung in der Marktgesellschaft, in: Honneth, Axel (Hg.): Befreiung aus der Mündigkeit. Frankfurt am Main/New York: Campus, 93-116.
Nishida, Kitaro (1999. orig. 1926): Ort, in: Elberfeld, Rolf (Hg.): Kitaro Nishida: Logik des Ortes. Der Anfang der modernen Philosophie in Japan. Darmstadt: Wissenschaftliche Buchgesellschaft, 72-140.
Noell, Matthias (erscheint 2008): Stadtbilder und Städtebücher. Der reproduzierte Blick auf die Stadt, in: Brandt, Sigrid/Meier, Hans-Rudolf/Wölfle, Gunter (Hg.): StadtBild und Denkmalpflege. Konstruktion und Rezeption von Bildern der Stadt. Dresden.
Noller, Peter (2000): Globalisierung, Raum und Gesell-

schaft: Elemente einer modernen Soziologie des Raumes, in: Berliner Journal für Soziologie 10, 21-48.

North, Douglass C. (1990): Institutions, Institutional Change and Economic Performance. Cambridge: Cambridge University Press.

North, Douglass C. (1993): Institutions and Credible Commitment, in: Journal of Institutional and Theoretical Economics 149, 11-23.

North, Douglass C. (1998): Economic Performance Through Time, in: Brinton, Mary C./Nee, Victor (Hg.): The New Institutionalism in Sociology. Stanford: Stanford University Press, 247-257.

Oevermann, Ulrich (1999): Strukturale Soziologie und Rekonstruktionsmethodologie, in: Glatzer, Wolfgang (Hg.): Ansichten der Gesellschaft. Frankfurter Beiträge aus Soziologie und Politikwissenschaft. Opladen: Leske + Budrich, 72-84.

Oevermann, Ulrich/Allert, Tilmann/Konau, Elisabeth/Krambeck, Jürgen (1979): Die Methodologie einer »objektiven Hermeneutik« und ihre allgemeine forschungslogische Bedeutung in den Sozialwissenschaften, in: Soeffner, Hans-Georg (Hg.): Interpretative Verfahren in den Sozial- und Textwissenschaften. Stuttgart: Metzler, 352-434.

Opaschowski, Horst W. (2002): Tourismus. Eine systematische Einführung. Analysen und Prognosen. Opladen: Leske + Budrich.

Otte, Gunnar/Baur, Nina (2008): Urbanism as a Way of Life? Räumliche Variationen der Lebensführung in Deutschland, in: Zeitschrift für Soziologie 37, 93-116.

Pagenstecher, Cord (2003): Der bundesdeutsche Tourismus. Ansätze einer Visual History: Urlaubsprospekte, Reiseführer, Fotoalben 1950-1990. Hamburg: J. Kovac.

Paivio, Alan (1977): Images, Propositions, and Knowl-

edge, in: Nicholas, John M. (Hg.): Images, Perception, and Knowledge. Dordrecht/Boston: Reidel, 47-71.
Pappi, Franz U./Melbeck, Christian (1988): Die sozialen Beziehungen städtischer Bevölkerungen, in: Friedrichs, Jürgen (Hg.): Soziologische Stadtforschung. Opladen: Westdeutscher Verlag, 223-250.
Park, Robert E./Burgess, Ernest W./McKenzie, Roderick D. (Hg.) (1984, orig. 1925): The City. Chicago: University of Chicago Press.
Parkinson, Michael/Hutchins, Mary/Clark, Greg/Simmie, James/Verdonk, Hans (2004): Competitive European Cities: Where do the Core Cities Stand? London: ODPM.
PEW, Global Attitudes Project (2007): Global Opinion Trends 2002-2007: A Rising Tide Lifts Mood in the Developing World. ⟨http://pewglobal.org/reports/pdf/257.pdf⟩ [Stand: 11.6.2008].
Pfeil, Elisabeth (1955): Soziologie der Großstadt, in: Gehlen, Arnold/Schelsky, Helmut (Hg.): Soziologie. Ein Lehr- und Handbuch zur modernen Gesellschaftskunde. Düsseldorf/Köln: Eugen Diederich, 228-255.
Pickel, Gert (2000): Konfessionslose in Ost- und Westdeutschland – ähnlich oder anders?, in: Pollack, Detlef/Pickel, Gert (Hg.): Religiöser und kirchlicher Wandel in Ostdeutschland 1989-1999. Opladen: Leske + Budrich, 206-235.
Pierson, Paul (2000a): Increasing Returns, Path Dependence, and the Study of Politics, in: American Political Science Review 94, 251-267.
Pierson, Paul (2000b): Not Just What, but When: Timing and Sequence in Political Processes, in: Studies in American Political Development 14, 72-92.
Pierson, Paul (2000c): The Limits of Design: Explaining Institutional Origins and Change, in: Governance 13, 475-499.

Pilarczyk, Ulrike/Mietzner, Ulrike (2000): Bildwissenschaftliche Methoden in der erziehungs- und sozialwissenschaftlichen Forschung, in: ZBBS 2000, 343-364.

Pott, Andreas (2007): Orte des Tourismus. Eine raum- und gesellschaftstheoretische Untersuchung. Bielefeld: transcript.

Prange, Rolf (o.J.; wahrscheinlich 1972): Planung, in: Staatstheater und Staatsbauamt Darmstadt (Hg.): Staatstheater Darmstadt. Langen: Verlag und Buchdruckerei Rolf Schulze, 3-6.

Prigge, Rolf/Schwarzer, Thomas (2006): Großstädte zwischen Hierarchie, Wettbewerb und Kooperation. Wiesbaden: VS Verlag für Sozialwissenschaften.

Prigge, Walter (1988): Mythos Metropole. Vom Landmann zum Wallmann, in: Prigge, Walter/Schwarz, Hans-Peter (Hg.): Städtebau und Architektur im Modernisierungsprozeß. Frankfurt am Main: Vervuert, 209-240.

Rammert, Werner/Schulz-Schaeffer, Ingo (2002): Technik und Handeln – Wenn soziales Handeln sich auf menschliches Verhalten und technische Artefakte verteilt. ⟨http://www2.tu-berlin.de/~soziologie/Tuts/Wp/TUTS_WP_4_2007.pdf⟩ [Stand: 22.9.2008].

Ramsay, Meredith (1996): Community, Culture, and Economic Development: The Social Roots of Local Action. Albany: State University of New York Press.

Randeria, Shalini (2004): Kastensolidarität als Modus zivilgesellschaftlicher Bindungen? Selbstorganisation und Rechtspluralismus im (post)kolonialen Indien, in: Gosewinkel, Dieter/Rucht, Dieter/van den Daele, Wolfgang/Kocka, Jürgen (Hg.): Zivilgesellschaft – national und transnational, WZB Jahrbuch 2003. Berlin: edition sigma, 223-243.

Rau, Susanne/Schwerhoff, Gerd (Hg.) (2004): Zwischen

Gotteshaus und Taverne. Öffentliche Räume in Spätmittelalter und Früher Neuzeit. Köln/Weimar/Wien: Böhlau.

Reckwitz, Andreas (2003): Grundelemente einer Theorie sozialer Praktiken. Eine sozialtheoretische Perspektive, in: Zeitschrift für Soziologie 32, 282- 301.

Redfield, Lisa P./Robbins, Edward (1984): Anthropological Approaches to the City, in: Rodwin, Lloyd/Hollister, Robert M. (Hg.): Cities of the Mind. Images and Themes of the City in the Social Science. New York/London: Plenum Press, 83-95.

Rehberg, Karl-Siegbert (2006): Macht-Räume als Objektivationen sozialer Beziehungen – Institutionenanalytische Perspektiven, in: Hochmuth, Christian/Rau, Susanne (Hg.): Machträume der frühneuzeitlichen Stadt. Konstanz: UVK Verlag, 41-55.

Reulecke, Jürgen/Zimmermann, Clemens (2002): Zwölf Bemerkungen zur Stadt- und Urbanisierungsgeschichte, in: Informationen zur modernen Stadtgeschichte 2002/1, 62-69.

Reutlinger, Christian (2008): Raum und soziale Entwicklung. Kritische Reflexion und neue Perspektiven für den sozialpädagogischen Diskurs. Weinheim/München: Juventa.

Richter, Dieter (2005): Neapel. Biographie einer Stadt. Berlin: Wagenbach.

Riemenschneider, Dieter (2004): Postcolonial Theory. The Emergence of a Critical Discourse. Tübingen: Stauffenburg.

Ritzer, George (1993): The McDonaldization of Society: An Investigation into the Changing Character of Contemporary Social Life. London: Pine Forge Press.

Robertson, Roland (1995): Glocalization. Time-Space and Homogenity-Heterogenity, in: Featherstone, Mike/Lash,

Scott M./Robertson, Roland (Hg.): Global Modernities. London/Thousand Oaks/New Delhi: Sage, 15-30.

Rode-Breymann, Susanne (Hg.) (2007): Orte der Musik. Kulturelles Handeln von Frauen in der Stadt. Köln/Weimar/Wien: Böhlau.

Rodenstein, Marianne (2005): Mehr Charme für die Hochhausstadt, in: Frankfurter Rundschau vom 10.11.2005. 32.

Rodenstein, Marianne (2006): Neue Hochhäuser – Globalisierung und Differenz, in: collage. Zeitschrift für Planung, Umwelt und Städtebau 2006, 12-15.

Rodenstein, Marianne (erscheint 2008): Die Eigenart der Städte. Frankfurt und Hamburg im Vergleich, in: Berking, Helmuth/Löw, Martina (Hg.): Eigenlogik der Städte. Frankfurt am Main/New York: Campus.

Rodenstein, Marianne (Hg.) (2000): Hochhäuser in Deutschland. Zukunft oder Ruin der Städte. Stuttgart: Kohlhammer.

Rodwin, Lloyd/Hollister, Robert M. (Hg.) (1984): Cities of the Mind. Images and Themes of the City in the Social Sciences. New York/London: Plenum Press.

Rogerson, Robert J. (1999): Quality of Life and City Competitiveness, in: Urban Studies 36, 969-985.

Ruhne, Renate (2003): Raum Macht Geschlecht. Zur Soziologie eines Wirkungsgefüges am Beispiel von (Un-) Sicherheiten im öffentlichen Raum. Opladen: Leske + Budrich.

Sassen, Saskia (1996): Metropolen des Weltmarktes. Die neue Rolle der Global Cities. Frankfurt am Main/New York: Campus.

Saunders, Peter (1987, orig. 1981): Soziologie der Stadt. Frankfurt am Main/New York: Campus.

Schäfers, Bernhard (1989): Stadt- und Regionalsoziologie: Ausgewählte neuere Ansätze, in: Hesse, Joachim J. (Hg.):

Kommunalwissenschaften in der Bundesrepublik Deutschland. Baden-Baden: Nomos, 387-403.

Scheurmann, Ingrid (erscheint 2008): Stadtbild in der Denkmalpflege: Begriff – Kontext – Programm. Eine Problemskizze, in: Brandt, Sigrid/Meier, Hans-Rudolf/Wölfle, Gunter (Hg.): StadtBild und Denkmalpflege. Konstruktion und Rezeption von Bildern der Stadt. Dresden.

Schierl, Thomas (2005): Werbungsforschung, in: Sachs-Hombach, Klaus (Hg.): Bildwissenschaft. Disziplinen, Themen, Methoden. Frankfurt am Main: Suhrkamp, 309-319.

Schiffauer, Werner (1997): Zur Logik von kulturellen Strömungen in Großstädten, in: Schiffauer, Werner (Hg.): Fremde in der Stadt. Zehn Essays über Kultur und Differenz. Frankfurt am Main: Suhrkamp, 92-127.

Schimank, Uwe (2004): Das globalisierte ICH, In: Nollmann, Gerd/Strasser, Hermann (Hg.): Das individualisierte Ich in der modernen Gesellschaft. Frankfurt am Main: Campus, 45-68.

Schlögel, Karl (2003): Im Raume lesen wir die Zeit. Über Zivilisationsgeschichte und Geopolitik. München/Wien: Carl Hanser.

Schneider, Nicole/Spellerberg, Anette (1999): Lebensstile, Wohnbedürfnisse und räumliche Mobilität. Opladen: Leske + Budrich.

Schott, Dieter (1999): Die Vernetzung der Stadt. Kommunale Energiepolitik, öffentlicher Nahverkehr und die »Produktion« der modernen Stadt. Darmstadt – Mannheim – Mainz 1880-1918. Darmstadt: Wissenschaftliche Buchgesellschaft.

Schott, Dieter (2006): Wohnen im Netz, in: Janatková, Alena/Kozinska-Witt; Hanna (Hg.): Wohnen in der Großstadt 1900-1939. Wohnsituation und Modernisierung im europäischen Vergleich. Stuttgart: Franz Steiner Verlag, 251-270.

Schridde, Henning (1997): Lokale Sozialpolitik zwischen Integration und Ausgrenzung, in: Zeitschrift für Sozialreform 1997, 872-890.

Schriewer, Jürgen (2003): Problemdimensionen sozialwissenschaftlicher Komparatistik, in: Kaelble, Hartmut/Schriewer, Jürgen (Hg.): Vergleich und Transfer. Komparatistik in den Sozial-, Geschichts- und Kulturwissenschaften. Frankfurt am Main/New York: Campus, 9-52.

Schroer, Markus (2005): Stadt als Prozess. Zur Diskussion städtischer Leitbilder, in: Berking, Helmuth/Löw, Martina (Hg.): Die Wirklichkeit der Städte. Sonderband 16 der Zeitschrift Soziale Welt. Baden-Baden: Nomos Verlag, 327-344.

Schwan, Stephan (2005): Psychologie, in: Sachs-Hombach, Klaus (Hg.): Bildwissenschaft. Disziplinen, Themen, Methoden. Frankfurt am Main: Suhrkamp, 124-133.

Schwarte, Ludger (2000): Die Regeln der Intuition, Kunstphilosophie nach Adorno, Heidegger und Wittgenstein. München: Wilhelm Fink Verlag.

Schwonke, Martin/Herlyn, Ulfert (1967): Wolfsburg. Soziologische Analyse einer jungen Industriestadt. Stuttgart: Ferdinand Enke Verlag.

Sewing, Werner (2003): Bildregie. Architektur zwischen Retrodesign und Eventkultur. Basel u. a.: Birkhäuser.

Shiel, Mark (2001): Cinema and the City in History and Theory, in: Shiel, Mark/Fitzmaurice, Tony (Hg.): Cinema and the City: Film and Urban Societies in an Global Context. Cambridge/Oxford: Blackwell, 1-18.

Shields, Rob (1999): Lefèbvre, Love & Struggle. Spatial Dialectics. London/New York: Routledge.

Siebel, Walter (1987): Vorwort zur deutschen Ausgabe, in:

Saunders, Peter (Hg.): Soziologie der Stadt. Frankfurt am Main/New York: Campus, 9-13.

Siebel, Walter (Hg.) (2004): Die europäische Stadt. Frankfurt am Main: Suhrkamp.

Sieverts, Thomas (1997): Zwischenstadt: zwischen Ort und Welt, Raum und Zeit, Stadt und Land. Braunschweig/Wiesbaden: Verlag Friedrich Vieweg & Sohn.

Simmel, Georg (1984, orig. 1903): Die Großstädte und das Geistesleben, in: Simmel, Georg (Hg.): Das Individuum und die Freiheit: Essays. Berlin: Wagenbach, 192-204.

Simmel, Georg (1995, orig. 1908): Der Raum und die räumliche Ordnung der Gesellschaft, in: Rammstedt, Otthein (Hg.): Georg Simmel – Soziologie: Untersuchungen über die Formen der Vergesellschaftung. Gesamtausgabe Band 11. Frankfurt am Main: Suhrkamp, 687-790.

Sjøberg, Gideon (1974): Vergleichende Stadtsoziologie, in: Atteslander, Peter/Hamm, Bernd (Hg.): Materialien zur Siedlungssoziologie. Köln: Kiepenheuer & Witsch, 55-76.

Smith, Neil (1992a): Contours of Spatialized Politics. Homeless Vehicles and the Production of Geographical Space, in: Social Text 33, 54-81.

Smith, Neil (1992b): Geography, Difference and the Politics of Scale, in: Doherty, Joe/Graham, Elspeth/Malek, Mo (Hg.): Postmodernism and the Social Sciences. London: Macmillan Press, 57-79.

Smith, Neil (1993): Homeless/Global. Scaling Places, in: Bird, Jon (Hg.): Mapping the Futures, Local Cultures, Global Change. London/New York: Routledge, 87-119.

Smith, Neil (2001): Rescaling Politics. Geography, Globalism and the New Urbanism, in: Minca, Claudio (Hg.): Postmodern Geography. Theory and Praxis. Malden/Oxford: Blackwell, 147-168.

Soja, Edward W. (1989): Postmodern Geographies. New York: Verso.

Soja, Edward W. (1996): Thirdspace. Journeys to Los Angeles and Other Real and Imagined Places. Malden/Oxford: Blackwell.

Staatsbauamt Darmstadt (Hg.) (1972): Staatstheater Darmstadt. Langen: R. Schulze.

Steets, Silke (2007): Wenn Leipzig nicht Dornröschen ist ... Zur Konstruktion städtischer Räume durch kulturelle Netzwerke. Dissertation TU Darmstadt (Veröffentlichung in Vorbereitung).

Stehr, Nico (2000): Die Zerbrechlichkeit moderner Gesellschaften. Die Stagnation der Macht und die Chancen des Individuums. Weilerswist: Velbrück.

Stoetzer, Sergej (2006): Picturing Urban Identities, in: Berking, Helmuth/Frank, Sybille/Frers, Lars/Löw, Martina/Meier, Lars/Steets, Silke/Stoetzer, Sergej (Hg.): Negotiating Urban Conflicts. Interaction, Space and Control. Bielefeld: transcript. 177-194.

Stover, Mark/Leven, Charles (1992): Methodological Issues in the Determination of the Quality of Life in Urban Areas, in: Urban Studies 29, 737-754.

Strauss, Anselm L. (1967): Strategies for Discovering Urban Theory, in: Schnore, Leo F./Fagin, Henry (Hg.): Urban Research and Policy Planning. Beverly Hills: Sage, 79-98.

Strauss, Anselm L. u. a. (1961): Boys In White: Student Culture In Medical School. Chicago: University of Chicago Press.

Strubelt, Wendelin (1998): Stadt – Land, in: Schäfers, Bernhard/Zapf, Wolfgang (Hg.): Handwörterbuch zur Gesellschaft Deutschlands. Opladen: Leske + Budrich, 652-665.

Sudjic, Deyan (1992): The 100 Mile City. London: André Deutsch.

Suleiman, Susan R./Crosman, Inge (1980): The Reader in

the Text. Essays on Audience and Interpretation. Princeton: Princeton University Press.

Swyngedouw, Erik (1992): The Mammon Quest. Glocalization, Interspital Competition and the Monetary Order, in: Dunford, Michael/Kafkalas, Grigoris (Hg.): Cities and Regions in the New Europe. London: Bellhaven Press, 39-67.

Swyngedouw, Erik (1997): Neither Global nor Local: ›Glocalization‹ and the Politics of Scale, in: Cox, Kevin (Hg.): Spaces of Globalization. New York: Guilford Press, 137-166.

Sykora, Katharina (1993): Die ›Hure Babylon‹ und die ›Mädchen mit dem eiligen Gang‹, in: Sykora, Katharina u.a. (Hg.): Die neue Frau. Marburg: Jonas Verlag, 119-140.

Taylor, Ian/Evans, Karen/Fraser, Penny (1996): Tale of Two Cities: Global Change, Local Feeling, and Everyday Life in the North of England: A Study in Manchester and Sheffield. London/New York: Routledge.

Taylor, Peter (1982): A Materialist Framework for Political Geography, in: Transactions of the Institute of British Geographers 7, 15-34.

Thompson, Grahame (2000): Economic Globalization?, in: Held, David (Hg.): A Globalizing World? London/New York: Routledge, 85-126.

Töpfer, Armin (Hg.) (1993): Stadtmarketing – Herausforderung und Chance für Kommunen. Baden-Baden: FBO Verlag.

Torp, Cornelius (2005): Die Herausforderung der Globalisierung. Wirtschaft und Politik in Deutschland 1860-1914. Göttingen: Vandenhoeck & Ruprecht.

Trommer, Sigurd (2006): Identität und Image in der Stadt der Zukunft, in: Deutsches Institut für Urbanistik (Hg.): Zukunft von Stadt und Region. Wiesbaden: VS Verlag für Sozialwissenschaften, 23-44.

Trotha, Trutz von (2000): Die Zukunft liegt in Afrika. Vom Zerfall des Staates, von der Vorherrschaft der konzentrischen Ordnung und vom Aufstieg der Parastaatlichkeit, in: Leviathan 28, 253-279.

Trueman, Myfanwy/Klemm, Mary/Giroud, Axčle (2004): Can a City Communicate? Bradford as a Corporate Brand, in: Corporate Communications: An International Journal 9, 317-330.

Untermann, Matthias (erscheint 2008): Stadtbild und Stadtarchäologie, in: Brandt, Sigrid/Meier, Hans-Rudolf/Wölfle, Gunter (Hg.): StadtBild und Denkmalpflege. Konstruktion und Rezeption von Bildern der Stadt. Dresden.

Urry, John (1991): Time and Space in Giddens Social Theory, in: Bryant, Christopher/Jary, David (Hg.): Giddens Theory of Structuration. A Critical Appreciation. London/New York: Routledge, 160-175.

Urry, John (2002): The Tourist Gaze. London/Thousand Oaks/New Delhi: Sage.

Venturi, Robert/Scott Brown, Denise/Izenour, Steven (1979): Lernen von Las Vegas. Zur Ikonographie und Architektursymbolik der Geschäftsstadt. Basel u. a.: Birkhäuser

Vinken, Gerhard (2007): Sonderzone Heimat. Altstadt im modernen Städtebau. Eingereicht als Habilitationsschrift, Universität Bern (Veröffentlichung in Kürze im Deutschen Kunstverlag).

Vinken, Gerhard (erscheint 2008): Stadt – Denkmal – Bild. Wider die homogenen Bilder der Heimat, in: Brandt, Sigrid/Meier, Hans-Rudolf/Wölfle, Gunter (Hg.): StadtBild und Denkmalpflege. Konstruktion und Rezeption von Bildern der Stadt. Dresden.

Wacquant, Loic J. D. (1996): Auf dem Weg zu einer Sozialpraxeologie, in: Bourdieu, Pierre/Wacquant, Loic J. D.

(Hg.): Reflexive Anthropologie. Frankfurt am Main: Suhrkamp, 17-93.

Wagner, Kirsten (2006): Die visuelle Ordnung der Stadt. Das Bild der Stadt bei Kevin Lynch, in : ⟨http://hsozkult.geschichte.hu-berlin.de/forum/type/=diskussionen&id=774⟩ [Stand: 27.8.2008].

Waldenfels, Bernhard (1994): Ordnungen des Sichtbaren, in: Boehm, Gottfried (Hg.): Was ist ein Bild? München: Wilhelm Fink Verlag, 233-252.

Walkowitz, Judith R. (1992): City of Dreadful Delight. London: Virago Press.

Wallerstein, Immanuel M. (1974): The Modern World-System I: Capitalist Agriculture and the Origins of the European World-Economy in the Sixteenth Century. New York: Academic Press.

Warth, Eva (2000): Weiblichkeit und Metropole. Konstruktionen von Raum und Geschlecht im Film der Weimarer Zeit und im Nationalsozialismus, in: Imboden, Monika/Meister, Franziska/Kurz, Daniel (Hg.): Stadt – Raum – Geschlecht. Beiträge zur Erforschung urbaner Lebensräume im 19. und 20. Jahrhundert. Zürich: Chronos, 47-66.

Weber, Hajo/Streich, Bern (Hg.) (1997): City-Management. Städteplanung zwischen Globalisierung und Virtualität. Opladen: Westdeutscher Verlag.

Weber, Max (1980, orig. 1920): Wirtschaft und Gesellschaft. Grundriß der verstehenden Soziologie. Tübingen: Mohr.

Weddigen, Tristan (erscheint 2008): Ansichtssache: Bellottos Veduten und die städtebauliche Bilderpolitik, in: Brandt, Sigrid/Meier, Hans-Rudolf/Wölfle, Gunter (Hg.): StadtBild und Denkmalpflege. Konstruktion und Rezeption von Bildern der Stadt. Dresden.

Weich, Horst (1999): Prototypische und mythische Stadtdarstellung. Zum Image von Paris, in: Mahler, Andreas

(Hg.): Stadt-Bilder. Allegorie, Mimesis, Imagination. Heidelberg: C. Winter, 37-54.

Weidemann, Bernd (1989): Der mentale Aufwand beim Fernsehen, in: Groebel, Jo/Winterhoff-Spurk, Peter (Hg.): Empirische Medienpsychologie. München: Beltz PVU, 134-150.

Weigel, Sigrid (1990): Topographien der Geschlechter. Kulturgeschichtliche Studien zur Literatur. Reinbek bei Hamburg: Rowohlt.

Wiesing, Lambert (1998): Sind Bilder Zeichen?, in: Sachs-Hombach, Klaus/Rehkämper, Klaus (Hg.): Bild – Wahrnehmung – Bildverarbeitung. Interdisziplinäre Beiträge zur Bildwissenschaft. Wiesbaden: Deutscher Universitätsverlag, 95-101.

Wiesing, Lambert (2000): Phänomene im Bild. München: Wilhelm Fink Verlag.

Wiesing, Lambert (2005): Artifizielle Präsenz. Studien zur Philosophie des Bildes. Frankfurt am Main: Suhrkamp.

Williams, Raymond (1965): The Long Revolution. Harmondsworth: Penguin.

Williams, Raymond (1977): Marxism and Literature. Oxford: Oxford University Press.

Windhoff-Héritier, Adrienne (1991): Stadt der Reichen, Stadt der Armen: Politik in New York City. Frankfurt am Main/New York: Campus.

Wirth, Louis (1974, orig. 1938): Urbanität als Lebensform, in: Herlyn, Ulfert (Hg.): Stadt- und Sozialstruktur. Arbeiten zur sozialen Segregation, Ghettobildung und Stadtplanung. München: Nymphenburger Verlagshandlung, 42-67.

Wohl, R. Richard/Strauss, Anselm L. (1958): Symbolic Representation in the Urban Milieu, in: American Journal of Sociologie 63, 523-532.

Wohlleben, Marion (erscheint 2008): Stadtbild – Oberfläche – Schein. Zum Begriff »Stadtbild« in der Denkmalpflege um 1900 und um 1975, in: Brandt, Sigrid/Meier, Hans-Rudolf/Wölfle, Gunter (Hg.): StadtBild und Denkmalpflege. Konstruktion und Rezeption von Bildern der Stadt. Dresden.

Wohlrab-Sahr, Monika (1994): Vom Fall zum Typus: Die Sehnsucht nach dem »Ganzen« und dem »Eigentlichen« – »Idealisierung« als biographische Konstruktion, in: Diezinger, Angelika/Kitzer, Hedwig/Anker, Ingrid/Bingel, Irma/Haas, Erika, u.a. (Hg.): Erfahrung mit Methode. Freiburg: Kore Verlag, 269-299.

Wollmann, Hellmut (1991): Entwicklungslinien lokaler Politikforschung – Reaktionen auf oder Antizipation von sozio-ökonomischen Entwicklungen?, in: Heinelt, Hubert/Wollmann, Hellmut (Hg.): Brennpunkt Stadt. Basel u. a.: Birkhäuser, 15-30.

Wowereit, Klaus (2004): Berlin ist arm, aber sexy. 〈http://www.berlin.de/rbmskzl/rathausaktuell/archiv/2004/02/05/18200/〉 [Stand: 27.8.2008] (Dokumentation eines Artikels in der Illustrierten Gala vom 5. Februar 2004).

Wowereit, Klaus (2008): Rede zum Start der Markenkampagne »Be Berlin!«. 〈www.sei-berlin.de〉 [Stand: 21.6.2008].

Woydack, Tobias (2005): Der räumliche Gott: Was sind Kirchengebäude theologisch? Hamburg-Schenefeld: Eb-Verlag.

Wu, Fulong/Zhang, Jingxing (2007): Planning the Competitive City-Region, in: Urban Affairs Review 42, 714-740.

Yeoh, Brenda S. A. (2005): The Global Cultural City? Spatial Imagineering and Politics in the (Multi)cultural Marketplaces of South-East Asia, in: Urban Studies 45, 945-958.

Young, Iris M. (1992/1993): Stadtleben und Differenz. Die Stadt als Modell für eine offene Gemeinschaft. In: Transit, Heft 5, 91-108.

Zaremba, Jutta (2006): New York und Tokio in der Medienkunst. Urbane Mythen zwischen Musealisierung und Mediatisierung. Bielefeld: transcript.

Zimmermann, Karsten (erscheint 2008): Eigenlogik der Städte – eine politikwissenschaftliche Sicht, in: Berking, Helmuth/Löw, Martina (Hg.): Eigenlogik der Städte. Frankfurt am Main: Campus.

Zimmermann, Klaus (1975): Zur Imageplanung von Städten. Untersuchungen zu einem Teilgebiet kommunaler Entwicklungsplanung. Kölner Wirtschafts- und Sozialwissenschaftliche Abhandlungen. Band 5. Köln: Hanstein.

Zola, Emile (1976, orig. 1880): Nana. München: Deutscher Taschenbuch Verlag.

Zukin, Sharon (1991): Landscapes of Power: From Detroit to Disney World. Berkeley: University of California Press.

Zukin, Sharon (1995): The Cultures of Cities. Cambridge/Oxford: Blackwell.

Zukin, Sharon (1998): Städte und die Ökonomie der Symbole, in: Kirchberg, Volker/Göschel, Albrecht (Hg.): Kultur in der Stadt. Stadtsoziologische Analysen zur Kultur. Opladen: Leske + Budrich, 27-40.

Namenregister

Aaker, David A. 86
Adorno, Theodor W. 41
Amin, Ash 50, 208
Anderson, Nels 41
Aring, Jürgen 118
Arthur, W. Brian 92 f.
Atteslander, Peter 43, 54

Baecker, Dirk 71 f.
Bauman, Zygmunt 82, 197
Baur, Nina 33
Beaverstock, Jon 236
Bech, Henning 207
Begg, Iain 231 f.
Belting, Hans 169
Berger, Peter 83, 90
Berking, Helmuth 18, 63, 69 f., 74 f., 96, 136 f.
Blotevogel, Hans Heinrich 225, 235
Bockrath, Franz 21, 74 f., 89
Bommer, Bettina 16
Bonaparte, Napoleon 190
Borchert, Wolfgang 204
Bourdieu, Pierre 22, 51, 53, 74, 80 f., 87 ff., 96, 104, 106
Boyer, Christine 177 f.

Castells, Manuel 25, 46, 117
Christmann, Gabriela 45, 90 f.
Clay Large, David 222
Cole, Alistair 133
Coleman, Simon 167
Crang, Mike 167
Crary, Jonathan 170 f.
Croons, Helmuth 41
Crosman, Inge 167

David, Paul A. 92 f.
Dehio, Georg 153
Denison, Daniel 225
de Certeau, Michel 17
Dewey, John 143
DiMaggio, Paul 93
Donald, Stephanie H. 84 f.
Dürrschmidt, Jörg 122
Durth, Werner 154

Eade, John 98 f.
Eckert, Andreas 107
Eisenstadt, Shmuel N. 126
Evans, Karen 57, 59, 61, 63, 82, 96
Florida, Richard 13, 225
Frank, Susanne 24, 119, 206

Fraser, Penny 57, 59, 61, 63, 82, 96
Frers, Lars 104
Friedan, Betty 206
Friedrichs, Jürgen 25, 29
Fürst, Dietrich 119

Gammack, John G. 84 f.
Giddens, Anthony 73 f., 106
Gieryn, Thomas 106
Glock, Birgit 54 ff., 58
Göschel, Albrecht 116, 158

Hacker, Katharina 5
Hahn, Karl 41
Hall, Peter 129
Hamm, Bernd 43 f., 54, 135
Hannerz, Ulf 16, 52
Hart, Stuart 225
Harvey, David 25, 104 f., 136
Häußermann, Hartmut 24 ff., 29, 36, 45, 114
Heintz, Bettina 46 ff.
Held, Gerd 49, 72, 133 f.
Henderson, Douglas 225
Herlyn, Ulfert 17, 41 f., 135
Hoffmann, Walter 161

Irle, Martin 41

John, Peter 133

Kemp, Wolfgang 168
Kemper, Jan 24, 29, 36
Kepes, György 143
Keyserling, Hermann Alexander 200
King, Anthony D. 98, 127
Knorr Cetina, Karin 46
König, René 38, 41, 43
Koolhaas, Rem 78, 114 f., 116
Krauss, Marita 223, 228
Krämer-Badoni, Thomas 25, 29, 135
Krätke, Stefan 236
Kroeber-Riel, Werner 216
Kiaulehn, Walther 187

Laturell, Volker D. 219
Law, John 102
Le Galès, Patrick 132 f.
Lederer, Arno 157, 160
Lee, Martyn 51 f.
Lefèbvre, Henri 25, 50 f., 104 f.
Lewandowski, Sven 197
Lindner, Rolf 52 f., 87
Lofland, Lyn 41
Luckmann, Thomas 83, 90
von Lüpke, Dieter 151
Lynch, Kevin 143 ff.

Mackensen, Rainer 41

Marx, Karl 34, 102 f.
Massey, Doreen 49, 57, 137
Matthiesen, Ulf 53, 108
Mayntz, Renate 41
McDowell, Linda 108
Meier, Lars 75
Morley, David 129
Mumford, Lewis 143
Musil, Robert 148

Nassehi, Armin 69
Neumeister, Andreas 140
Nishida, Kitaro 80 f.
Noller, Peter 22, 136
North, Douglass 92 f.

Oevermann, Ulrich 101, 234
Otte, Gunnar 33

Park, Robert E. 41, 65
Paul, Bruno 211 f.
Pierson, Paul 93
Powell, Walter 93
Prange, Rolf 155 ff., 159, 162, 185
Prigge, Rolf 237

Raue, Tim 192
Reckwitz, Andreas 108
Riegl, Alois 153
Rodenbach, Georges 24
Rodenstein, Marianne 12, 149

Rogerson, Robert J. 231
Rois, Sophie 195, 198
Ruhne, Renate 107

Sassen, Saskia 236
Saunders, Peter 25, 28 f., 37
Scheurmann, Ingrid 171
Schiffauer, Werner 209, 214
Schwarzer, Thomas 237
Schwenk, Jochen 63, 96
Schwonke, Martin 41
Siebel, Walter 25 ff., 28, 45, 114
Simmel, Georg 36, 70, 97, 125
Sinatra, Frank 200
Sjøberg, Gideon 54
Smith, Neil 131
Smith, Richard 236
Soja, Edward 104 ff.
Steets, Silke 55 f.
Strauss, Anselm 40 f.
Suleiman, Susan R. 167
Swyngedouw, Erik 131, 137
Sykora, Katharina 205

Taylor, Ian 57, 59, 61 ff., 82, 96
Taylor, Peter 130, 236
Thompson, Grahame 123
Timm, Uwe 166

Thrift, Nigel 50, 208
Trommer, Sigurd 12, 140
Trotha, Trutz von 67

Urry, John 104, 168 ff.
Ude, Christian 10
Utermann, Kurt 41

Vinken, Gerhard 152 ff., 165, 170, 183, 185

Wagner, Kirsten 143 f.
Wagner, Ruth 162
Wallerstein, Immanuel 130
Weber, Max 31
Weigel, Sigrid 204
Wiesing, Lambert 141 ff., 146

Williams, Raymond 61 f.
Wirth, Louis 111
Wohl, Richard 40
Wohlrab-Sahr, Monika 101
Wowereit, Klaus 10, 191, 193, 201, 203 ff., 209 ff., 213, 215, 221, 230
Wu, Fulong 118

Young, Iris Marion 207 f.

Zhang, Jingxing 118
Zimmermann, Karsten 66, 78 f.
Zola, Emile 204
Zukin, Sharon 120 f.

Städteregister

Amsterdam 10, 71, 169, 236
Augsburg 11, 211

Bagdad 172
Bangkok 170
Barcelona 121
Bangalore 172
Basel 152 ff., 181
Bensheim 39
Berlin 9 f., 13 f., 20, 36, 38, 53, 78 ff., 97, 116, 149, 169, 182, 187 ff., 220 ff., 233, 236 f., 242
Bilbao 121
Boston 143 f.
Braunschweig 149
Bremen 237
Bremerhaven 63
Brüssel 169

Darmstadt 41, 70, 155 ff., 185
Dhaka 100
Dortmund 39, 41, 237 f.
Dresden 90 f., 116, 121, 141, 149, 179 f., 238
Duisburg 38, 54 f., 73, 79, 238

Düsseldorf 14 f., 38, 227, 237

Essen 73, 238

Florenz 144, 147
Frankfurt am Main 9 f., 13 f., 38, 53, 70, 79, 81 ff., 97, 100, 116, 121, 149 ff., 158 f., 164, 167, 172 ff., 184, 196, 209 f., 222, 227, 237
Frankfurt an der Oder 172

Hamburg 10 f., 13 f., 38, 97, 116, 121, 172, 175 f., 178 f., 196, 210, 227, 237
Hannover 116, 183, 237
Heppenheim 39
Hongkong 84 f.

Jersey City 143 f.
Jerusalem 48

Kalkutta 170
Köln 10, 13 ff., 38 f., 79, 97, 116, 140, 149, 152, 154, 181, 237

Las Vegas 154
Leipzig 10, 14, 54 ff., 81,
 95, 227, 238
Ljubljana 39
London 9, 11, 17, 39, 53,
 60, 73, 75, 84 f., 98 ff.,
 127, 211, 236 f.
Los Angeles 143 f., 236

Madrid 121
Mainz 70
Manchester 57 ff., 127
Marseille 211
Mumbai 36
München 9 f., 14, 20,
 38, 79, 81, 116, 149,
 172, 174, 176, 178 f.,
 181, 184, 187 f., 196,
 209 ff., 213 ff., 220 ff.,
 232 f., 236, 238, 242

New York 9, 11, 17, 39,
 100, 151, 166, 170,
 172, 200, 202, 211,
 230, 236
Nürnberg 9, 14, 238

Offenbach 70

Paris 9, 53, 84, 166, 200,
 202, 204, 211, 236 f.
Peking 170
Pittsburgh 231
Prag 169

Randstad 71
Rom 17, 84
Rostock 63

Shanghai 84 f.
Sheffield 57 ff.
Singapur 75
Stuttgart 14, 41, 82 f., 97,
 116, 222, 226 f., 238
Sydney 84 f.

Tel Aviv 48
Triest 39

Venedig 94, 169
Versailles 190

Wien 85
Wiesbaden 70